교육공동체를 발견하기 위해
알아야 할 20가지 원리

교육
공동체는
어떻게
형성되는가

교육공동체를 발견하기 위해
알아야 할 2분이의 질문!

교육공동체는
어떻게 형성되는가

초판 1쇄 인쇄 2022년 4월 5일
초판 1쇄 발행 2022년 4월 16일

지은이 홍지오
펴낸이 김승희
펴낸곳 도서출판 살림터

기획 정광일
편집 송승호·조현주
북디자인 꼬리별

인쇄·제본 (주)신화프린팅
종이 (주)명동지류

주소 서울시 양천구 목동동로 293 2215-1호
전화 02-3141-6553
팩스 02-3141-6555
출판등록 2008년 3월 18일 제313-1990-12호
이메일 gwang80@hanmail.net
블로그 http://blog.naver.com/dkffk1020

ISBN 979-11-5930-222-0 03370

교육공동체를 발견하기 위해
알아야 할 20가지 원리

교육
공동체는
어떻게
형성되는가

홍지오 지음

살림터

'주체와 사람'이 있는 교육공동체 이야기

마을교육공동체가 본격화된 지 어느덧 10년이 되어 간다. '작은 학교 살리기 운동'으로 보자면 학교 공부를 지역에서의 배움으로 연장했다는 의미를 찾아볼 수 있고, 한편으로 '마을 만들기'의 관점으로 보자면 지역의 삶이 아이들의 배움으로 스며드는 방향성을 확인할 수 있었다. 그리고 10년이 지난 지금 어디에서 시작했고 어디가 먼저인지는 중요해 보이지 않는다. 방향성의 문제라기보다는 확장성의 문제가 더 중요한 시점이다. 학교와 지역의 울타리를 넘나들며 삶과 배움이 연결되는 교육이 우리 아이들의 미래를 더욱 풍요롭게 할 것이라는 믿음은 모두가 공감할 만하다.

이러한 의미에서 홍지오 박사의 이번 책은 교육공동체의 의미를 다시 음미해 보고 이를 지속가능하게 확산하기 위해 우리가 무엇을 해야 할지를 안내하고 있다. 글이라는 것이 학술성을 부각시키면 건조해지고 현실성을 강조하다 보면 가벼워질 수 있는데, 『교육공동체는 어떻게 형성되는가』는 이 둘을 적절하게 접목시킨, 그래서 이해의 깊이뿐만 아니라 읽는 재미도 선사하는 내용으로 구성되어 있다.

1부에서 소개하는 교육공동체의 태동과 개념은 그동안 몇몇 책과 연구물에서 제시된 다양한 접근을 포괄하고 있다. 학교, 지역, 조직을 막론하고 공동체의 일반적 의미를 탐색하고 있다. 그리고 자유학년제라는 교육정책을 교육공동체 실현의 발판으로 소개하고 있다는 점을 눈여겨볼 만하다. 지역사회에서 이루어지는 마을교육은 결국 체험활동 중심인 경우가 많고, 이러한 흐름과 학교교육이 가장 밀접하게 맞닿아 있는 영역이 바로 자유학년제이다.

2부에서는 이러한 이론적 개념이나 지향이 실천적 정책과 어떻게 만날 수 있는지 현장의 사례 중심으로 풀어 간다. 교육공동체와 교육정책이 어떻게 만날 수 있는지, 현장에서 그것이 어떻게 실현되는지를 이렇게 상세히 묘사할 정도라면 저자가 얼마나 많은 시간과 노력을 투자하여 그 현장에 대한 이해를 높일 수 있었는지 어렴풋이 가늠할 수 있는 대목이다.

그리고 그 노력과 이해의 결정판이 '20가지의 원리'로 압축되어 있다. 저자가 3부에서 읽기 편한 언어로 교육공동체의 이해와 실천을 돕기 위해 제안하고 있는 바의 핵심은 바로 '사람'이다. 20가지 원리의 대부분이 결국 사람에 대한 이야기들이다. 조직은 과업과 목표로 연결된 인간관계이지만, 공동체는 선한 의지와 참여로 연결된 인간관계가 전제된다. 함께하는 사람들 관계의 힘이 공동체의 성패를 좌우한다. 공동체는 결국 사람의 문제이다. 무엇을 하느냐보다는 누가 하느냐에 따라 공동체의 지속가능한 성장이 결정된다. 마지막 장에서 저자가 강조하고 있는 '주체와 사람'에 대한 이야기가 잔잔하지만 절절한 울림으로 실천하는 많은 분께 전달되기를 기대한다.

김용련_한국외국어대학교 교수

왜 교육공동체를 이야기하는가?

오늘날 한국 교육은 교육공동체를 빼고는 이야기하기가 어렵다. 마치 그간 한국 교육에 꼬리표처럼 달려 있던 '공교육의 위기', '교실 붕괴' 등의 이야기를 떼어 낼 수 있는 만능 답을 교육공동체에서 찾는 것처럼 보이기도 한다.

하지만 교육공동체는 어렵다. 교육공동체는 눈에 보이지 않는 가치, 규범, 신념, 감정 등을 바탕으로 하고, 한 개인만이 아니라 개인이 속한 학교, 지역사회, 가정을 포함하고 있어서 명확하게 손에 잡히는 것이 없기 때문이다. 정부가 수억 원의 예산을 투자해도 마음대로 안 되는 것이 교육공동체 관련 정책과 사업이다. 예산 투자는 통제하고 조절하기 어려운 이해관계자와 조직 및 단체의 참여를 확대시킨다. 그 결과 일부 교육공동체는 지속성을 잃거나, 예산에 달려드는 불나방에 비유되는 오명을 뒤집어쓰기도 한다. 그렇게 한국의 교육공동체 관련 정책 및 사업은 도돌이표를 따라 실패를 반복한다.

그렇지만 우리는 여전히 교육공동체를 희망한다. 학교에 가면 교사공동체를 통해 희망을 말하고, 지역에 가면 마을공동체를 통해 희망을 말하며, 집에 가면 가정공동체를 통해 희망을 말한다. 다행히 오늘날 교육공동체 관련 교육정책과 연구물은 그런 희망에 크고 작은 응답을 전하고 있다.

필자는 1990년대 이후 지금까지 이루어지고 있는 한국의 교육공동체 관련 연구와 사례를 공부하면서, 우리가 교육공동체를 계속 이야기하도록 이끄는 원동력이 무엇인지 발견하고 이 책을 통해 제시하고자 한다.

누가 교육공동체를 원하는가?

교육을 중심으로 다양한 공동체가 형성되고 있으며, 이를 '교육공동체'라고 명명naming한다. 최근 교육공동체는 교육행정 영역의 마을교육공동체, 일반행정 영역의 마을공동체와 도시재생 분야에서 높은 관심을 받으며, 관련 정책 및 사업이 추진되고 있다. 그 과정을 들여다보면 다양한 교육공동체 주체들을 만날 수 있다.

한편 모두가 교육공동체를 원하지 않는다는 사실도 알게 된다. 교육공동체를 주도하는 세력 내의 일부 개인 및 조직(단체), 교육공동체를 운영하는 과업을 담당하는 공무원 등이 그렇다. 교육공동체는 그들에게 권력이자, 업業이 아닌 직職으로 받아들여지는 것이 현실이기 때문이다. 그렇다고 그들을 교육공동체에서 배제해서는 안 된다. 그들 또한 교육공동체의 구성원이기 때문이다. 다만 '지금'이 아닐 뿐이다. 그들은 교육공동체가 무엇인지 직간접적으로 알고 있다. 따라서 그들은 도움과 지원이 필요한 상황이 발생하면 교육공동체로 빠르게 연대하고 협력할 수 있는 가능성이 높은 잠재적 주체이다.

이렇듯 교육공동체는 지역에서 교육과 관련해 요구할 것이 있고, 필요한 것이 있는 사람들이 모여서 형성된다. 그들은 교육정책을 학교현장에서 실행해야 하는 교사, 자녀가 있는 학부모, 인구 유출 문제에 대한 방안으로 교육에 관심을 보이는 지역사회 구성원 등이다. 교육공동체 주체들은 자신의 필요와 요구에 의해서 교육공동체를 형성할 수 있으며, 나아가 연대와 협력을 통해 개인에서 지역으로 확산하고 지속성을 강화할 수 있다.

교육공동체는 어디서 발견되는가?

최근 한국의 교육정책은 혁신학교, 혁신교육지구, 마을교육공동체, 고교학점제, 그리고 자유학기(년)제 등으로 대표된다. 이들의 공통점은 운영과정에서 교육공동체가 자연스럽게 발견되거나 혹은 정책 초기부터 요구되고 있다는 점이다. 이러한 경향과 함께 2018년에 전국 단위의 마을교육공동체 포럼 조직이 출범하면서, 교육공동체 운동은 더욱 확산되는 모습을 보인다.

필자는 교육정책을 연구하는 과정에서 학교, 지역사회, 가정 모두에서 나타나고 있는 교육공동체 현상을 발견했다. 세 주체의 공통점은 교육정책과 관련성이 깊으며, 운영과정에서 교육공동체가 형성될 가능성이 크다는 점이다.

한편 학교, 지역사회, 가정은 교육정책을 중심으로 서로 연계하고 다양한 의미를 보여 주고 있음에도 불구하고, 교육공동체를 발견하고 해석하며 확대 및 발전시키려는 노력은 일부 단절되어 있다. 물론 교육정책과 관련한 교육행정기관의 기능 개편이 이루어지고, 관련 연구도 수행되고 있으며, 전국 단위의 마을교육공동체 포럼 조직을 통해 지속적인 흐름이 나타나는 것은 긍정적이다. 다만 우리가 꼭 짚고 넘어가야 할 점은 교육공동체가 발견되는 교육정책의 운영과정에 있다. 교육정책은 대부분의 교육공동체 주체들이 참여를 원하든, 원하지 않든 막대한 예산이 투자되고 수백만 명의 학생을 대상으로 추진되기 때문이다.

지금도 교육정책이 실행되는 현장에서는 자연스럽게 학교, 지역사회, 가정 간 연계가 이루어지고 있으며, 다양한 교육공동체가 발견되어 이야기되기를 기다리고 있다. 그 역할은 연구자만 할 수 있는 게 아니다. 교육공동체는 교육행정기관과 연구기관에서 교육정책을 입안·분석하는 교육 전문가의 이야기를 통해서, 학교에서 직접 정책을 수행하는 교사와 참여하는 학생들을 통해서, 학교를 지원하고 함께 수행하는 지역사회를 통해서, 지역사회 활동에 참여하는 주민들을 통해서, 그리고 가정 안팎에서 자녀 교육에 관심이 많은 학부모를 통해서 다양하게 이야기될 수 있다.

특히 이 책은 여러 교육정책 중 자유학기(년)제 사례를 다룬다. 자유학기(년)제는 2012년 정책으로 채택되어 현재까지 장기적·지속적으로 추진되고 있는 대표적인 교육정책이다. 현재 대부분의 중학교에서 자유학기(년)제 실행 결과 학교와 지역사회를 기반으로 학교 운영 및 수업에서 변화가 나타나고 있다. 따라서 자유학기(년)제 운영과정에서 나타난 교육공동체는 다른 많은 사례에 적용 가능성이 크고, 교육공동체를 발견 및 발전시키는 데 중요한 정책이라 할 수 있다.

한국 교육공동체의 과거, 현재, 그리고 미래

한국의 교육공동체 연구는 1996년 '교육개혁을 위한 학교공동체 구축'을 주제로 시작해 지속적으로 수행되고 있다. 특히 최근에는 마을교육공동체의 활성화와 함께 더욱 다양하고 많은 연구물과 저서가 등장했다. 다만 기존의 연구물과 저서는 교육공동체와 관련한 이론적 접근 및 사례 탐색을 중심으로 담고 있어, 실제 학교·지역사회·가정에서는 어떻게 해야 하는지를 명확하게 제시하지 못하는 것이 사실이다.

이 책은 과거 교육공동체 연구 및 실천 사례를 바탕으로 현재 학교·지역사회·가정이 어떻게 해야 하는지에 대한 가이드를 제시한다. 학교에서 지역사회와 연계해 수업을 운영해야 하는데 막막한 교사, 학교를 지원하고 싶은데 문턱을 넘어 들어가기가 어려운 지역사회, 자녀 교육에 관심이 있는데 어떻게 참여해야 할지 두렵고 막연한 학부모 등에게 가능한 방법을 제시하고 행동을 독려하고자 한다. 그래서 독자가 교육공동체의 상狀을 그리고 피부에 닿게 느낄 수 있도록 실제적인 이해와 움직임을 돕고자 했다.

이 책은 교육공동체의 역사를 바탕으로 개념을 정립하고, 교육공동체가 자유학기(년)제 정책과 연계하여 어떻게 형성되는지 탐색하며, 오늘날 그리고 미래의 교육공동체를 발견하기 위해 알아야 할 원리를 제시한다.

1부에서는 교육공동체의 이론을 소개한다. 이론은 크게 교육공동체와 자유학기(년)제 정책으로 구분하여 관련 내용을 설명했다. 한국의 교육공동체는 언제, 어떻게 등장했고, 개념은 무엇이며, 이를 연구하는 연구자, 정책입안자, 활동가 등은 교육공동체를 어떻게 발견하고 고민하는지 제시했다. 또한 교육공동체와 교육정책이 이루어지는 대표적인 현장인 학교를 대상으로, 학교조직에서 교육공동체가 지니는 의미를 탐색해 교육생태계 관점으로의 접근을 모형으로 제시했다. 나아가 자유학기(년)제 정책의 등장, 개념, 성과(변화)를 살펴보고 이를 연구하는 사람들의 결과물을 체계적으로 정리하여, 교육정책을 통해 교육공동체가 어떻게 발견되고 나타나는지를 설명했다.

2부에서는 교육공동체의 실천을 소개한다. 학교, 지역사회, 가정에서 교육공동체와 자유학기(년)제가 어떻게 만나는지 설명하고, 실천 사례를 교육공동체 구성원들의 목소리를 통해 제시했다. 여기에서는 학교와 지역사회의 경계를 '담WALL'으로 비유하고, 경계가 허물어지고 교육공동체가 형성되는 기회의 과정을 '틈CRACK'과 '문DOOR'에 비유했다. 또한 교육공동체 사례를 바탕으로 형성과정에 영향을 준 요인과 구체적인 모습을 명명naming하고, 독자가 교육공동체를 좀 더 명확하게 이해하고 현상을 발견 및 발전시킬 수 있도록 설명했다. 그리고 자유학기(년)제를 통해 발견된 교육공동체 형성과정에서 학교, 지역사회, 가정이 갖는 의미를 제시했다. 특히 교육공동체와 교육정책이 가장 직접적으로 관계하고 있는 학교조직을 중심으로 교육공동체의 형성과 의미를 설명했다.

3부에서는 교육공동체의 원리를 소개한다. 교육공동체의 중심 주체인 학교, 지역사회, 가정의 구성원이 삶 속에서 교육공동체를 발견하고 참여할 수 있는 방법을 제시했는데, 특히 이를 개인 및 조직(단체)에서 지금 당장 교육공동체를 발견하기 위해 알아야 할 20가지 원리로 집약했다. 이러한 교육공동체 원리는 학교, 지역사회, 가정 사이의 이해를 돕고 상호 보완적인 관계를 인식하며, 교육을 중심으로 어떻게 유기적으로 연대와 협력을 할 수 있을지에 대한 길잡이가 될 것이다.

학교, 지역사회, 가정의 교육공동체를 돕는 길잡이

이 책의 목적은 학교, 지역사회, 가정의 교육공동체 형성과정에 관한 이해와 참여를 돕고, 형성 가능성을 높이는 것이다. 이 책을 손에 든 독자는 '나의 제자가 행복한 교육을 받고 자랐으면 하는 교사의 마음에서', '나의 자녀가 건강한 교육을 받고 자랐으면 하는 부모의 마음에서', '지역의 아이들이 더 나은 환경 속에서 교육을 받고 자랐으면 하는 어른의 마음에서' 내가 할 수 있는 일은 무엇인지를 생각할 것이다. 또 어떻게 해야 할까 물으며 그 갈증을 해소하고 싶은 마음이 클 것이다.

또 이미 다양한 사례를 알고 있지만 "그래서 대체 교육공동체가 뭐야?", "뭘 어떻게 하라는 거야?"라며 해소되지 못한 의문을 제기하는 이들도 여전히 많을 것이다. 필자도 교육공동체를 공부하는 과정에서 비슷한 의문과 답답함을 경험했다. 교육공동체 관련 학회나 포럼에 참석해서 비슷한 유형의 질문을 하는 사람들을 종종 만났지만, 정확한 답을 얻지 못하고 현장으로 돌아가는 활동가와 연구자가 많았다. 그런데 이와 같은 의문을 지닌 독자는 교육공동체에 대해 올바르게 접근하고 있는 것이다. 교육공동체는 환경과 맥락에 따라 다양하게 존재하고 정의될 수 있기 때문이다.

한편, 이 책을 읽고 난 독자가 필자가 말하는 교육공동체와 다른 저서나 연구자가 말하는 교육공동체 간 불일치를 발견하게 될 것임을 미리 밝힌다. 독자가 발견하고 알게 된 것이 곧 교육공동체라고 말하고 싶다. 필자 역시 시간이 흐르면, 이 책에서 정의한 교육공동체와 다른 의미의 개념을 설명하고 있을지도 모른다. 앞으로 교육공동체를 탐구하는 과정에서 필자 또한 새롭게 알게 될 교육공동체가 있으리라고 생각하기 때문이다. 다만 필자는 현재까지 교육공동체를 연구하는 과정에서 학습한 많은 경험, 연구, 그리고 사례를 통해 지금의 교육공동체를 이 책에서 정의한 것임을 미리 밝히는 바이다.

따라서 이 책은 교육공동체의 개념을 특정하지 않기 위해 노력했다. 그동안 우리나라 교육계에서 설명해 온 교육공동체의 역사를 살펴보고, 교육공동체의 개념 정립 과정을 보여 주고, 현재 우리 주변에서 이루어지고 있는 교육공동체 이야기를 하면서, 저마다의 교육공동체의 개념과 모습을 가질 수 있는 여지를 만들고자 했다. 그것은 교육공동체의 생명성 때문이다. 교육공동체는 생물과 같아서 시대에 따라, 지역에 따라, 사람에 따라 진화한다. 또한 다양한 우연성이 발생하면서 같은 시대에도, 같은 지역에서도, 유사한 성향의 사람에게서도 다양한 형태와 모습으로 발견될 수 있다.

중요한 것은 교육공동체를 볼 수 있는 눈

지금 우리에게 필요한 것은 교육공동체를 볼 수 있는 눈(관점)이다. 필자는 이 책이 교육공동체의 주체들이 그 눈(관점)을 뜨는 데 도움이 되기를 바란다. 이 책에는 독자가 삶 속에서 교육공동체 이야기를 발견하고 확산하며 촉발시키는 마중물 역할을 할 수 있기를 바라는 기대감이 담겨 있다. 부디 한 분 한 분의 독자가 살고 계신 마을에서 교육공동체를 발견하고, 아이들의 교육을 고민하고 행동하며 이야기하는 사람들과 함께 행복해지고, 아이들이 더욱 건강하게 성장할 수 있는 계기가 되었으면 좋겠다.

마지막으로 이 책은 필자의 박사학위논문 「자유학기제 운영과정에서 나타난 교육공동체 형성과정 및 영향요인에 관한 연구: 학교·지역사회·가정의 연계와 의미」2020, 고려대학교 대학원 교육학과의 일부 내용을 수정 및 보완한 것이다. 학술서가 대중서가 되도록 지원해 주신 살림터와 조언해 주신 공릉청소년문화정보센터 이승훈 센터장님께 깊은 감사를 드린다. 또한 마을교육공동체를 진정성 있게 공부하도록 이끌어 주신 한국외국어대학교 김용련 교수님과 학자로 성장할 수 있도록 지도해 주신 고려대학교 신현석 교수님께 존경의 마음을 담아 감사 인사를 드린다. 이 책에 등장하는 학교, 지역사회, 가정 참여자들께도 진심 어린 감사를 전한다. 그들은 필자에게 매우 훌륭한 연구 파트너였다. 끝으로 언제나 나의 첫 독자가 되어 주는 아내 다솜이에게 말로는 표현이 부족한 사랑과 고마운 마음을 전한다.

2022년 3월 홍지오

차례

1부 교육공동체와 교육정책은 무엇인가?

2부 교육공동체와 교육정책은 어떻게 만날까?

3부 교육공동체는 어떻게 발견할 수 있을까?

교육공동체와 교육정책은 무엇인가?

1장
교육공동체의 이해

1. 교육공동체가 등장하다

한국 교육은 '공교육의 위기', '교실 붕괴' 등의 사회적 꼬리표를 달고 있다. 교육 관련 이해집단들은 갈등과 분열을 지속하고 있으며, 학교는 관료적·폐쇄적·개인주의적 문화 속에서 학교개혁을 위한 방안을 찾지 못하고 있다. 이러한 상황에서 교육공동체는 한국 교육의 개혁을 위한 방안으로 등장했다. 또한 오늘날 세계 교육개혁은 공공성을 상실한 신자유주의의 관점으로 이루어지는 경향을 보이면서, 교육공동체를 더욱 위험한 상황으로 몰아갔으며, 이에 대해 제3의 길을 주장하는 공동체주의자들이 등장하기 시작했다.심성보 외, 2019 공동체주의자들은 제3의 길로 지역사회운동을 제시하면서, 공감을 가진 공동체주의 사고, 시민의 참여, 권한 이양, 지역사회의 조직화와 임파워먼트, 민주적 의사결정, 비상업적 가치(연대·봉사·협동) 등을 강조한다.

이렇듯 교육공동체의 등장은 교육개혁의 필요와 요구에 따른 대응이라고 할 수 있다. 즉 구성원들 간의 돌봄, 신뢰, 협동, 헌신 등을 통한 결속과 연대를 특징으로 하는 공동체 구축이 교육개혁의 핵심이며, 교육개혁을 위한 조치들은 공동체를 토대로 이루어져야 한다는 것을 알 수 있다.노종희, 1996

교육개혁 흐름이 보여 주는 맥락에서 교육공동체에 대한 논의를 살펴보면 다음과 같다. 교육공동체는 '공교육 위기의 극복 대안', '교육 권력 구조 개편의 동인', '공동체 참여 구성원들의 역할 방식', '교육행정학의 도전적 과제', '교육 갈등 해소와 바람직한 교육의 모습을 회복하는 교육운동의 일환', '학교 평가 방안 모색', '학교 분쟁 해결' 등 다양한 측면에서 활발하게 논의되고 있다.신현석, 2004 또한 교육공동체는 한국 교육 패러다임의 전환이라고 할 수 있는 5·31 교육개혁[1]에서도 논의되었다.홍지오 외, 2019

5·31 교육개혁에서 제시된 교육공동체는 사회투자적 정책 접근과 교육정책의 전략적·조정적 기능 강화를 위한 국가경쟁력을 확보하기 위해서 정책이 더 이상 학교 내에서만 수행되어서는 안 된다는 것을 함의한다. 즉 교육정책이 학교 울타리 안에서의 교육과정 운영, 교육 내용 설계 등 교수·학습 운영에 매몰되면, 교육개혁이 지향하고 있는 '열린교육체제', '평생학습사회'가 이루어지기 어렵다는 인식이다. 따라서 교육개

---

1. 1995년 5월 제시된 제1차 교육개혁안을 시작으로 총 4차례(1997년 6월)에 걸쳐 교육개혁 방안이 발표되었다. 5·31 교육개혁은 한국 교육 전반에 걸쳐 최초의 종합적이고 체계적인 교육개혁 방안이자, 미래지향성과 개혁성을 가지고 있어 한국 교육의 '패러다임 전환'으로 평가받는다(안병연·하연섭, 2015). 하지만 5·31 교육개혁은 초·중등교육의 자율적 운영을 위한 학교공동체 구축 방안으로 학교운영위원회 설치와 학교장 및 교사초빙제의 시범 실시만을 제시할 뿐, 학교현장에서 나타나고 있는 문제의식과 개혁 의지가 잘 반영되지 않아 한계로 지적되었다(노종희, 1996).

혁을 위한 학교의 혁신을 모색하기 위해서는 학교의 운영 시스템이 폐쇄형·종점형 모형에서 개방형·연계형 모형으로 변화해야 하며, 학교, 가정, 지역사회의 파트너십 형성을 통한 조직화를 제시할 수 있다.^{심성보 외,}
2019; Hargreaves & Shirley, 2009

그동안 교육공동체에 대한 논의는 학교와 지역사회의 협력적 관계 형성을 통한 개념 정립이 이루어지고 있으며 관련 사례도 꾸준히 소개되고 있다.^{서용선 외, 2015; 양병찬, 2008; 홍지오, 2017} 사례를 살펴보면, 경기도 시흥시의 장곡중학교와 의정부시의 의정부여자중학교에서 만든 마을교육과정이 있다. 마을교육과정은 학생들이 정규 수업시간에 지역사회 시장을 방문하거나, 학교 안팎에서 지역 주민들을 만나 다양한 교과 활동이 이루어지는 교육과정을 말한다. 서울시 도봉구는 자치구에서 교사 출신의 협력관이 교육 전문가로서 역할을 하면서, 마을교사가 학교 정규 수업시간에 참여하는 과정과 마을 돌봄 체계를 구축하는 등 지역사회에서 교육 활동을 운영 및 지원하고 있다. 서울시 노원구에서는 지역사회 주민이 마을 자원을 바탕으로 실제 학교에서 사용되는 사회 교과서 집필에 참여했다. 이 밖에도 교육개혁 사례로 대표되는 서울 성미산학교, 경기 남한산초등학교, 경기 세월초등학교, 충남 풀무학교 등 학교와 지역사회의 협력적 관계 형성을 통한 교육 실천 사례가 꾸준히 등장하고 있다.

그간 신자유주의가 지배해 온 시장경제 논리를 바탕으로 한 한국 사회의 경쟁적 모습은 학교 교실 속 학생들의 모습을 경쟁적으로 변화시켰다. 즉 경제에서 소비자와 공급자가 만나는 시장과 같이, 이제 학생과 교사가 만나는 학교도 자연스럽게 시장화되는 것이다.^{김용련, 2019} 이러한 시대의 학교교육에서는 교육이 서비스로 인식되면서, 형식적 교육에서 사교육과 경쟁을 하게 되는 양상이 나타나게 되었다. 나아가 학교교육은 사회로부터 체험활동, 돌봄 등 다양한 비형식 교육도 요구받으면서 과부하가 나타나고 있다.

최근 등장하고 있는 혁신학교, 혁신교육지구, 마을교육공동체, 자유학기(년)제, 고교학점제 등의 대표적인 교육정책들은 공통적으로 학교와 지역사회의 협력적 관계 형성을 통한 교육공동체의 필요와 함께 구체적인 방안을 제시하며 추진되고 있다. 즉 기존의 신자유주의 시대의 논리라고 할 수 있는 경쟁이 실력이고, 시장 논리가 효율적이라는 관점^{김용련,} ²⁰¹⁹은, 이제 경쟁보다 협력적 관계 형성이 역량이고, 교육공동체 형성을 통한 주체 간 연계와 그 과정에서 중요한 민주성이라는 관점으로 전환되는 것이다. 이는 OECD가 제시한 21세기 인재가 갖추어야 할 핵심역량[2]과도 그 궤를 같이한다.

특히 이러한 변화는 교육정책뿐만 아니라 2018년 전국 단위의 마을교육공동체 포럼 조직이 출범하면서 교육운동으로 확산되는 모습을 통해서 살펴볼 수 있다. 마을교육공동체 포럼은 학생·학부모·시민·교직원·시도교육청 및 지자체 관계자 등 다양한 교육 주체들 간의 전국 단위 네트워크를 구축하고 지속가능한 마을교육공동체의 발전에 기여하고자 하는 취지로 운영되고 있으며, 오늘날 대표적인 교육운동으로 자리매김했다.

----

2. OECD는 DeSeCo 프로젝트(Defining and Selecting Key Competencies)를 통해 21세기 인재가 갖추어야 할 핵심역량(Key Competencies)으로 지적 도구 활용(Using tools interactively), 사회적 상호작용(Interacting in heterogeneous groups), 자율적 행동(Acting autonomously) 등의 함양을 통한 교육혁신을 강조했다(교육부, 2015).

2. 교육공동체는 OO이다

오늘날 교육공동체란 말은 다양한 분야에서 사용하고 있지만, 마을 공동체, 지역사회공동체 등 다양한 공동체와 혼용하여 사용하기도 한 다. 이는 교육공동체에 대한 명확한 정의가 내려지지 않은 상황에서 공 동체성을 바탕으로 한 다양한 연구, 정책, 사업 등에 사용되기 때문이다. 따라서 교육공동체에 대한 개념적 접근을 통해 '교육공동체는 ○○이다' 식으로 저마다 정의해 보는 노력이 필요하다. 즉 교육공동체에 대한 저 마다의 상_狀을 그려 볼 필요가 있는 것이다.

교육공동체의 개념적 접근은 정치·경제·사회·문화·교육 등 다양한 분야에서 상당히 오래전부터 이루어졌다. 특히 교육 분야에서는 최근 교육부의 자유학기(년)제·고교학점제와 경기도교육청을 시작으로 전국 적으로 확산되고 있는 혁신학교·혁신교육지구·마을교육공동체 등과 같 은 정책을 통해서 교육공동체에 대한 논의가 더욱 활발해졌다.

'교육공동체' 개념은 '공동체'가 지닌 일반적인 의미에서 접근할 필요 가 있다. 일반적으로 공동체는 다음과 같이 정의된다.

> 공동체는 자유의지에 의해서 결합되고, 가치와 규범의 공유를 통 해 결속되는 개인들의 집합을 말한다. ^{노종희, 1996}

공동체란, 자유의지에 의해 결합되고 가치와 규범의 공유를 통해 결속되는 개인들의 집합을 말한다. 그러나 단순히 편의성이나 이성 적으로 잠정적인 합의들에 의해 맺어지는 인위적인 결합이라기보다는 개별적인 의지가 공동체 문화에 스며들어 확산됨으로써 완성되는 집합이라 할 수 있다.[박부권 외, 2002]

공동체는 자연 의지natural will에 의해서 함께 연대되고 일련의 공유된 사상과 이상에 함께 결속된 개인들의 집합이다. 이러한 연대와 결속은 이들을 '나'의 집합에서 '우리' 집단으로 변화시킬 만큼 견고하다. '우리'로서의 구성원들은 의미 있는 관계로 꽉 짜여진 망의 일부이다. 이러한 '우리'는 보통 공통의 장소를 공유하며 시간이 흐를수록 공동의 정서와 전통을 지속적으로 공유하게 된다.[Sergiovanni, 1994]

교육공동체는 일반적으로 사용되고 있는 공동체의 의미를 교육 현상에 적용하여 다음과 같이 접근할 수 있다. 구체적으로 살펴보면 교육공동체의 개념은 현상을 바라보는 주체에 따라 크게, '학교', '지역사회', '학교와 지역사회' 등으로 구분할 수 있다.[홍지오, 2018]

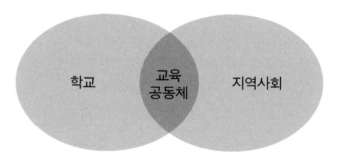

[그림 1-1] 교육공동체 중심 주체에 따른 구분

먼저 학교를 중심으로 한 교육공동체가 있다. 학교는 학생, 학부모, 교사, 교장, 학부모, 행정가 등 학교를 구성하는 다양한 주체들 간의 관계를 중심으로 구성된다.[Beck & Foster, 1999; Sergiovanni, 1994] 각 주체는 학교 공간에서 공동의 목적을 달성하기 위한 하나의 공동체를 구성하고, 이를 '학교공동체'라고도 지칭한다. 이러한 학교공동체와 관련한 연구는 「교장 리더십」[이경호, 2011], 「학교공동체 문화가 교사의 직무만족 및 조직몰입에 미치는 영향」[위은주, 2013], 「교사 조직을 중심으로 한 교사공동체」[박영숙 외, 2016] 등이 있다. 그중 박영숙 외[2016]의 연구를 살펴보면, 학교 내 의사소통 문제와 갈등 해결, 교사 개개인의 전문성 강화를 위한 교사학습공동체의 필요성 등을 주장하면서, 학교에서 발생하고 있는 문제를 해결하고 방안을 탐색하는 과정에서 학교를 중심으로 한 구성원들 간 공동체적 관점으로의 접근을 제시한다.

둘째, 지역사회를 중심으로 한 교육공동체가 있다. 교육은 더 이상 학교만의 역할과 책임이 아니라는 인식과 함께, 지역사회에서 발생하고 있는 문제의 해결과 발전을 위해서도 교육이 중요한 요인이라는 인식이 나타나고 있다. 인식의 변화는 교육에 대한 관심이 학교교육과 직접적으로 관련성이 있는 교육행정기관뿐만 아니라, 지방자치단체(이하 지자체)에서도 관심이 높게 나타나고 있다. 이러한 측면에서, 교육개혁을 위한 학교혁신은 정형화된 학교교육만으로는 한계가 있기 때문에, 대안적인 교육 이념으로의 확대를 의미하는 '평생교육' 측면으로도 볼 수 있다는 관점이 나타나고 있다.[남정걸 외, 2003] 즉 평생교육은 교육의 대상을 단순히 성인으로만 볼 것이 아니라, 학령 전 교육에서부터 초·중등교육, 그리고 그 이후의 교육을 총망라하는 것으로 봐야 한다는 것이다.[Dave, 1973;

Lengrand, 1975 즉 교육을 부분이 아니라 전체로 보는 관점이다. 이러한 관점은 한 사람의 전 생애에 걸쳐 필요한 가정·학교·사회 교육에 대한 통합적인 접근이향란, 2016을 보여 준다.

셋째, 학교와 지역사회 간 협력적 관계 형성을 중심으로 한 교육공동체가 있다. 교육공동체의 모습은 교육이 가지고 있는 공간적·시간적·인간적·교육 방법적 범위를 학교만이 아니라 학교 안팎으로 확대한 접근이다. 이러한 접근은 학교교육의 외연을 확장하고 있다는 의미에서 '지역사회 공동체'신현석, 2006라고도 한다. 지역사회 공동체는 학교와 지역사회 간 협력적 관계 형성을 통해 이루어지는 학교교육과정과 운영의 변화를 의미하며, 학생·학부모·교사·교장·지역 주민·행정가·지자체장 및 관련 공무원 등 다양한 교육공동체 주체들 간의 역할과 협력적 관계 형성, 의사소통 구조(네트워크), 의사결정 등이 이루어지는 것을 의미한다.

지역사회 공동체적 접근의 교육공동체는 단순히 학교교육의 공간적·시간적·인간적·교육 방법적 범위의 확대뿐만 아니라, 지역사회에서 학교가 가진 지리적·환경적·기능적 역할의 중요성과 필요성을 고려한 접근이라고 할 수 있다. 오늘날 지역사회에서는 교육을 중심으로 한 교육공동체에 높은 관심을 보이고 있다. 예를 들어 경기도 오산시(혁신교육지구사업), 시흥시(행복교육지원센터), 성남시(성남형 교육지원사업) 등에서는 지역사회의 문화적·경제적·역사적 등 다양한 인적·물적 자원 시스템을 만들고 지원 방안을 구축하여 학교교육을 지원한다. 지자체는 지역 학교교육의 질을 향상시킴과 동시에 체험, 문화시설 등의 인프라 부족으로 자녀 교육을 위해 지역을 이탈하는 시민을 잡고 정주성을 높이기 위한 방안으로, 학교교육과 지역교육에 관심을 가지고 사업을 수행한다.최창의 외, 2016 즉 학교는 교육에서 활용할 수 있는 지역의 인프라 구축과 인적·물적 자원의 지원 등을 통해 교육 내실화를 높이고, 지자체는 지역 문제 해결과 발전 방안으로 학교와 연계한 교육 사업을 수행하는 것이다. 이러한 흐름 속에서 주민자치의 풀뿌리 활동에서는 교육공동체 모습이 발견되고 있으며, 교육을 중심으로 한 주민 개인 및 단체의 참여 과정을 '교육주민자치'로 정의한다.홍지오·김용련, 2018

교육공동체에 대한 세 가지 접근을 통해서 알 수 있듯이, 교육공동체의 개념은 명확하게 정의하기 어렵다.신현석, 2004 이는 교육공동체를 보는 관점에 따라 교육 현상에 대한 해석이 다르게 나타나기 때문이다. 또한 교육공동체 형성과정은 복잡다단한 요인과 맥락이 결합되어 다차원적 현상으로 나타나기 때문에 일반화할 수 있는 개념을 갖는 것은 어렵다.홍지오, 2018 예들 들어 경기도교육청에서 시행하고 있는 '마을교육공동체'는 경기형, 강원형, 광주형 등 각 지역 특성을 기반으로 한 협력적인 연계의 교육공동체를 지향하고 있지만, 교육공동체 실제 현상에서는 교육청 중심, 지자체 중심, 학교 중심, 교사 중심 등 각 주체가 중심이 되어 운영되는 형태를 보인다. 즉 협력적 관계 형성의 한계를 가지는 것이다.

이에 대해 신현석2004은 '열린 교육공동체'의 모습으로 공간적·의미적으로 확대된 논의가 필요하다고 주장했다. 즉 교육공동체 개념에 대한 논의는 근본적으로 교육공동체의 존재와 가치를 이해해야 하고, 교육공동체의 일부인 학교를 중심으로 한 '학교공동체'만을 상정하여 배타적 형태의 제한적 담론으로의 접근은 지양해야 한다는 것이다. 따라서 교육공동체에 대한 개념적 접근은 지역, 주체 등을 통해 다양하게 구분할 수 있지만, 부분이 아니라 전체로 접근이 이루어질 필요가 있는 것이다.

한편 교육공동체의 개념은 일반적으로 사용되고 있는 공동체의 의미를 분석하고, 이를 교육 현상에 적용함으로써 나타날 수 있는 특성을 기반으로 접근할 수 있다.^{김용련, 2019} 따라서 선행연구 분석을 통해, '공동체'의 정의 및 특성 등을 분석하면 [표 1-1]과 같다.

[표 1-1] '공동체' 정의의 내용 및 특성 분석

저자	'공동체' 정의의 내용 및 특성 분석
김영화 (2005)	학교조직의 갈등 관리 역량의 증대, 공동의 비전과 리더십, 학생의 교육을 중핵으로 하는 학교 구조와 문화의 형성
김용련 (2015)	상호 신뢰, 문화, 정서, 가치, 규범, 목적, 일체감, 공유, 인간(개인)의 집합
노종희 (1996)	개인들의 집합, 구성원과 목적 간의 관계, 구성원 상호 간의 관계, 헌신, 상호의존성, 공유된 가치·신념·감정, 규범, 목적, 가치, 전문적 사회화, 협동, 유대감, 관계(인간 존중, 신뢰성, 돌봄, 조건 없는 수용과 같은 정서)
박부권 외 (2002)	자유의지에 의한 결합, 가치와 규범의 공유, 결속, 개인들의 집합, 개별적인 의지, 공동체 문화, 집합
신현석 (2006)	상호 간의 공통적인 유대와 책임의식, 유기적인 결합관계, 집단의 응집력으로 분출하려는 요구, 집단의 정체성이 나타난 상태의 구성, 개인 혹은 집단의 모임체
심성보 (2003)	공동선(commonality)³, 소속감(belonging), 배려(care), 사회적 응집력(social cohesion)
Sergiovanni (1994)	자연 의지(natural), 연대, 공유된 사상과 이상, 결속, 개인들의 집합, 우리, 관계, 공유, 공동의 정서와 전통
Westheimer (1999)	공유된 신념, 상호작용과 참여, 상호의존, 개개 의견과 소수 의견에 대한 관심, 의미 있는 관계

----

3. 공동선(commonality): 공유된 가치와 활동의 공통된 의제로서의 공동선.

이처럼 공동체에 관한 정의는 조금씩 차이가 있지만, 그 내용과 특성을 분석해 보면 거의 유사하게 나타나고 있다. [그림 1-2][4]는 선행연구들에서 공동체를 정의한 내용을 분석하여, 교육공동체 형성과정을 발견하고 해석하기 위해서 고려되어야 하는 공통된 특성을 도출한 결과이다.

[그림 1-2] 공동체 정의를 통한 특성 분석 워드 클라우드 결과

도출한 결과에서 알 수 있듯이, 공동체에서 발견되는 핵심 특성은 빈도에 따라서 공유, 관계, 가치, 개인(들), 집단(집합, 모임체), 상호, 규범, 문화, 목적 등의 순으로 나타났다. 이러한 핵심 특성을 바탕으로 우리 교육현장에 적용하여 교육공동체 형성과정을 탐색해 볼 수 있다.

한편 공동체는 다양한 이론적·사실적 맥락에서 사용되고 있어 모두

----

4. [그림 1-2]는 R 오픈소스 프로그램(R version 3.6.3) 내 텍스트 마이닝(Text mining) 기법을 활용하여, 앞서 분석한 공동체 정의와 관련된 내용을 바탕으로 워드 클라우드를 추출하여 시각화했다. 텍스트 마이닝은 선행연구를 통해 제시된 공동체를 정의한 내용에서 나타난 코퍼스(corpus: 말뭉치)를 대상으로 전처리 과정을 거치고, 고빈도 어휘를 기준으로 결과물을 도출하는 과정이다. 분석을 위해 수집된 문서들의 집합을 말뭉치라고 부른다(백영민, 2017). 즉 텍스트를 분석하기 위해서 컴퓨터가 읽을 수 있는 형태로 정리해 놓은 자료를 의미한다.

가 동의할 수 있는 하나의 용어로 정의하는 것은 어렵다.[김용련, 2019; 신현석, 2006; 홍지오, 2018] 또한 교육공동체 형성과정은 복잡다단하며 다양한 요인과 맥락이 결합되어 나타나기 때문에, 형성과정을 탐색하기 위한 보편적인 특성을 일반화하기에는 한계가 있다.[홍지오, 2018] 하지만 선행연구를 통해 공통적으로 발견되는 공동체의 특성을 도출하고, 실제 교육현장에서 나타나고 있는 현상에 적용하는 탐색적 접근은 교육정책 운영과정을 보완하는 데 필요한 과정이라고 할 수 있다.

더불어 이 책은 교육공동체 개념에서, 교육 주체 중 '가정'을 포함하여 접근했다는 특징이 있다. 교육공동체 관련 선행연구를 보면, '학교와 지역사회 연계'에 관해 많은 접근이 이루어지고 있다. 반면에 '가정'은 학교교육을 제외한 가장 중요한 교육적·시간적·공간적·인간(관계)적 비중을 차지하고, 학교·지역사회·가정의 연계에서 그 기능과 역할이 강조되고 있지만[김경애 외, 2016; 서용선 외, 2015; 정미경 외, 2019; Epstein, 2001; James & Richard, 2000; Noddings, 2001; O'Callaghan, 1993; Sharrock, 1970; Street, 1997; Sheldon, & Turner-Vorbeck, 2019; Susan & Elizabeth, 2016], 실제 '가정'을 다루는 연구는 드물게 보고되고 있다. 따라서 학교·지역사회·가정의 연계에서 나타나는 교육공동체 형성과정을 발견하고 의미를 논의하기 위해서는 '가정'을 포함한 접근이 필요하다. 이상의 논의를 정리하면, 이 책에서는 다음과 같이 교육공동체를 조작적으로 정의했다.

교육공동체란, 교육이라는 공통의 관심사를 기반으로 개인들 간의 관계가 점차 유기적으로 조직화되면서 형성된 공동체 문화 속, 학교·지역사회·가정을 구성하는 개인들의 집합이다.

이러한 개인들의 집합은, 공통의 '가치, 규범, 신념, 감정', 개인의 '관심, 의지, 헌신, 협동, 참여', 관계의 '상호성, 신뢰성, 의존성, 의사소통', 조직의 '유대, 결속' 등의 작용을 통해 촉발하고 지속할 수 있다.

따라서 필자는 교육공동체를 "교육이라는 공통의 관심사를 기반으로 개인들 간의 관계가 유기적으로 조직화되면서 형성된 공동체 문화 속, 학교·지역사회·가정을 구성하는 개인들의 집합"이라고 정의한다. 이를 바탕으로, 자유학기(년)제 운영과정에서 나타난 교육공동체 형성과정의 모습과 특징을 살펴보고, 교육공동체를 형성하고 촉발하며 지속하는 데 영향을 준 요인을 탐색할 수 있다. 이와 같은 접근은 교육공동체 개념이 선행연구를 통해 제시된 공통점과 특성 등을 중심으로 추상화되어 정립될 경우, 현상을 기술describe · 설명explain · 예측predict하는 데 갖게 되는 한계를 보완하기 위한 방법 중 하나이다.

오늘날 교육공동체는 다양한 현상과 개념의 정립이 이루어지고 있으며, 많은 연구물과 저서를 통해서 명명naming되어 제시되고 있다. 하지만 교육공동체는 맥락에 따라 다르게 나타나는 것이 실제이다. 따라서 이 책에서 수행한 교육공동체 개념에 대한 접근은 자유학기(년)제 운영과정에서 나타나는 교육공동체 형성과정의 실제에 기반한 접근의 필요에 따른 것이라고 할 수 있다.

3. 교육공동체를 연구하는 사람들

교육공동체를 연구하는 사람들은 연구자, 정책입안자, 교원, 활동가 등 다양하다. 그들은 다양한 연구, 정책, 현장 등에서 자신이 참여하고 발견하며 고민하는 현상을 이해하고 설명하기 위해 활동한다. 연구자는 교육공동체 현상의 특징을 살펴보고, 다양한 교육 현상에서 설명되지 않는 현상에 대한 이해를 도우며 설명력을 지니고자 접근한다. 정책입안자는 정책이 추진되는 과정에서 요구되는 교육공동체와 관련된 협력적 관계 형성이나 교육 거버넌스, 교육자원의 필요 등에 접근하는 과정에서 관심을 가지고 접근한다. 교원은 학교현장에서 교육정책을 실행하기 위해 요구되는 교육자원의 필요에 따라 접근한다. 활동가는 교육공동체가 이루어지는 실제 현장에서 자신의 역할, 의미, 효과적인 활동 방법 등에 대해 접근한다.

이렇듯 교육공동체를 이해하려면 각 주체의 참여를 통한 연구가 매우 중요하다. 또한 한 주체의 관점만이 아니라 각 주체의 관점이 하나의 연구에서 연계하여 교육공동체를 볼 수 있는 다각적이고 총체적인 접근이 필요하다. 예를 들어 활동가는 훌륭한 교육공동체 사례를 만들어 내고 있음에도 불구하고, 스스로는 해당 사례가 교육공동체 현상이라고 인식하지도 못하는 경우가 있다. 연구자의 연구 과정을 통해서 활동가는 자신의 활동이 교육공동체에서 중요한 역할이며 의미가 있다는 것을 깨닫게 되는 것이다. 또한 연구자의 연구물은 정책입안자에게 정책 형성과정 및 의사결정에서 좋은 근거 자료가 되며, 활동가에게 역할과 방향성 정립에 좋은 로드맵을 제공한다.

하지만 실제 교육공동체를 연구하는 사람들의 다수는 연구자로 나타나고 있다. 교육공동체와 관련한 연구가 1996년에 시작했지만 주로 이론 중심, 학교 중심, 교육정책 중심으로 이루어져 온 반면에, 교육공동체 사례에 대한 접근이 아직 활성화되지는 않았다. 특히 교원, 활동가는 교육공동체 현장에서 실질적인 역할을 하고 있지만, 이를 분석하고 해석하며 기록하려는 접근은 중요성에 비해 부족하다.

이 책에서는 연구물을 중심으로 교육공동체를 연구하는 사람들의 이야기를 살펴보고자 한다. 최근 교육공동체에 관한 연구는 실제 교육현장에서 나타나는 사례를 중심으로 접근하면서 다양한 귀납적 연구가 다수 보고되고 있다는 특징이 있다. 교육공동체는 복잡하고 다양한 요인과 맥락이 결합되어 나타난다. 따라서 교육공동체를 이해하려면 선행 연구물을 주제별, 연구 키워드별, 연구 방법별 등으로 구분하여 동향을 살펴볼 필요가 있다. 연구 동향 분석은 교육공동체가 발전하고 변화해 온 과정과 특성을 누적적으로 살펴보는 데 좋은 방법이다. 또한 이 책에서 후술하고자 하는 자유학기(년)제 운영과정에서 나타나고 있는 교육공동체 형성과정에서의 학교·지역사회·가정이 연계된 모습과 특징을 분석하고, 교육공동체를 형성하고 촉발하며 지속하는 데 영향을 준 요인을 살펴보는 데 중요한 데이터를 제공할 수 있다.[5]

교육공동체 관련 선행연구물을 구체적으로 살펴보면 다음과 같다. 노종희[1996]는 학교의 관료적, 공동체적인 이중적 성격과 함께 공동체가 상실되어 가고 있는 학교현장을 살펴보고, 학교공동체 중심원리의 설정과 단위학교와 교육청 수준의 공동체 구축 방안을 제시했다. 이는 학생들의 교육을 위해서는 교사, 학부모, 지역사회 인사 등 학교공동체 구성원

[표 1-2] 국내 교육공동체 연구 연대기

연도	주제	저자	핵심 키워드
1996	교육개혁을 위한 학교공동체 구축	노종희	학교공동체
2001	학교분쟁의 해결 전략: 교육공동체적 관점	김성열	교육공동체
2003	한국 초·중등학교의 민주적 공동체 건설 방안	심성보	민주적 공동체 학교
2004	교육공동체의 형성과 발전: 동·서양 공동체론으로부터의 시사	신현석	교육공동체
	학습공동체 구축을 위한 이론적 모델 탐색	박선형	학습공동체
2005	공동체로서의 학교: 그 구성 요건	김영화	학교공동체
2008	학교 밖 교사학습공동체에 대한 사례 연구	서경혜	교사학습공동체
2009	우리나라 두 고등학교에서의 공동체적 경험과 갈등	강영택	학교공동체
2010	교사공동체의 실천적 지식	서경혜	교사공동체
2011	전문가학습공동체 구축을 위한 교장의 역할 탐색	이경호	전문가 학습공동체
2012	교육복지 역량 강화 기제로서 학교의 실천공동체 운영 실태 연구	김인희	실천공동체
2014	교장지도성이 교사공동체와 교사효능감을 매개로 교사 수업활동에 미치는 영향	이동배 외	교사공동체
2015	지역사회 기반 교육공동체 구축 원리에 대한 탐색적 접근	김용련	교육공동체
	교사들의 스마트교육 교사 연수 및 교사학습공동체 경험 유무에 따른 스마트교육 실천 수준 비교	원지영	교사학습공동체
2016	수업지도성, 분산적 지도성, 학교 풍토가 교사전문공동체에 미치는 영향에 관한 연구	전상훈 외	교사전문공동체
	전문적 학습공동체의 지속성에 대한 질적 사례 연구	정바울	전문적 학습공동체
2017	하늘초등학교 교사학습공동체 운영에 관한 질적 사례 연구	윤정 외	교사학습공동체
2018	마을교육공동체 구축과정에서 나타나는 교육주민자치 실천에 관한 연구: 서종면 교육주민자치 사례를 중심으로	홍지오 외	마을교육공동체
	동료 코칭 기반 교사학습공동체의 수업 재구성 경험에 대한 연구	정민수	교사학습공동체
	학교 안 교사학습공동체가 교사효능감에 미치는 효과	김지선 외	교사학습공동체

	중등학교장의 교육지도성이 교사학습공동체에 미치는 영향	유성완 외	교사학습공동체
2019	교사공동체 기반 교사 리더십 개발과정에 관한 연구	김성아 외	교사공동체
	교사학습공동체에서의 교사 리더십 개발 방안 탐색	이경호	교사학습공동체

모두의 지혜와 협력이 필요하다는 접근이다. 나아가 우리 교직사회의 고질적인 문제라고 할 수 있는 교장·교사 간, 교사·학부모 간의 대립, 갈등, 불신의 관계를 해소하려면 상호 간에 협력과 신뢰를 기반으로 하는 호혜의 동반자적 관계가 형성될 수 있는 공동체가 필요하다고 강조했다.

신현석[2004]은 교육 관련 이해집단들의 갈등과 분열 양상을 해소하기 위한 방안으로 교육공동체 논의가 활발하게 이루어지고 있는 상황에서, 논의가 교육 문제를 해결하기 위한 실질적인 방안이 되기보다는 구호성 담론 수준으로 이루어지고 있다는 점을 발견했다. 이러한 측면에서 향후 교육공동체 논의의 방향성 정립의 필요에 따라, 공동체의 현대적 의미와 역사적·철학적 논의를 동·서양으로 구분하여 살펴보았다. 그

----

5. 이 책에서는 연구 동향 분석을 위해 한국교육학술정보원(KERIS)에서 운영하는 학술연구정보서비스(RISS)를 활용했다. 학술연구정보서비스 상세검색창에 '공동체' 키워드를 사용한 국내 학술논문을 검색한 결과, 총 39,811편(2020. 1. 18. 기준)의 자료가 도출되었다. 그중 이 책에서 연구자가 분석하고자 하는 '교육공동체'에 대한 문헌을 살펴보기 위해, 수집 자료의 범위를 KCI에 등재된 『교육학연구』, 『교육행정학연구』, 『한국교육』, 『한국교원교육연구』, 『교육정치학연구』 등 총 5개 학술지를 조건으로 선정했다. 그 결과 총 83편의 논문을 찾을 수 있었다. 다음으로 이 책과의 관련성 및 중요도(초·중·고등학교를 포함한 교육공동체 형성, 공동체 관련 개념 제시 등)를 고려하고, 해외 교육공동체 사례, 대학 교육공동체 사례, 교육공동체 관련 선행연구 동향 분석 논문 등을 제외한 후, 총 23편의 논문을 도출했다. 이 책에서는 [표 1-2]와 같이 최종적으로 도출한 총 23편의 논문을 대상으로 교육공동체가 발전하고 변화해 온 과정과 특성을 크게 연도별, 주제별, 연구 키워드별, 연구 방법별 등으로 살펴보고, 선행연구가 가진 한계를 제시하고자 했다.

결과, 향후 교육공동체 논의는 다원주의 사회의 맥락에서 교육공동체의 존재와 가치를 탐구하는 데 집중할 필요가 있고, 시민사회와 같이 자유주의적 함축을 지니면서도 공동체주의적 특성을 보완한 시민공동체civil community를 지향하며, 서로의 다름을 인정하고 함께라는 의식을 공유하는 기능적 조화와 균형에 바탕을 두는 방향성 등을 제시했다.

김용련[2015]은 기존의 학교공동체와 관련한 논의와는 다르게, 지역사회를 기반으로 하는 마을교육공동체 접근을 통한 개념을 정의했다. 개념은 크게, 학생들이 지역사회의 교육자원을 활용하여 학습하는 '마을을 통한 교육learning through community', 학교 정규 교육과정에서 지역사회를 다루는 '마을에 관한 교육learning about community', 학생들이 지역사회에서 교육을 통해 성장하고 발전에 기여하는 자원이 되는 '마을을 위한 교육learning for community' 등으로 구분하여 제시했다.

이렇듯 교육공동체 관련 선행연구에서 연도별로 나타나고 있는 흐름과 특징을 살펴보면 다음과 같다. 교육공동체는 교육개혁을 위한 학교공동체 구축[노종희, 1996]을 시작으로 학교 분쟁의 해결 전략[김성열, 2001]으로 전개되었다. 다음으로 교육공동체에 대한 이론적, 철학적 접근이 이루어졌다.[신현석, 2004] 이후 2000년대 초반부터 현재까지 이루어진 교육공동체 관련 연구는 대부분 대상을 '학교조직', '교장', '교사' 등으로 제시하고 있으며, 그중에서도 가장 많이 다루어지는 연구 대상은 '교사'로 나타났다. 즉, 교육개혁에 대한 대안을 학교혁신에서 찾고 있으며, 학교혁신을 위한 방안으로 교육과정 재구성 등 교육과정의 변화를 요구하는 것으로 나타났다. 결국 이러한 흐름은 교육개혁을 위한 학교혁신은 교육과정을 운영하는 교사이기 때문에, 교사를 대상으로 한 공동체적 접근이 많이 보고되고 있음을 보여 준다.

　교육공동체 연구에서 제시한 키워드는 [표 1-2]에서 살펴볼 수 있다. 초기에는 '학교공동체', '민주적 공동체 학교', '교육공동체' 등 학교조직을 범위로 한 공동체 연구가 제시되고 있다. 반면에 2000년대 초부터는 '교사학습공동체', '교사공동체', '전문가 학습공동체', '전문적 학습공동체' 등 교사를 중심으로 한 연구가 제시되고 있음을 확인할 수 있다. 혁신학교 1호인 남한산초등학교는 폐교 위기에서 교사, 학부모, 지역 주민들의 협력을 통해 학교를 변화시켰으며, 이는 '새로운 학교 만들기 운동'으로 발전하면서 다양한 학교혁신 사례가 등장하기 시작했다.^{정진화, 2014} 이러한 흐름에서 제시된 것이 앞서 언급한 '전문적 학습공동체'이다. 이는 학교조직의 관료적이고 개인화된 문화에서는 개혁의 어려움이 있기 때문에, 학생들의 학업성취에 대한 책무성과 관련하여 교사들 간에 더 많은 협동성과 '전문적 커뮤니티' 형성이 요구되며, 교사가 참여한 학교개혁 운동^{심성보, 2003}이 학교혁신을 위해 필요하다는 맥락과 궤를 같이한다.

　혁신학교 추진 과정에서 교사 주도 개혁 운동이 확산되면서, 경기도교육청은 2009년 13개교 혁신학교를 지정하고, 혁신학교를 '민주적 자치공동체와 전문적 학습공동체에 의한 창의지성 교육을 실현하는 공교육 혁신의 모델 학교'로 정의했다. 즉 경기도교육청은 다양한 학교혁신 사례를 통해 나타나고 있는 교사의 참여를 통한 교육개혁 운동의 필요에 따라, 혁신학교 실현을 위한 방안으로 전문적 학습공동체를 제시한 것이다.^{이수민·김경식, 2019}

　또한 교육공동체 관련 선행연구의 연도별 분석에서 나타난 특징은 2010년 '마을교육공동체'의 등상이나. 마을교육공동체는 지역사회를 기반으로 한 교육공동체를 의미한다. 즉 기존의 학교 중심의 교육공동체 형성이 아닌 학교와 지역사회 간 협력적 관계가 중심이 되어, 한 아이의 교육이 학교에서만이 아니라 마을과 함께 이루어지는 과정을 제시했다.

다음으로 교육공동체 관련 선행연구를 통해 연구 방법적 특징을 간략하게 살펴보면 다음과 같다. 초기 교육공동체 관련 선행연구는 대부분 '문헌연구'를 통해 이루어졌다. 문헌연구는 주로 교육개혁 방안을 탐색하는 방법으로 이루어졌다. 문헌연구 중 특이할 만한 연구는 교육공동체에 대한 이론적·철학적 접근의 등장이다.김선구, 1999; 신현석, 2004; 심성보, 2003; 이지헌·김선구, 1997 5·31 교육개혁을 통해 교육개혁을 위한 방안으로 교육공동체가 제시되면서, 이후 교육 문제를 해결하기 위한 방안으로 교육공동체가 더욱 활발하게 논의되었다. 하지만 구호성 담론 수준의 한계에 대한 지적신현석, 2004과 함께 교육공동체에 대한 이론적·철학적 접근을 시도한 연구가 제시되었다. 이후 양적 연구 방법과 질적 연구 방법 등이 다양하게 이루어지고 있다. 양적 연구 방법의 경우, 효과성, 영향요인 등에 관한 연구 주제에 적용되었으며, 질적 연구 방법은 사례 연구를 중심으로 이루어졌음을 알 수 있다.

하지만 선행연구가 문헌연구, 양적 연구 방법의 비중이 높게 나타나고 있고, 질적 연구 방법을 적용한 연구의 경우에도 깊이 있는 접근이 이루어지지 못했다는 점에서 아쉬움이 있다. 물론 임종헌2016의 연구는 사례 학교를 대상으로 한 학기 동안 포괄적으로 연구하고, 연구자의 직접적인 참여를 바탕으로 자료를 수집하는 등 질적 연구 수행을 통해 자유학기(년)제 운영을 깊이 있게 탐구하였으나, 주로 학교를 중심으로 한 정책 운영과정을 보았으며, 현상에 대한 해석이 선행연구를 통해 도출한 분석

틀을 전제로 하고 있다.

　교육공동체를 연구하는 사람들은 현상이 가지고 있는 환경, 맥락을 바탕으로 지역마다 다양한 모습으로 나타나고 있음을 알아 가고 있다. 다만 현재까지는 학교 중심의 교육공동체를 많이 다루었다면, 마을교육 공동체의 운동 및 제도화 과정을 통해 더욱 실제적인 현상에 접근하려는 노력이 시작되고 있는 것은 사실이다. 실제로『마을교육공동체: 생태적 의미와 실천』의 저자인 한국외국어대학교 김용련 교수는 경기도교육청의 마을교육공동체 개념이 정립되기 이전부터 이에 대한 이론적·철학적 접근을 하고 있었다. 필자도 그와 함께 경기도교육청의 마을교육공동체 개념 정립을 위한 연구에 참여하고, 이후 대학원 과정을 거치면서 마을공동체, 마을교육공동체와 관련한 현장 활동과 연구 활동을 하며 전문가로 성장했다. 이 과정에는 '교육공동체의 형성과 발전'을 제목으로 교육공동체 연구의 선구자라고 할 수 있는 고려대학교 신현석 교수의 철학적 접근이 중요한 영향을 주었다.

　이렇듯 교육공동체를 연구하는 사람들은 이론적·철학적 접근을 꾸준히 하고 있으며, 나아가 실천적 사례에 대한 접근을 지속하면서, 교육공동체의 본질에 대해 다양한 접근을 하고 있다. 이러한 노력이 쌓이면 많은 지역에서 다양한 교육공동체 모습을 살펴볼 수 있을 것이다. 그 결과 지역에서 열심히 교육공동체를 일구고 있는 활동가 및 연구자들에게 희망과 가능성 그리고 명확한 비전과 방향성을 제시하여, 불가능하고 막연할 수 있는 교육공동체의 모습이 현실에서 나타날 수 있을 것이다. 마치 이 책에서 제시한 교육공동체 이야기를 들은 다른 지역 사람들이 "이게 가능한 거구나"라고 언급하는 것처럼 말이다.

4. 학교조직에서 교육공동체의 의미

교육공동체는 특히 혁신학교, 혁신교육지구, 마을교육공동체, 자유학기(년)제, 고교학점제 등 최근 중심이 되는 교육정책에서 중요하게 제시된다. 따라서 교육공동체에 대한 이해를 위해서는 학교조직에서 교육공동체가 가지는 의미에 대한 탐색적 접근이 매우 중요하다.

학교조직에서 교육공동체의 의미를 탐색하기 위해서는 먼저 학교조직의 특징과 맥락을 이해할 필요가 있다. 이를 위해 학교조직에 접근한 선행연구를 살펴보면 다음과 같다. 남정걸 외[1995: 67]는 학교조직에 관한 접근을 전통적·고전적 접근, 사회체제론적 접근, 현대적·대안적 접근의 세 가지 수준으로 제시했다.

첫째, 전통적·고전적 접근은 과학적 관리론이나 관리과학, 사회과학적 이론이나 모형 등을 통해 학교를 이해하려는 것이다. 이러한 접근은 학교조직을 일반 조직(기업, 기관 등)과 동일한 조직으로 보고, 일반행정의 조직이론을 교육조직에 적용하여 일반화하려는 것이다. 이는 일반 행정 조직과의 공통점과 유사점을 바탕으로 접근되는 것으로, 조직 운영의 기능과 원리, 능률주의와 합리주의, 그리고 관료제 이론 등으로 학교조직을 이해하는 접근이다. 따라서 학교조직이 가진 교육적 특수성을 고려하기보다는 교육의 목적을 달성하기 위한 수단이나 도구의 관점에서 구조와 기능이 이루어진다고 보는 접근이라고 할 수 있다.

둘째, 사회체제론적 접근은 학교를 둘러싼 환경과의 관련성을 바탕으로 학교조직을 이해하려는 것이다. 이는 학교조직 내부의 공식 조직과 비공식 조직 간 관계를 강조하고, 학교조직 내에 존재하는 위계체제 간의 복합적인 관계를 강조한다. 즉 학교조직을 둘러싼 내외적인 환경과의 관계성을 강조하는 접근이다.

셋째, 현대적·대안적 접근은 학교라는 조직의 독자적 성격과 특성을 발견하려는 것이다. 즉 앞서 제시한 전통적·고전적 접근과 사회체제론적 접근은 일반체제이론을 교육조직에 적용하는 반면에, 현대적·대안적 접근은 학교조직과 타 조직의 차이점을 고찰하여, 학교조직이 가지고 있는 특수성을 중심으로 접근한다. 이와 같은 학교조직에 대한 접근은 전통적·고전적 접근과 사회체제론적 접근으로 이루어지는 경향이 높게 보고되면서 한계가 나타났으며, 학교조직의 특수성을 바탕으로 한 대안적 접근이 이루어지는 과정이라고 할 수 있다.

학교조직에 대한 구조적 관점은 대표적으로 이완결합체제loosely coupled systems를 통해 논의되고 있다. 이완결합체제는 "연관된 사건들이 서로 영향을 주고 있으나, 각 사건은 고유의 정체성을 가지고 있으며, 물리적으로 또는 논리적으로 별개의 것이라는 것[Weick, 1976: 5, Hoy & Miskel, 1996: 143에서 재인용]"을 의미한다. 즉 이완결합체제는 '학교조직은 타 조직과 다른 특징을 가지기 때문에 다르게 접근되어야 하며, 상호의존도가 최소화된 관계로 접근되어야 하는 것'을 의미한다. 이러한 이완결합체제적 접근은 학교현장에서 교사들이 학생들을 가르치기 위해서는 전문성과 자율성을 가져야 할 필요에 의해서 나타난다. 즉 교사들은 자신들의 교실에서 동료나 행정가의 간섭 없이, 학생들 교육에 대해서 상당한 자율성과 독립성을 행사할 수 있다. 반면에 학교조직은 관료적 토대를 기반으로 한 위계적 성격도 지니고 있음을 보여 준다.

학교조직은 기본적으로 권위주의적 특성을 가진 관료적 구조와 함께,

구조적 이완성을 가진다.[Hoy & Miskel, 1996] 이에 비드웰[Bidwell, 1965]은 학교조직을 관료적 구조와 이완결합체제가 특수하게 결합된 형태로 묘사했다. 따라서 학교조직은 관료적 구조를 가진 타이트한 면과 이완결합체제를 가진 이완된 구조를 지닌 복합적인 조직의 특성을 띤다는 것을 의미한다. 그 결과 오늘날 학교조직은 교장·교사, 교사·학생 등의 관계에 기반을 둔 관료적 측면에서 구성원의 소외와 개인주의적 문화가 나타나고 있으며, 교수·학습 및 행정 업무 등과 같은 각 업무 관련성에 따른 전문성 측면에서는 갈등과 혼란을 야기하기도 한다.

이는 개방을 표방하는 학교가 조직을 둘러싼 환경에 영향을 받으면서 상호작용이 일어남에 따라, 조직의 관료적 영역과 이완결합체제적 영역 또한 변화해야 함에도 이를 따라가지 못하기 때문에 나타나는 현상이다. 즉 실제 학교는 조직을 둘러싼 환경의 빠른 변화와 다양한 사회적 요구의 표출을 수용하는 데 한계가 나타나고 있다.[홍지오 외, 2019] 구체적으로 살펴보면 학교에서는 교사 전문성을 바탕으로 교육과정이 운영되는 반면에, 학교교육이 이루어지는 교실에 교사를 제외한 지역사회, 기관, 학부모, 외부 전문가 등의 참여는 지양되는 경향이 강하다. 즉 학교가 지닌 기술적 효율성을 기반으로 학교교육과정이 이루어져 온 것이다. 하지만 학교교육에 대한 사회적 불신과 사교육 강화 등과 같은 사회적 흐름에 따른 요구는 학교로부터 변화가 필요하다는 인식을 점차 확산시키고 있다. 그 과정은 학교를 둘러싼 높은 담장을 지키려는 사람들과 담장을 낮추려는 사람들 간의 충돌로 비유할 수 있다.

최근 경기도교육청에서 시작해 전국적으로 확산되고 있는 혁신학교, 혁신교육지구, 마을교육공동체 등의 교육정책 참여 주체(지역사회, 기관, 학부모, 외부 전문가 등)를 살펴보면, 교육에 대해서 학교 중심에서 점차 학교와 지역사회 간 연계를 중심으로 보는 관점이 나타나고 있음을 알 수 있다. 이러한 관점은 서서히 학교현장에도 수용되어 다양한 사례가 보고되고 있다. 즉 학교교육을 더 이상 학교에만 맡길 것이 아니라, 학교와 지역사회의 책임으로 봐야 한다는 사회적 요구가 반영된 결과이다.

한편 학교교육은 전문성을 지닌 교사의 역할이며, 학교 중심으로 이루어져야 한다는 기존의 학교 중심의 성격도 여전히 강하게 나타나고 있다. 즉 현재 학교현장에서는 학교와 지역사회를 중심으로 교육에 대한 사회적 요구와 실제 학교 중심의 교육에서 나타나는 기술적 요구가 충돌하고 있다. 주목할 만한 점은 이러한 충돌이 나타나고 있는 반면에, 실제 단위학교 차원에서 사회적 요구를 반영하고 학교조직의 교육적 역할과 사회적 역할을 강화하기 위한 시도와 노력도 보고되면서, 다양한 형태의 교육공동체가 형성되어 나타나고 있다는 것이다. 이러한 변화가 일어나고 있음에도 불구하고, 학교조직의 폐쇄성과 함께 학교가 교육을 책임지는 방향으로 운영된다면, 학교폭력, 방과 후 돌봄 교실 운영의 한계 등과 같은 사회문제는 온전히 학교만의 문제로 인식될 것이다. 또한 한국 교육에 붙은 '공교육의 위기', '교실의 붕괴' 등의 사회적 꼬리표와 함께, 오늘날 나타나고 있는 학교폭력, 교권 하락 등으로 인해 학교에 대한 부정적 인식 또한 더욱 고착화될 수도 있다.

따라서 향후 학교조직에 대한 접근은 '학교 중심'에서 '학교·지역사회·가정 간 연계'를 통한 교육공동체적 접근이 필요하다. 이에 최근 교육공동체 사례도 점차 늘어나는 경향을 보인다. 사례는 앞서 기술한 바와 같이, 기존의 학교조직의 복합적인 특성에 균열과 변화가 나타나기 시작한 것을 제시한다. 학교조직 특성의 균열과 변화를 통해 알 수 있는 것은 기존의 하향식top-down 방식이 아니라 상향식bottom-up 방식으로 자연스럽게 사례가 보고되고 있다는 것, 그리고 학교교육에 다양한 교육공동체 주체들이 참여하고 있다는 점이다. 또한 기존의 학교조직의 특성이 빠른 환경 변화와 사회적 요구의 대응에 한계 및 문제로 나타났다는 점에서, 향후 학교조직이 사회적 요구에 대응하기 위한 방안으로 학교·지역사회·가정 간 연계를 통한 교육공동체 접근은 앞으로 학교조직의 특성을 이해하는 데 중요한 요인이 될 것이다.

호이와 미스켈Hoy & Miskel, 1996은 학교조직을 환경이 변화함에 따라 학교조직도 합리적 제약조건과 자연적 제약조건도 변화해야 하는 상황에 직면했다는 관점에서 개방체제라고 보았다. 즉 학교조직은 목적을 달성하기 위한 공식적 기관으로 보는 합리체제와 조직을 기계보다는 유기체로 보는 자연체제를 종합하는 관점으로 학교조직을 복잡하면서도 역동적으로 본 것이다. 개방체제는 [그림 1–3]과 같이 학교조직이 여러 요소의 상호작용을 통해 투입(사람, 원료, 재정)되고, 학교교육체제의 환경을 거쳐 생산물(교육받은 학생), 서비스(교육)가 산출되는 것이다. 또한 이러한 개방체제는 '투입 → 환경 → 산출'의 반복적 순환 과정을 통해 스스로 교정할 수 있는 피드백을 제시하고 있다. 환경environment은 학교 정책, 교육행정가, 다른 학교, 지역사회 등 일반적으로 학교조직 밖의 상황을 의미한다.

개방체제의 학교는 환경을 학교조직과 구별하는 것이 불가능하다. 그럼에도 불구하고 오늘날까지도 일부 학교조직은 학교와 환경을 분리하여 보고, 여전히 문턱이 높다는 이미지와 함께 폐쇄적인 경향을 보이는 것이 사실이다.

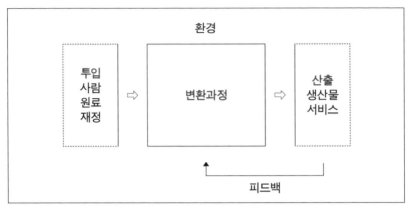

[그림 1-3] 피드백 고리가 있는 개방체제

출처: Hoy & Miskel(1996: 22)

호이와 미스켈의 개방체제의 특징은 합리체제와 자연체제를 종합하는 관점에서 학교를 개방체제로 명명하면서도, 학교와 환경을 학교조직 관점에서 구분하고 있다는 것이다. 구체적으로 살펴보면, 학교 외부 환경에 대한 학교조직의 대응 전략으로 환경적 불확실성으로부터 학교조직의 과정·기능·실제를 격리하는 '완충', 환경의 변화를 예측하고 학교조직에 미칠 수 있는 부정적인 영향을 완화하는 '기획과 예측' 등의 내부 대응 전략을 제시했다. 또한 학교조직은 교육개혁에 대한 외부 환경의 요구를 관리하기 위해 조직과 환경 간의 보호층을 만들기 위한 '분리decoupling', '이미지 관리imaging the image' 등의 전략을 제시하기도 했다. 즉 호이와 미스켈의 개방체제는 학교조직을 중심으로 학교와 학교의 외부 환경을 구분하여 보는 것이다. 환경은 학교가 인식하고 통제할 수 있는 체제(범위)에서의 환경을 의미한다. 이러한 관점에서 보면 학교와 학교가 속한 환경이라고 표현하는 것이 정확할 수 있다.

실제 교육은 학교조직 차원에서만 보면 설명되지 않는 다양한 현상이 나타나고 있다. 예를 들어, 마을교육공동체의 우수 사례로 알려진 경기도 양평군의 S중학교에서는 지역사회의 마을 주민이 단순히 학교교육을 지원하는 차원을 넘어, 학교 안으로 들어와서 참여하고 협의하는 과정이 이루어졌으며, 그 결과 마을 주민의 학교교육에 대한 참여가 요구되는 현상도 나타났다.[서용선 외, 2015] 즉 S중학교의 운영과정은 학교와 지역사회가 연계된 교육공동체의 환경 속에서 이루어지고 있다. 따라서 교육공동체 형성과정에서 호이와 미스켈이 제시한 '학교조직 차원에서의 개방체제'는 S중학교 사례와 같이, 오늘날 맥락을 고려하여 '교육 차원에서 학교조직을 포함한 유기적·상호적·역동적인 접근'으로 재구성하여 제시될 수 있다. 즉 학교조직은 교육생태계 관점으로 접근될 수 있는 것이다. 이상의 논의를 바탕으로 이 책에서는 라온중 사례를 바탕으로 자유학기(년)제 운영과정에서 나타난 교육공동체 형성과정이 학교조직에서 지니는 의미를 밝힘으로써, 나아가 교육생태계 관점으로의 모형을 제시하고자 한다.

2장
교육정책의 이해:
자유학기(년)제를 중심으로

1. 자유학기(년)제 정책이 등장하다

OECD는 DeSeCo 프로젝트Defining and Selecting Key Competencies를 통해 21세기 인재가 갖추어야 할 핵심역량Key Competencies으로 지적 도구 활용Using tools interactively, 사회적 상호작용Interacting in heterogeneous groups, 자율적 행동Acting autonomously 등의 함양을 통한 교육혁신을 강조했다.교육부, 2015 반면에 우리나라 공교육은 핵심역량 함양보다는 대학입시와 같은 과도한 경쟁 현상이 대표된다.김민채·김영환, 2019 입시 위주의 우리나라 교육 현실은 낮은 학업 흥미도와 자신감, 비효율적인 학습 효과로 이어진다.김희삼, 2010 이러한 상황에서 등장한 자유학기(년)제는 학업 스트레스로 인한 청소년 자살, 학교폭력 등과 같은 사회적 문제가 나타나는 고민에서 시작되었다.김민채·김영환, 2019

자유학기(년)제는 역량 중심 교육에 대한 사회적 요구와 관심에 따라 새로운 인재상(학력관)을 표방하며 등장했다. 자유학기(년)제는 기존의 입시와 경쟁 위주 교육 시스템 개선에 대한 사회적 요구가 높아지고 교육과정을 혁신하고자 하는 흐름을 반영하여, 2013년 연구학교 42개교를 시작으로 오늘날 전국적으로 정착되었다.[최원석 외, 2019] 즉 자유학기(년)제는 학교혁신에 대한 요구에 따른 교육정책이라고 할 수 있다.

학교혁신은 사회·환경의 급속한 변화 속에서 학교조직 또한 능동적인 대처와 변화가 요구되고, 변화를 통해 개선을 가져오는 혁신innovation을 의미한다.[유경훈, 2012] 이러한 학교혁신은 다양한 관점으로 정의되고 있다. 김성천[2009]은 학교혁신을 특정 계기에 의해서 단위학교가 교육과정, 수업, 학급 운영, 교직 문화, 학교 경영, 조직체계 등에 창조적인 변화를 일으키면서 타 학교에 영향을 주는 사례라고 정의했다. 유경훈[2012]은 기존 공교육의 단위학교 내에서 학교교육이 올바른 방향으로 나아갈 수 있도록 학생과 학부모, 수업의 개선을 통해서 학생의 교육적 성취를 높이고, 학교와 교육을 긍정적으로 혁신해 나가는 학교라고 정의했다. 안선회[2015]는 학교혁신을 학교에서 학생들의 학습과 성장이 타당하고 효과적으로 이루어질 수 있도록, 학교체제·문화·교육과정 등을 통해 교육과 학습 실천을 의도적이고 능동적으로 개선하는 활동이나 과정이라고 정의했다. 이는 학교의 구조적, 문화적, 내용적(교육과정) 측면의 변화를 통한 교육 성과의 향상을 포함한다. 이렇듯 학교혁신에 대한 다양한 개념적 정의에서 나타나는 공통된 특징은 학교혁신을 위한 방안으로 교육과정 개선의 변화를 제시한다는 것이다.

학교혁신은 5·31 교육개혁의 기본 구상을 통해 문명사적 변화에 대한 적극적인 대응과 '입시 경쟁', '사교육비 부담' 등과 같은 갖가지 교육문제를 해결하기 위한 개혁의 추진 방안으로 제시된다.[안병영·하연섭, 2015] 이를 위한 교육개혁 방안 중 하나는, 앞서 학교혁신을 정의한 학자들이 공통적으로 제시하는 교육과정 개선의 필요와 맥락을 같이한다. 구체적으로 살펴보면, 5·31 교육개혁을 통해 제시된 교육과정 개선 방안은 인성 및 창의성을 함양하는 교육과정으로, 크게 실천 위주 인성교육 강화, 창의성을 함양하는 교육과정 확립, 개인의 다양성을 중시하는 교육 방법 확립, 세계화 교육 및 외국어 교육 강화 등을 제시했다.

한편 학교혁신과 관련하여 등장한 교육정책으로는 혁신학교가 있다. 혁신학교는 2013년 경기도교육청에서 시작되어 오늘날 전국적으로 확산되었다. 혁신학교는 "민주적 학교 운영 체제를 기반으로 윤리적 생활공동체와 전문적 학습공동체를 형성하고 창의적 교육과정을 운영하여, 학생들이 삶의 역량을 기르도록 하는 자율학교"로 정의한다.경기도교육청, 2018 혁신학교는 교육과정 지역화, 앎과 삶이 통합된 교육과정 운영, 교육과정 자율권 확대 등 다양한 교육과정을 통한 학교혁신 방안을 제시하고 있다.경기도교육청, 2018

이러한 흐름 속에서 등장한 자유학기(년)제는 대통령 공약에서 출발하여 교육부(중앙교육행정) 차원에서 추진된 핵심 교육정책이다. 자유학기(년)제는 최근 선진국들에서 나타나고 있는 청소년의 적성과 소질에 맞는 진로탐색의 기회를 제공하는 추세와 함께, 앞서 기술한 OECD에서 제시하고 있는 미래 핵심역량 함양을 위한 학교교육과정 개선 방안을 제시하는 등 학교혁신을 위한 정책이다.교육부, 2013a 또한 자유학기(년)제는 학교교육의 정상화 추진을 목적으로 꿈과 끼를 살리고 미래 핵심역량을 키우는 교육과정 운영을 살린 창의교육을 실현함으로써, '국민행복'이라는 국정 기조에 기여하기 위한 정책이다.최상덕 외, 2014a

이렇듯 학교혁신을 위한 방안으로 교육과정 개선에 대한 논의와 관련 정책이 시행되고 있다. 학교혁신 방안을 위한 정책 흐름의 특징은 지역교육청인 경기도교육청에서 먼저 시행된 '혁신학교'의 운영과 확대 흐름 속에서 이와 유사한 취지를 가진 자유학기(년)제가 중앙교육행정기관인 교육부를 중심으로 시행되었다는 점이다. 즉 지역에서 시작된 교육정책의 취지와 방향성이 중앙으로 확대되는 상향식bottom-up 흐름을 보여준다는 점에서 의미가 있다.

2. 자유학기(년)제는 OO이다

자유학기(년)제는 중학교 교육과정 중 한 학기 동안 시험 부담에서 벗어나 꿈과 끼를 찾을 수 있도록 수업 운영을 학생 참여형으로 개선하고, 진로탐색, 동아리, 예술·체육, 학생 선택프로그램(주제선택) 활동 등 다양한 체험활동이 가능하도록 교육과정을 유연하게 운영하는 제도를 의미한다.교육부, 2013a

자유학기(년)제의 추진 목적은 크게 세 가지로 구분할 수 있다.교육부, 2013a 첫째, 학생들이 스스로 꿈과 끼를 찾고, 자신의 적성과 미래에 대해 탐색·고민·설계하는 경험을 통해 지속적인 자기성찰 및 발전할 수 있는 기회를 제공하는 것이다. 이는 선진국들에서도 나타나고 있는 청소년의 적성과 소질에 맞는 진로탐색의 필요성과 함께, 청소년이 장래 희망을 결정하지 못하는 이유가 자기 자신에 대한 탐색 및 고민의 시간이 부족하다는 데서 오는 문제와 같다.

둘째, 지식과 경쟁 중심 교육에서 자기주도 창의학습 및 미래지향적 역량 함양이 가능한 교육으로의 전환이다. 우리나라 학생들은 암기식·주입식 교육에 매몰된 입시 위주의 교육을 통해 학습 흥미도와 행복지수가 낮다고 보고되고 있다. 따라서 자유학기(년)제는 경쟁 중심 교육에서 벗어나 미래 사회에 능동적으로 대처할 수 있는 핵심역량 함양을 목적으로 한다.

셋째, 공교육 변화 및 신뢰 회복을 통해 학생들에게 행복한 학교생활을 제공하는 것이다. 미래 사회의 변화는 학교교육에 대한 다양한 요구로 나타나고 있지만, 학교는 이를 수용하는 데 한계가 있어, 공교육 변화와 신뢰 회복을 목적으로 한다.

자유학기(년)제는 교육 전반에 걸쳐 기존의 체제와는 다른 특성으로 운영되고 있다.[박균열·홍지오 외, 2019] 이러한 특성은 [그림 2-1]과 같이 자유학기(년)제 운영 모형에 따라, 교수·학습 방법, 교육과정 편성, 평가, 학생부 기재 등의 측면으로 구분할 수 있다.[교육부, 2013a]

먼저 자유학기(년)제는 교수·학습 방법 측면에서, 교수자 중심에서 학습자(교육 수요자) 중심의 수업 방식을 지향한다. 구체적으로는 공통과정인 국어, 영어, 수학, 사회, 과학 등 국가 교육과정의 기본 교과로 구성됨을 알 수 있다. 기본 교과 과정에서는 문제해결, 의사소통, 토론, 실험, 실습, 현장체험, 프로젝트 학습 등 다양한 학습 방법을 통해 학습자의 참여와 활동을 유도한다. 또한 자유학기(년)제는 기본 교과 수업 시수의 일부를 자율과정으로 전환하여, 학생의 흥미와 관심사에 기반한 프로그램을 편성하여 운영하는 것이 특징이다.

자유학기(년)제는 교육과정 편성 측면에서 경쟁을 등한 굴 세우기나

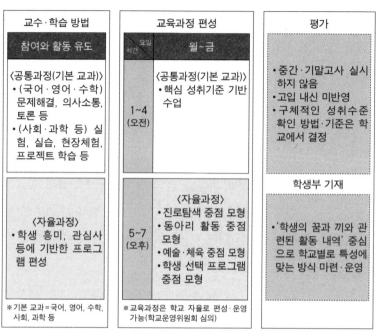

교수·학습 방법	교육과정 편성		평가
참여와 활동 유도	요일 시간	**월~금**	**중간·기말고사 실시 하지 않음** • 고입 내신 미반영 • 구체적인 성취수준 확인 방법·기준은 학 교에서 결정
〈공통과정(기본 교과)〉 • (국어·영어·수학) 문제해결, 의사소통, 토론 등 • (사회·과학 등) 실 험, 실습, 현장체험, 프로젝트 학습 등	1~4 (오전)	〈공통과정(기본 교과)〉 • 핵심 성취기준 기반 수업	• 중간·기말고사 실시 하지 않음 • 고입 내신 미반영 • 구체적인 성취수준 확인 방법·기준은 학 교에서 결정
			학생부 기재
〈자율과정〉 • 학생 흥미, 관심사 등에 기반한 프로그 램 편성	5~7 (오후)	〈자율과정〉 • 진로탐색 중점 모형 • 동아리 활동 중점 모형 • 예술·체육 중점 모형 • 학생 선택 프로그램 중점 모형	• '학생의 꿈과 끼와 관 련된 활동 내역' 중심 으로 학교별로 특성에 맞는 방식 마련·운영
※기본 교과＝국어, 영어, 수학, 사회, 과학 등	※교육과정은 학교 자율로 편성·운영 가능(학교운영위원회 심의)		

[그림 2-1] 자유학기(년)제 운영 모형

출처: 교육부(2013a: 5).

주입식 교육이 아닌, 학습자의 꿈과 끼를 발견하고 미래 핵심역량을 함양할 수 있도록 재구성을 요구한다. 이에 교과별로 핵심 성취기준을 기반으로 수업이 이루어진다. 따라서 교과별로 어떠한 핵심 성취기준을 가지느냐에 따라 공통과정(기본 교과)의 편성과 내용이 구성되며, 핵심 성취기준 선정에 대한 논의와 교육과정 재구성이 필요하다. 교육과정 편성을 통해 이루어지는 자율과정은 '진로탐색 활동', '동아리 활동', '예술·체육 활동', '학생 선택 프로그램(주제선택) 활동' 등이 있다. 이러한 자율과정 활동들은 최대한 학습자의 관심과 선호를 고려한 활동으로 이루어지기 때문에, 학습자의 적극적인 참여를 기대할 수 있다. 또한 학습자의 자율성과 선택을 기반으로 교과, 비교과 활동을 시행함으로써 기존의 교육과정이 가진 학습 목표와는 상이하다는 특징이 있다.

자유학기(년)제는 평가 측면에서 학습자가 꿈과 끼를 찾을 수 있도록 교수·학습 방법 및 교육과정 편성이 이루어질 수 있는 방향으로 운영된다. 중간·기말고사를 실시하지 않고 학습자의 성취수준에 따른 역량 및 특기사항 등을 학생부에 기재한다. 학생부에는 '학생의 꿈과 끼와 관련된 활동 내역'을 중심으로 학교별 특성에 따라 운영된다. 즉 학교가 구체적인 성취수준을 확인하는 방법이나 기준을 결정할 수 있다. 이와 같은 평가 내용은 고입 내신에는 반영되지 않는다.

이렇듯 자유학기(년)제는 성취기준 및 역량 중심의 교과 학습과 학생의 선택권을 바탕으로 한 자유학기 활동이 이루어진다. 이를 통해 교육과정 편성의 자율성을 확대하여 최대한 학생 개개인의 관심을 고려한 내용의 교육이 이루어지면서 질적인 변화를 추구한다는 특성을 보여 준다.^{교육부, 2013b}

3. 자유학기(년)제 정책이 가져온 변화

이 책에서는 선행연구를 통해 제시된 2012년부터 2016년까지의 자유학기(년)제 정책 추진 과정을 종합하고, 2017년부터 현재(2020년 2월)까지의 정책 추진 내용을 포함하여 [그림 2-2]와 같이 재정리했다.[6]

자유학기(년)제 정책 추진 과정은 크게, 정책 채택 단계(2012년~2013년 6월), 정책 도입 단계(2013년 9월~2016년 2월), 정책 확대 단계(2016년

정책 채택 단계 (2012년~2013년 6월)	정책 도입 단계 (2013년 9월~2016년 2월)	정책 확대 단계 (2016년 3월~2018년)	정책 안정 단계 (2019년~)
•자유학기제 도입 대선 공약 발표 •'창의 교육과 문화가 있는 삶' 국정 목표 발표 •교육부 국정 업무 보고 •자유학기제 시범 운영계획(안) 발표 •자유학기제 연구학교 발대식	•연구학교 운영 •희망학교 운영 및 확대 •체험 인프라 협업 기관 구축 •자유학기제 시행 근거 법제화 •자유학기제 시행 계획 확정안 발표	•중학교 자유학기제 전면 실시 1학기 운영 •연계 연구학교 운영 •2017년 자유학기/일반학기 연계 시범운영 •중학교 자유학기제 확대·발전 계획 발표 •자유 학년제 및 연계 학기 연구학교 운영 계획 발표	•자유학기 활동 안정화 연구학교 운영 계획 발표

[그림 2-2] 자유학기(년)제 정책 추진 과정

출처: 김은영 외(2016), 신철균 외(2015)의 연구를 재구성하고, 2017년부터 2020년까지의 내용을 추가 기술함.

3월~2018년), 정책 안정 단계(2019년~)로 구분하여 제시한다.

정책 채택 단계(2012년~2013년 6월)는 자유학기(년)제가 본격적으로 시행되기 전 단계로, 준비하는 시기다. 2012년 대통령 대선 공약으로 처음 자유학기(년)제가 등장했으며, 이후 대통령직인수위원회의 국정 목표[문화체육관광부, 2013] 중 하나로, 당시 새 정부의 주요 교육정책으로 채택되었다. 이후 정책 대상의 설정, 정책의 단계적 확대, 지원 방안, 로드맵 제시

----

6. 자유학기(년)제 정책의 추진 과정은 선행연구에서 다양한 구분을 통해 제시되고 있다. 신철균 외(2015)는 정책 도입기, 시범 운영기, 전면 확대기로 제시했으며, 최상덕 외(2015a)는 정책 도입부터 시범 운영 계획 수립까지의 단계, 연구학교 운영의 단계, 희망학교 운영 단계 등으로 구분했다. 김은영 외(2016)는 정책 채택의 단계(2012년~2013년 6월), 정책 집행·확산의 단계(2013년 9월~2015년), 정책 제도화·확대 단계(2016년) 등으로 구분하여 제시했다. 김경애 외(2018c)의 연구에서는 정책 기본 계획 수립과 시범 운영(2013년~2014년), 인프라 구축과 모델 정착 및 전체 중학교 실시(2015년~2016년) 등으로 구분하여 제시했다.

등 정책이 집행되기 위한 준비 과정을 거치며, 자유학기(년)제를 시범적으로 시행하기 위해 전국에 42개교를 연구학교로 선정하고, 추진을 지원하기 위한 자유학기제지원센터 운영을 발표했다.

당시 대통령의 대선 공약으로 자유학기(년)제가 제시되기는 했지만, 아직 명확한 방향, 취지, 방안이 없었을 뿐만 아니라 학교현장에서 운영되기 위한 구체적인 로드맵이 없었기 때문에 많은 논란이 있었다. 이후에 자유학기(년)제 시범 운영과 관련 연구가 시작되었다. 현재까지 자유학기(년)제는 사업과 연구가 함께 이루어지면서 선순환구조가 만들어졌으며, 이는 교육정책이 채택되고 확대 및 안정화 단계에 이르는 데 중요한 첫걸음이다.

정책 도입 단계(2013년 9월~2016년 2월)는 자유학기(년)제가 본격적으로 도입된 시기이다. 전국적으로 연구학교 80개교가 선정되어 2013년부터 2016년까지, 약 3년 동안 매년 3천여만 원의 예산을 지원했다. 이후에도 자유학기(년)제를 희망하는 학교 총 3,203개교(2014년, 2015년 합계)를 '희망학교'로 선정하여 운영하기 시작했다. 학교현장에서는 자유학기(년)제 운영 학교의 증가 추세와 함께 다양한 지원 방안을 요구했다. 이에 교육부는 자유학기제지원센터를 중심으로 기관 협력뿐만 아니라, 시·도교육청별 기관 간 협력적 관계 구축을 시도했다. 또한 자유학기(년)제 시행 법제화와 구체적인 계획 확정안 발표를 통해, 자유학기(년)제 운영 시기를 1학년 1학기~2학년 1학기 중 한 학기를 선택하는 방안, 자유학기(년)제 활동 시간을 170시간 이상 편성하는 운영 방안 등의 구체적인 계획이 발표되기 시작했다. 이러한 정책 도입 단계는 교육정책이 채택되고 도입되는 과정을 통해, 자유학기(년)제와 같은 정책이 점차 병

확한 취지, 방향, 성격 등을 갖춰 가고 구체적인 방안이 만들어지는 모습을 보여 준다. 또한 이 과정에서는 공교육에 대한 당시의 시대적·사회적 요구가 반영되면서, 정책이 하나의 생물과 같은 유기적인 모습을 형성해 가는 모습도 발견할 수 있다.

정책 확대 단계(2016년 3월~2018년)는 전국의 중학교에서 1학기 동안 자유학기(년)제가 전면 실시된 시기이다. 자유학기(년)제는 교육부(중앙교육행정) 차원에서 시행되는 정책이라는 점에서 확대가 전면적으로 이루어질 수 있었다. 하지만 당시 자유학기(년)제는 정책의 취지에 대한 공감대를 형성했지만, 시험을 보지 않는 학기, 노는 학기 등의 인식과 함께 학부모들의 학습 공백에 대한 우려가 크게 나타났다.머니투데이, 2016. 3. 2. 이러한 우려와 함께 자유학기(년)제는 시·도교육청 및 학교의 자율적 운영, 내실화 지원, 상향식 제안을 통한 교실 수업 운영, 양질의 체험 프로그램 확대를 위한 지원 방안 등이 제시되었다. 또한 자유학기(년)제를 운영하는 과정에서 학생이 자유학기(년)제를 경험한 후 일반 학기와의 연계가 단절되어 나타나는 문제점을 고려하고, 정책의 확대 발전을 위한 방안으로 '자유학기와 일반 학기'를 연계한 '연계 희망학교'를 시범 운영하면서, 자유학기(년)제는 점진적으로 확대되었다.

정책 안정 단계(2019년~)에서 자유학기(년)제는 대표적으로 교육과정의 변화를 통해 교실 안팎에서 나타날 수 있는 다양한 체험활동 운영의 변화를 가져왔다. 자유학기(년)제 활동의 안정화를 위해서 전국에 '자유학기 활동 안정화 연구학교' 10개교를 선정했으며, '연구전문가(교수, KEDI), 컨설턴트(교장, 교감, 교육부), 자유학기(년)제 담당 교사' 등으로 구성된 컨설팅 및 방문조사단을 구성해 운영했다.박균열·장정윤·홍지오 외,

²⁰¹⁹ 이를 통해 학교 특성에 맞는 운영 모델 구안, 교육적 성과 도출 등의 지원을 했다.

더불어 현재는 유·초·중등교육에 관한 교육부의 권한을 시·도교육청과 단위학교로 이양하고자 하는 문재인 정부의 정책 운영 방향에 따라 자유학기(년)제 운영에도 변화가 나타나고 있다. 자유학기(년)제 운영에 관한 권한 배분은 교육부에서 시·도교육청으로 추진^{교육부, 2018: 83}되는 흐름을 보이고 있는 것이다.^{박균열·홍지오 외, 2019} 이는 향후 자유학기(년)제 운영과정이 지역 교육청별 자율성의 확대와 함께, 다양한 자유학기(년)제 운영 모델로 나타날 수 있는 가능성을 시사한다.[7]

이렇듯 자유학기(년)제가 지속적으로 운영되고 있는 배경에는 많은 사람들이 정책의 방향성에 동의하고 있으며^{김경애 외, 2018c}, 다양한 측면에서 성과가 보고되고 있기 때문이다. 자유학기(년)제 성과를 구체적으로 살펴보면, 먼저 자유학기(년)제를 경험한 학생들의 학교생활 만족도와 행복감이 향상한 것이다.^{교육부, 2017c; 신철균 외, 2015} 이는 자유학기(년)제를 경험한 학생들을 대상으로 운영 만족도를 조사한 결과에서 학생들이 수업이 재미있고, 학교생활에 즐거움과 보람을 느낀다고 응답한 내용^{최상덕 외, 2014a; 2014b; 2015a}을 통해서도 확인할 수 있다. 결과는 자유학기(년)제를 통한 교육과정의 운영과정에서 학생이 친구와 함께할 수 있는 시간과 공간(학교) 그리고 체험 및 놀이 등의 환경을 제공받고, 이러한 교육과정과 학교 공간의 변화는 학생이 행복감을 느끼고 생활의 만족감을 가

---

7. 실제로 최근 제주도교육청은 '2022 제주 꿈끼이음123 교육과정(가칭)'을 추진하면서 중학교 2학기를 진로 학기로 운영하여 2025년 전면 도입되는 고교학점제와의 안정적인 연계 운영을 계획하는 '초·중·고 연계 자유학기제' 교육과정을 본격화하는 모델을 제시하고 있다(제민일보, 2021. 10. 17.).

질 수 있는 계기가 되었음을 보여 준다.

둘째, 학생 중심 수업, 과정 중심 평가 등과 같은 학교 교실 수업의 변화이다.교육부, 2017c; 박균열·홍지오 외, 2019; 최상덕 외, 2015b 교실 수업의 변화는 학생의 수업 참여와 자기주도학습을 증진시켰으며, 교사의 수업 효능감을 향상시키는 성과를 가져왔다. 학생 중심 수업은 학생이 경험하는 실생활과 연계한 수업, 협력 및 소통에 기반한 문제해결학습, 다양한 교과가 융합된 수업 등 다양한 형태의 수업이 이루어지면서, 학생의 수업 만족도와 교사의 수업 효능감이 향상되는 계기가 되었다. 또한 다양한 형태의 수업은 기존 교육과정의 변화와 수업의 재구조화를 가져왔으며, 이 과정에서 학생의 흥미와 관심, 교사의 수업 자율성과 효능감이 높아졌다. 평가 방식은 기존의 지필고사나 수행평가 방식에서 벗어나 학생 개개인을 중심으로, 학습 전반에서 나타나는 학생의 성장을 기록하는 과정 중심 평가로 운영했다. 특히, 자유학기(년)제는 교육과정 편성으로 '자율과정'에서 이루어진 '진로탐색 활동', '동아리 활동', '예술·체육 활동', '학생 선택 프로그램(주제선택) 활동' 등을 통해 다양한 체험활동이 활성화되면서, 학교 교실 수업의 변화를 보여 주는 것이 특징이다.

셋째, 학교와 지역사회 간 연계의 강화이다.김경애 외, 2018c; 김은영 외, 2016; 박균열·홍지오 외, 2019; 신철균 외, 2015 자유학기(년)제는 다양한 체험활동이 활성화되면서, 학교 안과 밖의 경계가 허물어지는 계기가 되었다. 자유학기(년)제 운영과정에서 나타나는 수업의 재구조화와 다양한 체험활동의 변화는 학교 안에서 해결할 수 없는 수업 활동에 대한 전문성, 인적·물적 자원 등의 한계를 지역사회와의 연계를 통해 학생과 교사가 원하는 프로그램 운영 지원이 가능해진 것이다. 이를 위해 교육부와 지역 교육청에서는 단위학교가 속한 지역사회의 교육자원에 관한 인프라를 구축하고 정보를 제공하는 역할을 더욱 강화하는 추세이다.

넷째, 자유학(년)제 시행에서 나타난 사업과 연구의 피드백 순환 과정이다. 자유학기(년)제 성과는 수업 혁신이자 학교 운영의 혁신을 보여준다. 이러한 성과는 자유학기(년)제 정책이 채택되고 시행되면서 사업(교육부, 지역 교육청 등)과 연구(한국교육개발원, 한국교육과정평가원 등)가 동시에 이루어지고, 사업과 연구 간 피드백이 이루어지는 것이 특징이다. 특히 자유학기(년)제 관련 연구는 한국교육개발원을 통해 자유학기(년)제 운영 만족도 조사^{김경애 외, 2017a; 2017b; 2018a; 2018b; 최상덕 외, 2014a; 2015c;} ²⁰¹⁶, 사례 연구 보고^{임종헌 외, 2017; 2018; 최상덕 외 2014a; 2015a}, 모델 개발^{김경애 외,} ^{2018c}, 확대 및 발전 방안^{박균열·홍지오 외, 2019; 최상덕 외, 2015b} 등이 꾸준히 이루어져 왔다.

이와 같이 사업과 연구 간 피드백 순환 과정을 통해 정책 개선이 지속적으로 이루어진 점은 향후 교육정책 추진 및 운영 과정에도 시사하는 바가 크다.

한편 자유학기(년)제에 대해서는 '진로교육', '시험을 안 보고 노는 학기', '공부를 하지 않아, 사교육열을 높이는 정책' 등의 부정적인 의견도 제시되고 있다. 하지만 앞서 기술한 자유학기(년)제의 성과를 바탕으로, 정책이 채택될 때부터 현재까지 유지되고 있는 방향성에 대한 많은 사람들의 공감과 자유학기(년)제의 한계에 대한 우려 및 인식 개선, 그리고 정책의 한계를 보완하기 위한 방안이 연구되고 사업이 운영되면서, 자유학기(년)제에 대한 부정적인 의견도 점차 해소될 것으로 기대한다.

이렇듯 그동안 자유학기(년)제는 학교현장과 연구에 많은 변화를 가져왔다. 자유학기(년)제가 더 나은 정책이 되기 위해서는 또 다른 차원의 고민이 필요한 것이다. 쿠퍼, 프사렐리, 랜들[Cooper, Fusarelli, & Randall, 2004]은 『*Better Policies, Better Schools, Theories and Applications*』에서, "교육정책이 더 나은 교육정책이 되기 위해서는 공정impartial해야 하고, 개인의 존엄과 존중을 보장해야 한다"라고 말한다[이희현·김효정·유경훈·황준성·성열관·오상철·홍지오, 2021에서 재인용]

"자유학기(년)제는 어떻게 공정을 실현해 나갈 것인가?"
"자유학기(년)제는 어떻게 개인의 존엄과 존중을 보장할 수 있을 것인가?"

자유학기(년)제는 이러한 고민의 과정을 통해 교육정책과 교육공동체가 자연스럽게 연결되고, 그 과정에서 예상하지 못했던 주체 간 협력과 연대의 모습을 발견할 수 있는 정책이다. 또한 교육공동체는 교육 주체 간의 유기적인 관계 속에서 공정한 기회를 제공받고 개인의 존엄과 존중을 보장하며, 자유학기(년)제가 더 나은 교육정책이 될 수 있도록 도울 것이다.

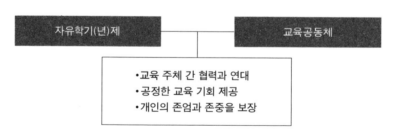

[그림 2-3] 자유학기(년)제와 교육공동체 간의 상호성

4. 자유학기(년)제 정책을 연구하는 사람들

자유학기(년)제는 2013년 정책 도입 단계부터 확대 및 안정 단계에 이르기까지 8년여의 기간 동안, 다양한 관련 연구가 보고되었다. 특히 자유학기(년)제는 정책이 도입된 시기부터 현재까지 사업과 연구가 동시에 이루어지고 있다. 즉 연구를 통해 사업을 보완하는 과정과 사업을 통해 다양한 측면으로의 연구가 이루어져 온 정책이라는 점에서 자유학기(년)제 정책의 연구 동향을 살펴보는 것은 의미가 있다. 선행연구를 분석한 결과, 자유학기(년)제 관련 연구는 크게 운영과정 및 개선 방안 연구, 교육과정 및 교수·학습 방법 연구, 활동 연구, 평가 방법 연구, 효과 및 영향요인 분석 연구, 타 정책과의 연계 연구로 구분할 수 있다. 자유학기(년)제 관련 선행연구를 구체적으로 살펴보면 다음과 같다.

가. 자유학기(년)제 운영과정 및 개선 방안 연구

자유학기(년)제는 2012년 대통령 대선 공약으로 처음 등장하여, 2013년 대통령직인수위원회의 국정 목표 중 하나로 채택되면서 본격적인 연구가 이루어지기 시작했다. 운영과정 및 개선 방안 등과 관련된 초기 연구는 주로 한국교육개발원KEDI에서 수행한 연구들이다. 한국교육개발원에서 수행한 연구를 중심으로, 자유학기(년)제 운영과정 및 개선 방안 연구를 연도순으로 자세히 살펴보면 다음과 같다.

먼저 최상덕 외[2013]는 자유학기제 실행 방안을 주제로, 자유학기제 도입 요구 분석을 바탕으로 다양한 활동 중심의 수업 운영, 각 체험활동 긴 []기적 언계 운영, 교원 연수 및 학교문화 혁신, 지역사회 교육자원과의 연계 확대 등을 실행 방안으로 제시했다. 다음으로 신철균 외[2014]는 중학교 자유학기제 정착 방안 연구를 주제로, 자유학기제 정착을 위해서 이론적 모형 정립과 현장 운영 및 준비 실태를 파악했다. 이를 통해 구성원 인식 개선, 교육 활동 운영 지원, 인적·물적 지원 환경 구축(정부·지역·학교 간의 유기적 연계 시스템) 등과 관련한 방안을 제시했다. 최상덕 외[2015b]는 자유학기제 전면 확대 방안 연구를 주제로, 자유학기제 전면 확대를 위해서 다양한 의견을 수렴했고, 자유학기제 적용에 적합한 학년·학기와 교수·학습 방법, 사회적 공감대 형성, 행정 지원 체제 구축 등의 정책 과제를 도출했으며, 전면 추진 계획(안), 법적 근거 마련, 예산 마련, 학습생태계 형성 등의 추진 방안을 제시했다. 2016년에는 임종헌[2016]이 자유학기제 운영과정에 대한 질적 사례 연구를 통해, 운영과정에서 나타나는 양가성 현상을 발견하고, 학교 측면과 교육정책 측면에서의 정책적 제언을 했다. 2018년에는 김경애 외[2018c]가 자유학년제 모델 개발을 주제로, 자유학기제의 중장기적 확산 및 확대 방향을 모색하면서, 자유학년제 단기·장기 방안 및 모델을 제시했다. 또한 임종헌 외[2018]의 자유학기 활동 질 제고 방안을 주제로 한 연구를 통해, 자유학기 활동의 교육과정 조정 모델, 자유학기 활동과 통합 가능한 교과 및 창의적 체험활동 영역, 교육과정 조정 로드맵 등을 제시했다.

최근에는 박균열·홍지오 외[2019]의 자유학기(학년)제 발전 방향 탐색을 주제로 한 연구에서 지방분권 강화라는 환경 속에서 미래교육의 관점에서 자유학기(학년)제의 비전을 중심으로 발전 방향을 탐색했다. 이를 통해 교육과정 연계 강화 및 정책의 지속성 확보, 학생 참여형 수업·과정 중심 평가를 위한 교사 역량 강화 및 지원 체계 구축, 자유학기 활동을 위한 네트워크 구축, 자유학기(학년)제 관련 지속적인 연구의 필요성 등을 제시했다.

이렇듯 자유학기(년)제 운영과정 및 개선 방안 연구는 '실행 방안', '정착 방안', '확대 방안', '모델 개발', '질 제고 방안', '발전 방향 탐색' 등 시간의 흐름이자 정책의 발전 과정에 따라 연구의 특징적인 흐름을 볼수 있다는 점에서 의미가 있다. 또한 연구는 교육정책에 대한 요구에서 시작해 현장의 의견을 수렴하여 지원 방안을 모색하며, 사례에서 나타나는 다양한 모델을 개발하는 과정 등을 통해 정책의 질적 제고를 높이는 방향으로 이루어지는 등 정책의 사업과 연구가 서로 보완되고 있었음을 알 수 있다.

나. 교육과정 및 교수·학습 방법 연구

자유학기(년)제는 교육과정 및 교수·학습 방법의 변화에 많은 영향을 준 정책이다. 학교혁신은 교실의 변화에서 시작될 수 있으며, 교실의 변화는 곧 교육과정 및 교수·학습 방법의 변화를 통해 가능하다는 흐름과 궤를 같이한다. 자유학기(년)제 교육과정 및 교수·학습 방법 연구를 자세히 살펴보면 다음과 같다.

먼저 백수연 외[2014]는 자유학기제 수업을 위한 학생 참여 중심의 수학 교수·학습 자료 개발을 주제로, 자유학기(년)제가 추구하는 목표와 기본 방향에 적합한 수업 자료를 개발하고 이를 현장에 적용하여 효과를 분석했다. 그 결과 자유학기제의 시행은 수업 및 평가 방법을 개선할 수밖에 없는 순기능, 미래 핵심역량 함양의 가능성 등을 제시했다. 다음으로 정영근 외[2015]는 중학교의 자유학기 교육과정 실행 방안을 주제로 한 연구에서, 자유학기제 전면 시행에 대비하여 원활한 적용을 위한 단위학교의 자유학기 교육과정 실행 방안을 제시했다. 구체적인 실행 방안으로는 교육과정 편성·운영을 위한 기획, 연구 등의 업무를 중심으로 한 조직 구축 방안, 학교현장의 상황과 맥락을 고려한 수업 방안, 지역 연계 체험활동 편성 및 운영 등이 있다. 김희경 외[2018]는 자유학기제의 학교교육과정 경영 실태 및 인식 분석을 주제로, 자유학기 교육과정 경영 실태와 인식을 파악했다. 연구 결과, 학교교육과정 경영 방안은 학교 소재지별, 학교 규모별 특성을 고려한 맞춤형으로 모색되어야 하며, 교사 공동의 협력적 작업의 필요를 제시했다. 특히, 자유학기제의 가장 커다란 특징 중 하나로 학교 밖(지역사회, 학부모 등) 연계를 적극 활용하여, '지역교육력'을 활용한 접근의 필요를 강조했다.

자유학기제와 관련한 교육과정 및 교수·학습 방법 연구는 자유학기제가 추구하는 목표와 기본 방향을 한 수업 및 평가 과정을 통해 순기능을 발견하고, 학교교육과정 및 교수·학습 방법의 변화를 도모하고자 했다. 이러한 접근을 통해, 학교현장의 상황과 맥락을 고려한 수업 방안에 대한 고민, 교사 공동의 협력적 작업의 필요, 학교 밖(지역사회, 학부모 등) 연계의 적극적인 활용 등의 요인이 나타나고 있다는 점에서 의미가 있다.

다. 활동 연구

자유학기(년)제는 진로탐색, 동아리 활동, 예술·체육, 학생 선택 프로그램 등과 같은 다양한 활동을 중심으로 운영되고 있다. 선행연구에서도 자유학기(년)제 운영과정에서 나타나는 활동을 분석한 연구가 보고되고 있음을 확인할 수 있다. 자유학기(년)제 활동 연구를 자세히 살펴보면 다음과 같다.

먼저 임종헌[2018]은 자유학기제 '주제선택 활동' 운영 사례 분석을 주제로, 주제선택 활동의 교육적 의미 고찰을 통해 자유학기제 교육과정인 주제선택 활동의 운영 모습과 특징을 분석했다. 이를 토대로 교육적 의미를 탐색한 결과, 주제선택 활동은 교육과정으로 교과와 비교과를 잇는 교육과정, 삶과 밀착한 내용을 다루는 인생 수업, 미래 학교 수업의 상 등을 제시했다. 김민채·김영환[2019]은 자유학기제 관련 연구에서 나타난 활동 프로그램 경향 분석을 주제로, 자유학기제 프로그램 개발 및 적용을 다룬 연구들을 대상으로 경향을 분석했다. 그 결과, 진로탐색을 목적으로 한 경우가 많았고, 교육 방법으로는 모둠학습, 협동학습, 프로젝트학습 등이 서로 융합되어 이루어졌으며, 효과를 검증하는 연구는 양적 검증이 가장 높게 나타난 것으로 제시했다. 김은경[2019]은 소규모 학교의 '자유학기 활동' 기획 및 운영에 관한 사례 연구를 주제로, 자유학기제가 학교의 여건과 상황에 따라 다르게 해석되고 실천된다는 점에 주목하여 접근했다. 소규모 학교의 운영 사례를 자유학기 활동 중심으로 분석한 결과, 미래 설계에 소극적인 농촌 아이들에게 적극적인 비전 설정 및 성장 경로 탐색의 기회를 제공하는 것으로 나타났다. 또한 거의 모든 교사가 협동하여 활동을 운영하며, 공공 행정기관이 제공하는 정보 및 재원을 적극 활용하는 등의 특징을 제시했다.

자유학기제와 관련한 활동 연구는 기존의 교육과정 체제에서 운영된 수업 방식으로부터 변화된 사례를 보여 주고 있다는 점에서 의미가 있나. 예를 들어 교과와 비교과를 잇는 교육과정이나 학생의 삶과 밀착된 내용의 인생 수업, 모둠학습, 협동학습, 프로젝트 학습 등이 서로 융합된 교육 방법 등이 이루어졌다. 또한 진로탐색, 비전, 성장 경로 탐색 등의 수업을 통해 학생의 미래 설계에 대한 고민이 학교 수업을 통해 이루어졌다는 점에서 의미가 크다.

라. 평가 방법 연구

자유학기(년)제는 지필시험과 같이 기존의 일반적으로 이루어졌던 평가 방식이 아닌, 학생의 성취수준을 확인하고 세부 능력 및 특기사항을 기록하는 과정 중심 평가 방식으로 운영되고 있다. 과정 중심 평가는 시험을 통해 경쟁적이고 서열화된 학교 평가 결과와 평가 문화를 개선하고자, 학생 개인의 역량과 학습 발달에 맞춰진 평가 방식이다. 이처럼 기존의 평가 방식의 한계를 보완하기 위해 수행하고 있는 과정 중심 평가는 학교현장에서 무엇을, 어떻게 적용하여 시행해야 하는지 명확한 가이드라인이 제시되지 않아 시행 초기에 우려와 혼란을 야기했다. 이러한 맥락에서 선행연구 또한 평가 방법 연구가 상당수 보고되었다. 자유학기(년)제 평가 방법 연구를 자세히 살펴보면 다음과 같다.

먼저 지은림 외[2014]는 중학교 자유학기제 평가 방안 연구를 주제로, 자유학기제를 통해 학생들의 학업성취를 파악하고 학습 발달을 위한 특성을 이해할 수 있는 평가 방안을 제시했다. 그 결과 평가는 체험학습, 자기주도적 학습, 협력 학습을 촉진 및 발달하는 방향으로 실시되어야 하며, 교사·학생·학부모의 연계 체제를 통해 실시되도록 해야 하는 등의 방법을 제시했다. 임재일 외[2015]는 자유학기제 연구학교의 학생 평가 특징 분석을 주제로, 자유학기제를 통해 학교에서 수업과 각종 교육

활동을 어떻게 평가하고, 학생들의 참여와 동기를 유발하기 위해 어떤 방법과 도구를 사용하고 평가하는지 등을 분석했다. 그 결과, 평가 목적으로는 형성평가, 내용으로는 정의적 평가, 주체로는 학생(자기)·동료 평가, 방법으로는 수행평가를 가장 큰 특징으로 제시했다. 임종헌·최원석 2018은 '과정 중심 평가'의 특징과 의미에 관한 연구를 주제로, 자유학기제에 참여하고 있는 교사들의 목소리를 통해 과정 중심 평가의 특징과 의미를 평가 계획 단계, 평가도구 개발 단계, 평가 실행 단계로 구분하여 제시했다.

자유학기제와 관련한 평가 방법 연구는 주로 평가 방향과 방안 그리고 이를 지원할 수 있는 방법의 체제 구축, 구성원 간 연계의 필요 등을 제시하고 있다. 평가 목적으로는 형성평가, 내용으로는 정의적 평가, 주체로는 학생(자기)·동료 평가, 방법으로는 수행평가를 제시했다. 특히 평가 방법 연구는 평가에 관심을 가지는 교육 주체인 교사, 학생, 학부모 간 소통과 평가의 중심적 역할을 하고 있는 교사의 목소리를 통해 운영될 필요가 있다는 점에서 의미가 있다. 평가의 구체적인 내용과 방법 및 절차를 중심으로 접근한 이전 연구와는 차별되는 특징으로 볼 수 있다.

마. 효과 및 영향요인 분석 연구

자유학기(년)제가 채택되고 본격적으로 도입된 2013년 이후 현재까지 약 8년여의 시간이 지났다. 하나의 정책이 두 정권을 거쳐 8년여 기간 동안 시행되는 사례는 흔치 않다. 이에 최근에는 자유학기(년)제 정책이 시행되면서 도출된 효과 및 영향요인을 분석한 연구가 보고되기 시작했다. 자유학기(년)제 효과 및 영향요인 분석 연구를 자세히 살펴보면 다음과 같다.

먼저 김위정[2017]은 경기도 자유학기제 성과 분석을 주제로, 학생 성장 관점에서 자유학기제 운영 내실화를 위한 정책적 시사점을 도출하고자 했다. 그 결과, 정책의 전반적 성과는 좋으나 공부에 대한 즐거움의 증대는 저조하고, 학교 풍토가 성과에 유의한 영향을 미쳤으며, 비전 공유와 교사 업무 배분의 필요성을 제시했다. 조성경 외[2018]는 자유학기제 운영 학교의 특성에 따른 정책의 효과 분석을 주제로, 학교별 자유학기제의 운영 여건 및 현황의 차이를 분석하고, 학교 특성에 따라 정책이 의도한 효과와 의도하지 않은 결과를 분석했다. 그 결과, 지역·학교·가정의 사회경제적 배경SES, Socio-economic Status이 낮은 경우 학교별 자유학기 운영 교사의 비율이 높았으며, 자유학기 활동 시수가 많고, 교과 시수 감축은 적게 나타나는 등의 특징이 제시되었다. 주휘정·김민석[2018]은 자유학기제 참여 학생의 발달 궤적과 영향요인 분석을 주제로, 자유학기제 참여 학생의 행복도, 학교생활 만족 및 진로 성숙의 하위 변인의 변화를 추적·관찰하여 학생 발달 궤적을 분석했다. 그 결과, 진로체험 활동 참여 횟수는 진로 포부와 합리적 의사결정의 초기에 영향을 미치고, 변화율에는 유의미한 영향을 미치지 않는 등의 특성을 제시했다. 최근 최원석 외[2019]는 자유학기제 효과 영향요인 분석을 주제로, 학생 역량을 중심으로 자유학기제 효과와 관련한 영향요인을 탐색했다. 그 결과, 활동 요인과 관련해서 교사가 인식하는 학생 참여 중심 수업의 정도는 자기 관리 역량, 의사소통 역량, 그리고 공동체 역량의 향상 정도와 유의하게 나타나는 등의 결과를 제시했다.

자유학기제와 관련한 효과 및 영향요인 분석 연구는 무엇보다 참여한 학생의 역량과 함께, 행복도, 만족도, 역량 등 내적 측면에 접근했다는 점에서 의미가 있다. 또한 학교혁신을 위해서 예산을 지원하는 하향식 관리 방식이 아닌, 학교 풍토나 비전 공유 등과 같이 당장 가시적인 성과는 나타낼 수 없지만, 학교혁신을 위해 선행되어야 하는 측면에 대해 접근이 이루어졌다는 점에서 의미가 있다.

바. 타 정책과의 연계 연구

자유학기(년)제는 교육부(중앙교육행정)가 권한을 가지고 전면적으로 시행했던 정책이다. 따라서 시·도에서는 자체적으로 시행하고 있는 정책과 자유학기(년)제를 연계하고자 하는 접근의 연구가 이루어졌다. 자유학기(년)제와 타 정책을 연계한 연구를 살펴보면 다음과 같다.

먼저 송경오[2015]는 학교혁신을 위한 교사 전문적 정체성의 의미와 중요성을 주제로, 자유학기제와 혁신학교 사례를 통해 교사의 전문적 정체성이 어떻게 발현되고 있는지 혁신학교와 자유학기제 사례를 통해 실증적으로 살펴보았다. 그 결과 교사는 자신을 수동적 존재가 아닌 수업의 주체자로서 인식하는 경향이 강했고, 학생의 성장과 행복을 도울 수 있는 조력자로서 인식하는 등의 특징이 나타나고 있었다. 다음으로 김위정 외[2016]는 자유학기제와 마을교육공동체 연계 방안을 주제로, 혁신교육의 효과적 실현을 위해 자유학기제와 마을교육공동체의 정책적인 연계 방안을 모색했다. 연구 결과, 지향점을 '마을에 기반한 자유학기제'로 설정하고, 마을교육과정 재구성에 중점을 두는 방안, 학교와 마을의 연계 기반 조성 방안 등을 제시했다.

자유학기제와 관련한 타 정책과의 연계 연구는 경기도교육청에서 시작되어 현재 전국적으로 확산되고 있는 혁신학교, 혁신교육지구, 마을교육공동체와 연계 가능성이 높다는 연구가 보고되고 있다는 점에서 의미가 있다. 즉 자유학기(년)제, 혁신학교, 혁신교육지구, 마을교육공동체는 모두 공교육 내실화를 위한 방안으로 학교혁신을 도모한 결과이며, 이를 위해서 교실의 변화가 필요하다는 것이다. 또한 교실의 변화는 교육과정의 변화에서 이루어질 수 있는 것이며, 교육과정의 변화는 학교 안의 교육자원으로는 한계가 나타날 수밖에 없다. 따라서 자유학기(년)제와 타 정책을 연계한 연구에서는 학교와 지역사회 간 협력적 관계 형성의 필요를 강조하고 있다.

　[표 2-1]은 앞서 분석한 자유학기(년)제 정책 관련 선행연구물을 정리한 내용이다. 해당 표는 8여년의 시간 동안 수행된 정책의 전반적인 모습을 한눈에 확인할 수 있는 내용으로, 정책을 공부하고 연구하는 연구자에게 도움이 될 것이다. 예를 들어, [표 2-1]에서 '구분'은 하나의 정책을 통해 나타날 수 있는 다양한 분류의 연구를 확인할 수 있다. '연구 주제' 및 '주요 연구 내용'에서는 정책의 변화 모습에 따른 주요 중심 주제를 통해 변화 및 흐름을 살펴볼 수 있다. 또한 각 연구 분류와 주제 및 내용에 따라 적절한 연구 방법을 살펴보는 데에도 도움이 될 것이다.

[표 2-1] 자유학기(년)제 정책 연구

구분	연구 주제	저자
운영과정 및 개선 방안 연구	자유학기제 실행 방안	최상덕 외, 2013
	중학교 자유학기제 정착 방안 연구	신철균 외, 2014
	자유학기제 전면 확대 방안 연구	최상덕 외, 2015b
	자유학기제 운영과정에 대한 질적 사례 연구: 양가성 현상의 발견과 의미	임종헌, 2016
	자유학년제 모델 개발	김경애 외, 2018c
	자유학기 활동 질 제고 방안 연구: 자유학기 활동의 교육과정 안정화 방안 탐색	임종헌 외, 2018
	자유학기(학년)제 발전 방향 탐색	박균열·홍지오 외, 2019
교육과정 및 교수·학습 방법 연구	자유학기제 수업을 위한 학생 참여 중심의 수학 교수·학습 자료 개발: 미래 사회 핵심역량의 증진을 중심으로	백수연 외, 2014
	중학교의 자유학기 교육과정 실행 방안 연구	정영근 외, 2015
	자유학기제의 학교교육과정 경영 실태 및 인식 분석	김희경 외, 2018
활동 연구	자유학기제 "주제선택 활동" 운영 사례 분석: 주제선택 활동의 교육적 의미 고찰	임종헌, 2018
	자유학기제 관련 연구에서 나타난 활동 프로그램 경향 분석	김민채·김영환, 2019
	소규모 학교의 '자유학기 활동' 기획 및 운영에 관한 사례 연구	김은경, 2019
평가 방법 연구	중학교 자유학기제 평가 방안 연구	지은림 외, 2014
	자유학기제 연구학교의 학생 평가 특징 분석	임재일 외, 2015
	'과정 중심 평가'의 특징과 의미에 관한 연구	임종헌·최원석, 2018
효과 및 영향요인 분석 연구	경기도 자유학기제 성과 분석	김위정, 2017
	자유학기제 운영 학교의 특성에 따른 정책의 효과 분석	조성경 외, 2018
	자유학기제 참여 학생의 발달 궤적과 영향요인 분석	주휘정·김민석, 2018
	자유학기제 효과 영향요인 분석: 학생 역량에 대한 효과를 중심으로	최원석 외, 2019
타 정책과의 연계 연구	학교혁신을 위한 교사 전문적 정체성의 의미와 중요성: 자유학기제와 혁신학교 사례를 중심으로	송경오, 2015
	자유학기제와 마을교육공동체 연계 방안	김위정 외, 2016

3장
교육공동체와 교육정책이 만나다

1. 지역사회에서 이루어진 교육공동체와 교육정책의 만남

이 책에서는 라온동[8] 지역사회를 기반으로 교육공동체 형성과정을 발견한 이야기를 하고 있다. 라온동은 센터를 중심으로 지역 주민들이 모여 공동체성을 볼 수 있는 모임과 활동을 한다. 그러한 움직임은 대내외적으로 우수 사례 및 우수 기관(센터) 표창 등으로 좋은 평가를 받고 있으며, 활동은 연구 보고서, 대중서, 다양한 매체 등을 통해서 전해지고 있다.

지역에 위치한 라온중학교(이하 라온중)는 자유학기(년)제를 시행하면서 학교 안과 밖을 넘나드는 교육에 관심을 보이기 시작했다. 이는 자유학기(년)제 활동이 더 이상 학교 안에서 이루어지는 것은 한계가 있다는 학교 리더와 교사들의 인식에서 시작되었으며, 마침 라온동에서 형

----

8. 이 책에서는 모든 연구 현장 및 연구 참여자를 가명으로 제시했다.

성된 공동체가 그 시작의 마중물이 되었다.

라온중 자유학기(년)제 운영과정에서 나타나는 교육공동체 형성 사례를 이해하기 위해서는 학교·지역사회·가정이 지닌 맥락적 접근이 필요하다. 맥락적 접근은 교육공동체를 살펴보는 데 꼭 필요하다. 교육공동체 형성과정은 단편적인 현상으로는 블랙박스Black Box처럼 눈에 보이지 않아 이해가 되지 않는 상황이 나타나기 때문이다. 예를 들어 "주민들은 마땅한 대가를 받지도 못하고, 희생하면서 학교교육에 참여하는 이유가 무엇일까?", "센터는 외부적으로 좋은 성과 및 평가를 받으면서도, 제대로 대우받지 못하는 학교와 연계 활동을 지속하려는 이유가 무엇일까?", "교사가 사설 교육 업체보다 지역사회 교육자원을 활용하고 싶어 하는 이유가 무엇일까?" 등등 이에 대한 해석은 학교·지역사회·가정이 지닌 맥락적 접근을 통해서만이 가능하다.

가. 이야기에 등장하는 학교·지역사회·가정

1) 학교 상황

라온중은 서울시 노원구 라온 2동에 위치한 공립학교로 1984년에 설립되었다. 학교가 위치한 지역에는 라온중을 포함하여 총 13개 초·중·고등학교가 있으며, '서울과학기술대학교, 서울여자대학교, 삼육대학교' 등 총 4개의 대학과 '라온센터, 화랑대역사관, 노원문화원' 등의 시설이 있다. 학교 규모는 30학급, 772명의 학생이 있으며, 학급당 학생 수는 25.7명으로 서울 평균보다는 0.7명이 많지만, 전국 평균으로 보면 0.8명이 적다(2019년 4월 기준). 학교 시설은 체육관, 운동장, 일반·교과교실, 특별

교실 등이 있으며, 학교 수업에 지장이 없는 시간 내에서 모두 개방 및 사용 허가를 하고 있다.

[표 3-1] 학교 개요 및 특징

구분	내용
위치	• 라온동
규모	• 학급 수/학생 수: 30/772 • 학급당 학생 수: 25.7명(서울 평균 25명, 전국 평균 26.5명) • 교원 수/사무직원 수: 55명, 18명
관리자 특성	• ~2019년까지 근무한 이전 교장 • ~2019년 이후 근무 중인 교장의 특징 기술
자유학기 운영 학기 및 운영 시수 (2019. 9. 1. 기준)	• 자유학년제 운영 학기 시수 - 1학년 1학기: 교과 활동(442), 자유학기 활동[주제선택 활동(34), 예술·체육 활동(51), 동아리 활동(17), 진로탐색 활동(17), 총 119]. - 1학년 2학기: 교과 활동(442), 자유학기 활동[주제선택 활동(34), 예술·체육 활동(34), 동아리 활동(17), 진로탐색 활동(17), 총 102].
학교 특색 운영 사례	• 함께 키워 나가는 꿈 - 학생: 학생회 자치활동 활성화, 학급별 소체육대회와 야영 활동, 학생 중심의 자율 동아리 운영 - 학부모: 학부모 동아리 활동, 학부모 평생교육 - 교사: 수업 혁신을 위한 교사 동아리 활동(학년 동아리, 교과 동 아리) - 학년 말 특색 프로그램 운영: 협동 작품 만들기 및 전시, 라온영화 제, 졸업기념 UCC 영상제 등 • 함께 성장하는 우리 - 멘토링(또래 멘토링, 사제 멘토링) - 배움이 느린 학생을 위한 기초학력 신장 교육 활동 운영 - 학력 신장 캠프 운영 - 자유학년제 선택 프로그램과 연계한 오페라 감상(학부모, 학생, 교사 연수), 미술작가 강연 등 다양한 체험을 통한 감성 키우기 • 기타 - 교사 및 학부모 연수 계획 등 - 자유학기 활동 관련 교원학습공동체 운영 등 - 자유학기 이후 연계 학기 운영 관련 등

출처: 라온중학교 학교알리미(2019. 4. 1. 기준).

최근에는 교사, 학생, 마을활동가들이 협력하여 노원구 예산 2천만 원을 지원받아, 학교 내에 '지미집'이라는 학생들의 휴식 및 전시 공간을 마련했다. 이는 노원구 학교 내 쉼터 문화예술 플랫폼 조성 사업을 통한 '뚝딱 프로젝트' 추진의 결과물이다.

전수영 전 라온중 교장은 자유학기(년)제 시행을 위해, 정책에 대한 이해를 교사뿐만 아니라 학부모의 참여를 바탕으로 만들어 나가는 과정을 공동체 구성원과 함께 이루어 냈다. 그 결과 라온중에 대한 지역사회와 학부모들의 참여 및 이해도 높게 나타났다.

필자는 한국교육개발원의 '자유학기(학년)제 발전 방향 탐색' 연구를 통해, 전문가로 참여한 라온중 김관홍 교장을 만났다. 이 과정에서 그동안 라온중에서 자유학기(년)제가 어떻게 계획 및 운영되었는지 알 수 있었다. 2019년 9월에 발령받은 김관홍 교장은 그동안 지역사회에서 라온중의 위치와 역할에 대해 인지를 하고 있었다. 학교의 리더와 구성원이 학교와 지역사회 및 가정(학부모) 간 소통과 참여의 중요성을 인식하고 있다는 점에서, 자유학기(년)제 운영과정에서 나타나는 교육공동체 형성을 살펴보는 데 좋은 사례 학교라고 할 수 있다.

라온중은 2014년에 자유학기(년)제 연구학교로 지정되었으며, 본격적으로 자유학기(년)제가 학교·지역사회·가정 간 연계를 통해 운영된 것은 2018년부터다. 2020년 현재 라온중의 자유학기(년)제 운영 조직도는 [표 3-2]와 같다.

자유학기 활동 프로그램 운영은 크게, 자유학기 활동 프로그램 계획 수립 및 운영, 자유학기 체험활동 운영, 외부 전문가 및 기관 섭외와 연계 등으로 구분할 수 있다. 필자는 연구과정을 통해 학교에서 운영하는 자유학기 활동 프로그램의 계획 수립에서부터 지역사회 기관 및 마을활동가, 학부모 등과 연계하는 모습을 발견했다. 또한 체험활동 운영과 외부 전문가 섭외 및 연계는 교사의 참여와 노력도 중요했지만, 그 과정이 학교 내 담당 교사들로만 이루어지지 않았다는 특징을 발견했다. 라온중에서 수행된 자유학기(년)제 운영 현황을 살펴보면 [표 3-3]과 같다.

[표 3-2] 라온중의 자유학기(년)제 운영 조직도

위원장
교장 김관홍

부위원장
교감 J씨

운영총괄
이지혜 (1학년 부장)

기획 운영	교육과정 운영	수업 개선 연구	진로 활동 운영	자유학기 활동 운영
자유학기 운영 계획 수립	교육과정 편성 및 운영	수업 모형 개발 및 적용	진로교육 교수 학습 모형 구안 및 적용	자유학기 활동 프로그램 계획 수립 및 운영
보고서 및 일반화	시간표 편성 및 운영	교원학습공동체 조직	진로체험학습 운영	자유학기 활동 체험활동 운영
자료집 작성	자유학기 활동 구성 지원	수업 모델 개선	진로체험의 날 운영	외부 전문가와 기관 섭외 및 연계
업무협약 체결	평가 모형 구안 및 적용	협의회 활성화	진로 프로그램 운영	
자유학기 홍보	학교생활기록부 기재 방안	교과별 평가 계획 수립		
A씨, 이지혜	A씨, C씨	D씨, E씨	F씨, G씨	이지혜, H씨

[표 3-3] 라온중학교 자유학기(년)제 운영 현황

1학기 119시간 운영

요일 시간	월	화	수	목	금
1	주제 선택 (1-5)	예술 (6-10)	•교과 및 창의적 체험활동 •자유학기 활동 (주당 11시간)		
2					
3	주제 선택 (6-10)	예술 (1-5)			
4					
5			학교 스포츠 (1-5)	동아리	
6			학교 스포츠 (6-10)	진로 탐색	
7					

▶ 한 학기에 4가지 활동을 모두 운영

2학기 102시간 운영

요일 시간	월	화	수	목	금
1	주제 선택 (1-5)		•교과 및 창의적 체험활동 •자유학기 활동 (주당 8시간)		
2					
3	주제 선택 (6-10)				
4					
5			학교 스포츠	동아리	
6			체육	진로 탐색	
7					

▶ 한 학기에 4가지 활동을 모두 운영

출처: 라온중학교 2019 자유학년제 운영 계획서.

자유학기(년)제는 2019년 9월 기준으로, 1학년 1학기(119시간)와 1학년 2학기(102시간)로 운영되고 있다. 교과 활동은 주로 수·목·금요일 오전에 운영했으며, 자유학기 활동(1학기 시수:2학기 시수)은 크게, '주제선택 활동(34:34)', '예술·체육 활동(51:34)', '동아리 활동(17:17)', '진로탐색 활동(17:17)'으로 구분하여 편성되었다.

라온중 자유학기(년)제 운영 계획과 함께 실제 학교·지역사회·가정 간 연계를 통해 운영된 '2019 라온중 자유학기(년)제 연계 운영 계획(안)'의 내용을 살펴보면 다음과 같다. 학교·지역사회·가정 간 연계를 통한 운영은 2019년 3월 12일부터 7월 15일까지, 매주 월요일 총 18회를 진행했다. 활동 프로그램 대상은 라온중 1학년 2개 반이며, 장소는 라

온중 및 라온동 일대에서 이루어졌다. 활동 프로그램 내용은 라온동 지역사회의 역사와 마을공동체에 관한 것으로 구성하고, 참여 및 운영한 주체는 학교(담당 선생님), 지역사회(센터 선생님 및 마을활동가), 가정(마

[표 3-4] 2019년 라온중학교 자유학년제 운영 계획(안)

차시	주제	담당	내용
1차, 10차 1분기(3. 11.) 2분기(5. 20.)	마을 알아보기: 마을교과 오리엔테이션	라온 청소년 문화정보센터	우리 마을 이야기 교과과정 설명 마을 관련 그림책 읽기 공동체 놀이 진행
2차, 11차 1분기(3. 18.) 2분기(5. 27.)	마을 걸어 보기: 경춘선 숲길 코스	꿈마을 여행단	경춘선 숲길공원을 따라 우리 마을 돌아보기
3차, 12차 1분기(3. 25.) 2분기(6. 3.)	마을 걸어 보기: 구 화랑대역 역사 여행	꿈마을 여행단	(구)화랑대역을 중심으로 라온동 역사 이야기
4차, 13차 1분기(4. 1.) 2분기(6. 10.)	더불어 사는 세상: 지역사회 속 장애인복지관(예정)	다운 복지관	지역사회에서 장애인 복지관의 역할에 대한 이야기, 장애인식교육
5차, 14차 1분기(4. 8.) 2분기(6. 17.)	마을에서 협동하기: 꿈마을협동조합 이야기	꿈마을 협동조합	라온 꿈마을협동조합 이야기 마을 협동 사례 나누기 그룹별 협동활동 진행
6차, 15차 1분기(4. 15.) 2분기(6. 24.)	마을에서 바느질하기: 라온동 마을지도 만들기	착한 바느질	청바지 업사이클링 라온동 마을지도 만들기
7차, 16차 1분기(4. 22.) 2분기(7. 1.)	마을 카페 운영하기: 청소년 휴카페 꽃다방 이야기	꽃다방	마을 공유 공간 소개 꽃다방의 마을에서의 역할 커피의 역사
8차, 17차 1분기(4. 29.) 2분기(7. 8.)	마을에서 독립 서점 하기: 마을의 서점의 역할	지구 불시착	독립 서점에 대한 이야기
9차, 18차 1분기(5. 13.) 2분기(7. 15.)	마을 알아보기 마무리	라온 청소년 문화정보센터	수업 마무리 활동 그룹별 활동 및 발표

출처. 라온청소년문화성모센터(2019a).

을활동가 및 학부모)이었다. 학교·지역사회·가정 간 연계를 통해 운영된 라온중 자유학기(년)제는 2018년 2학기에 7차시로 운영되었으나, 2019년에는 학교의 요청으로 시간이 확대되어 [표 3-4]와 같이 9차시 수업을 2번에 나누어 운영되었다. 이를 통해 보다 많은 학생들이 활동 프로그램을 경험할 수 있었으며, 2021년 5월 현재까지도 라온중의 자유학기(년)제 활동은 학교와 지역사회 간 연계를 통해 운영되고 있다.

2) 지역사회 상황

지역사회 상황은 크게 라온센터와 마을활동가를 통해 살펴볼 수 있다. 라온센터는 서울시 노원구 라온 2동에 위치한 공공 청소년시설이자 도서관이다. 라온센터는 청소년문화의집으로서 청소년 건전 육성과 문화·증진에 기여하고, 공공도서관으로서 지역 주민과 청소년에게 평생학습 기회의 제공을 목적으로 2011년 2월 개관했다.

초기 라온센터의 특징은 크게 두 가지 측면에서 살펴볼 수 있다. 먼저, 공공도서관과 청소년문화의집의 융합이다. 라온센터는 여러 우연적 상황에 의해 두 시설이 융합되어 운영되어야 했다.강민규·라온청소년문화정보센터, 2016 따라서 일반적으로 조용하게 운영되는 도서관과 다양한 체험 공간을 제공하는 청소년문화의집의 융합은, 오늘날 청소년과 주민들을 대상으로 다양한 활동 프로그램과 공간을 제공할 수 있는 시너지 공간이 되었으며, '우리가 사는 마을'강민규·라온청소년문화정보센터, 2016, '인천 마을교육공동체 포럼'인천광역시교육청, 2019, 언론 보도 등을 통해 교육공동체의 대표 모델로 알려져 있다. 또 다른 특징으로는, 센터가 설립된 초기에 운영을 위한 비전, 활동 콘셉트, 원칙, 다짐 등 언어로 정리하는 일이 우선적으로 이루어졌다는 점이다. 라온센터는 '자주적이면서 더불어 사는 행복한 청소년!, 지식과 함께 더불어 사는 삶을 배우는 청소년 센터!, 꿈·열정·희망이 넘치는 살맛 나는 지역공동체 라온동!'을 비전으로 설정했다. 라온센터의 활동 철학으로는 '경험이 최고의 학습이다, 최고의 경험은 마을 안에서, 일상 속에서 일어나다' 등 언어로 정리된 다양한 비전, 철학, 활동 콘셉트, 원칙, 다짐 등을 제시했다.

필자는 사례를 연구하는 과정에서 교육공동체 구성원의 수준 높은 언어 사용에 놀라곤 했다. 이는 라온센터 조직의 특성과 활동 프로그램이 지역사회에 미친 영향이며, 센터가 운영된 약 10여 년이라는 시간의 결실이다. 따라서 이 책 3부에서는 '열아홉. 언어로 정리된 비전과 철학이 필요하다'를 통해 그들이 사용하고 있는 언어의 특징을 제시하는 데 이르렀다. 이 책에서 제시한 언어는 공동체 언어라고 표현해도 부족함이 없다.

[표 3-5] 라온청소년문화정보센터의 10가지 운영 콘셉트 내용

라온청소년문화정보센터의 10가지 운영 콘셉트
1. 청소년문화의집과 공공도서관 융합을 통한 새로운 청소년 활동 모델을 추구
2. 단편적 지식 습득이 아닌 청소년 핵심역량 개발에 초점
3. '경험이 최고의 학습이다', 자발적 경험을 중시
4. 청소년과 주민은 사업의 대상이 아닌 활동의 주체
5. 유아, 어린이, 학부모 대상의 사업 실천도 중시
6. 공간은 주민의 것
7. 재미와 감동은 필수적 요소, 사업 추진 과정에서 우발적 요소 인정
8. 마을의 문화, 예술, 역사, 사람과 연계된 사업을 실천
9. 경계 넘기, 가정·학교·지역사회의 상호 연대와 협력의 원칙 고수
10. 지역공동체의 힘(교육력, 복지력)을 키우는 '인큐베이팅'에 관심

출처: 강민규·라온청소년문화정보센터(2016: 43).

라온센터의 10가지 운영 콘셉트에서 알 수 있듯이, 센터는 정리된 언어를 통해 명확한 역할과 운영 전략을 정립하고 있다. 특히 본 연구와 연관성이 높은 '9. 경계 넘기, 가정·학교·지역사회의 상호 연대와 협력의 원칙 고수' 측면에서는 라온센터와 학교 및 가정 간 연계가 이루어질 가능성이 높음을 알 수 있다.

라온센터는 지역사회의 다양한 마을활동가 조직과 단체로 구성된 '라온동 꿈마을 공동체'가 형성되어 있다. 라온동 꿈마을 공동체는 2012년 마을 축제를 계기로 라온동을 사랑하는 사람들과 단체들이 모여 만든 작은 마을공동체이자, 마을의 플랫폼이다.

라온동 꿈마을 공동체는 마을 사람 누구나 함께할 수 있도록 열려 있는 공동체이자, 느슨한 공동체를 지향하는 지역 협의체이다. 이를 통해 지역사회에서 일어나고 있는 다양한 행사, 이슈 그리고 안건에 대해

라온동 꿈마을 공동체 회의 모습

서 논의하고 소통하며 의사결정을 한다. 현재 라온동 꿈마을 공동체는 라온센터를 비롯하여, '라온동 지역 학부모회, 녹색 어머니회, 든든한 이웃, 도서관 일촌, 라온종합사회복지관, 노원문화원, 반디상회, 마디상회, 마을과 마디, 꿈마을 여행단, 아빠모임, 청년모임' 등으로 구성되어 있으며, 강민규 라온센터장, 김병호 즐거운 극단 대표, 든든한 이웃의 장혜원 대표 등 3인이 공동대표를 맡고 있다. 라온동 꿈마을 공동체는 매달 라온센터에서 정기 회의를 진행한다. 필자는 수차례의 회의 참석을 통해 라온동에서 일어나는 대부분의 일들을 알 수 있었으며, 활동하는 대표적인 주민들을 한곳에서 만날 수 있었다.

[표 3-6] 라온동 꿈마을 선언문 내용

함께 배우고, 성장하는 〈라온동 꿈마을 선언문〉
우리는 이웃과 이웃이 반갑게 인사하고, 소통하며, 협동할 수 있는 마을 마을의 모든 아이가 당당하고, 단단하게 성장할 수 있도록 아이들의 꿈을 응원하는 마을로 라온동을 만들어 가기 위해 모였다. 우리가 꿈꾸는 마을은 1. 우리 아이들의 꿈을 함께 키워 가는 꿈 공동체 마을이다. 2. 배움과 가르침이 마을 곳곳에 넘쳐나는 학습공동체 마을이다. 3. 마을 곳곳에 꿈꾸는 문화가 흐르는 문화공동체 마을이다. 4. 이웃을 돌보고, 사람과 사람이 더불어 사는 행복공동체 마을이다. 우리 마을을 아끼고, 우리 아이들의 건강한 성장과 꿈을 응원하는 모든 이들은 꿈마을 공동체의 일원이다. 꿈마을 공동체는 라온동을 꿈마을로 만들어 가기 위한 일에 온 마을 사람들의 힘과 지혜를 모아 함께 노력해 나갈 것을 다짐한다. 2020. 9. 9. 라온동 꿈마을 공동체

출처: 라온청소년문화정보센터 홈페이지(2020).

이렇듯 라온센터는 지역사회를 기반으로 다양한 활동 프로그램과 공간을 운영하면서 교육공동체를 구성하고 이끄는 기관으로, 지역사회를 대표한다.

3) 가정 상황

라온동 지역에 정주하고 있는 가정의 특징은 '학부모이면서 마을활동가'인 구성원이 지역에서 조직 및 단체 또는 개인적으로 다양한 활동을 운영 및 참여하고 있다는 것이다. 이들의 활동은 아파트가 밀집된 지역의 중심에 위치한 라온중과 라온센터에도 영향을 주고 있었다. 즉 가정의 적극적인 사회 활동 및 교육 활동이 이루어지고 있는 것이 지역적 특징으로 나타났다. 또한 학교교육에 대한 높은 만족도와 함께 해당 지역에 오래 거주하는 가정이 있어 높은 정주성을 보여 주었다. 이러한 가정이 위치한 라온동은 라온 1동과 2동으로 분류되는데, 본 연구의 사례 지역은 라온 2동이다.

라온 2동 인구는 16,882세대 45,053명이 거주하고 있는 것으로 공시되고 있으며(2020년 3월 20일 기준)[9], 상대적으로 젊은 연령층이 많이 거주하고 있다. 지역의 교육 시설로는 초·중·고 13개교와 대학 4개교가 있다. 교통은 지하철 6호선과 7호선이 있어 회사원들과 대학생들이 선호하는 거주 지역 중 한 곳이다.

---

9. 노원구 라온 2동 주민센터 홈페이지(2020년 3월 20일 기준).

지역사회 활동에 참여하는 '학부모이면서 마을활동가'의 모습

나. 이야기에 등장하는 인물들

1) 학교의 사람들

2014년 라온중에서 자유학기(년)제를 도입하여 연구학교를 운영한 시기에 근무했던 전수영 전 교장은 2019년 9월 다른 학교로 발령이 나서 떠났다. 전 교장은 자유학기(년)제 연구학교를 신청하고 라온중에서 자유학기(년)제가 도입되고 정착되는 데 기여한 바가 크다. 학부모 및 지역사회에서도 전 교장의 교육관과 자유학기(년)제 도입에 대해 긍정적인 평가를 한다. 반면에 일부 학부모는 전 교장이 학생들의 학업을 너무 소홀히 했다는 부정적인 평가도 했던 것으로 나타났다. 이는 초기 자유학

기(년)제가 운영된 많은 학교에서 발생한 정책적 문제점이라는 점에서, 전 교장에 대한 평가로 보기는 어렵다.

새로 부임한 김관홍 교장은 학교혁신에 대한 관심과 함께 지역사회 회의에 참석할 정도로 학교와 지역사회에 대한 관심이 높았다. 또한 김관홍 교장은 학교·지역사회·가정 간 연계도 꼭 필요한 부분이라고 하면서도, 학생들의 학업능력이 떨어지는 데 대한 우려와 학부모의 목소리도 중요하다는 관점을 지니고 있었다. 특히 김관홍 교장은 한국교육개발원에서 진행하는 자유학기(년)제 관련 연구 사업에 전문가로 참여하여 자문 역할을 했으며, 학교 운영의 혁신에 대한 경험과 조예가 깊다는 평가를 받고 있다.

또한 라온중에는 자유학기(년)제가 라온중에 도입되고 정착되는 초기에 업무를 담당했던 선생님과 학교·지역사회·가정 간 연계를 통해 운영되었다고 할 수 있는 2018~2019년 시기에 업무를 담당한, 두 선생님이 있다. 그들은 현재 라온중에서 경험한 자유학기(년)제 활동 사례를 정리하여 경진대회에 지원할 계획을 가질 정도로, 자유학기(년)제 운영에 대한 관심과 열의가 높다.

필자는 자유학기(년)제를 도입한 초기에 근무했던 전 교장, 그리고 현재 근무 중인 교장, 자유학기(년)제 업무 경험이 있는 두 교사를 만났다. 또한 자유학기 활동 프로그램을 경험한 학생들을 만나 이야기를 듣고, 학생들의 관점에서 현장에 대한 이해를 하고자 했다. 따라서 라온중의 참여자는 [표 3-7]과 같다.

[표 3-7] 라온중학교 참여자

순번	이름	교직 경력/학년	자유학기(년)제 경험 유무	직위/소속	특징
1	김관홍	38년	유	교장	자유학기(년)제 운영
2	전수영	34년	유	전 교장	자유학기(년)제 운영
3	김초원	18년 (라온중 8년)	유	교무부장	초기 자유학기(년)제 담당
4	이지혜	16년 (라온중 8년)	유	1학년 부장	2018년부터 자유학기(년)제 담당
5	문지성	중2	유	라온중 학생	2018년 자유학기(년)제 참여
6	박성빈	중2	유	라온중 학생	2018년 자유학기(년)제 참여
7	강우영	중2	유	라온중 학생	2018년 자유학기(년)제 참여
8	안준혁	중3	유	라온중 학생	2019년 자유학기(년)제 참여
9	고해인	중3	유	라온중 학생	2019년 자유학기(년)제 참여
10	강수정	중3	유	라온중 학생	2019년 자유학기(년)제 참여

2) 지역사회의 사람들

라온중 자유학기(년)제 운영과정에서 나타난 지역사회는 크게 라온센터와 마을활동가로 구성되어 있다. 라온센터는 센터 내외에서 다양한 교육 인프라와 네트워크를 형성하고 있었다. 라온센터는 지역 아이들의 접근성이 매우 높게 나타나는 공간이자, 학교의 교육적 지원이 실제로 많이 일어나고 있는 기관이다. 또한 지역사회에서 이루어지는 '꿈마을 공동체 정기 회의, 캠페인, 와글와글 마을 축제' 등을 통해 라온센터를 중심으로 그 주변이 북적이고 있었다.

라온센터에는 센터가 설립된 2010년 초기부터 운영 책임을 맡고 있는 센터장이 있으며, 오랜 시간 함께 센터와 시역사회에서 활동하는 센터 선생님들이 있다. 특히 센터는 마을사업팀, 도서관사업팀, 청소년사업팀 등 여러 분야의 팀이 있어서, 자유학기(년)제를 운영하는 데 다양한 전문성을 보여 준다. 또한 센터는 설립 초기부터 '꿈마을협동조합, 착한바느질, 꽃다방, 꿈마을 여행단, 지구불시착' 등 다양한 마을활동가들로 구성된 조직과 단체가 있어서, 자유학기 활동 프로그램의 다양성을 높이는 데 기여하고 있다. 이러한 점에서 필자는 지역사회에서 자유학기(년)제 운영과정을 직접 경험한 센터 구성원과 마을활동가 등을 만나 이야기를 들었다. 지역사회의 참여자는 [표 3-8]과 같다.

[표 3-8] 지역사회 참여자

순번	이름	관련 경력	직위/소속	특징
1	강민규	10년	센터장/라온청소년문화정보센터	자유학기(년)제 프로그램 운영 및 참여
2	남윤철	3.2년	팀원/라온청소년문화정보센터	자유학기(년)제 프로그램 운영 및 참여
3	최혜정	5년	팀원/라온청소년문화정보센터	자유학기(년)제 프로그램 운영 및 참여
4	강혁	3.1년	팀원/라온청소년문화정보센터	자유학기(년)제 프로그램 운영 및 참여
5	정명숙	4년	마을활동가/ 라온꿈마을협동조합(이사장)	자유학기(년)제 프로그램 참여
6	박지영	5년	마을활동가/ 꿈마을 여행단(해설사)	자유학기(년)제 프로그램 참여
7	김순금	4.7년	마을활동가/꽃다방(대표)	자유학기(년)제 프로그램 참여
8	지상준	1.6년	안마을 신문/기자	학교(자유학기(년)제 등), 지역사회, 가정 관련 보도

3) 가정의 사람들

라온중 자유학기(년)제 운영과정에 나타난 학교·지역사회·가정 간 연계에서, 가정은 크게 '학부모'와 '학부모이면서 마을활동가' 등으로 구분해 볼 수 있었다. 일반적으로 학교에서 운영하는 정책 사업이나 활동 프로그램 등에 대해 학부모는 학부모운영위원회를 통해 의사결정 참여가 이루어진다. 라온중 역시 자유학기(년)제가 운영되는 과정에서 학부모운영위원회를 통해 참여가 이루어지고 있다.

특이할 점은 자유학기 활동 프로그램에도 일반 학부모가 직접 참여하고 있다는 것이다. 즉 지역사회에서 활동하는 마을활동가이자, 자녀가 라온중에 재학 중인 학부모이다. 따라서 몇몇 가정에서는 학부모이면서 마을활동가라는 두 가지 역할을 하고 있음을 알 수 있다. 이러한 점에서 이 책은 라온중에서 자유학기(년)제를 경험한 자녀가 있는 학부모와 자유학기(년)제를 경험한 자녀가 있으면서 동시에 본인이 직접 자유학기 활동 프로그램에 참여한 경험이 있는 학부모를 만나 이야기를 들었다. 또한 일부 학부모는 직접적인 참여와 경험은 없지만, 자녀 교육에

[표 3-9] 가정 참여자

순번	이름	자녀의 자유학기(년)제 참여 유무	특징
1	유혜원	무	라온중 학부모(2020년 기준 1학년 재학)
2	이수진	유	라온중 학부모(2020년 기준 2학년 재학)
3	박지윤	유	라온중 학부모(2020년 기준 3학년 재학)
4	김선우	유	라온중 학부모, 마을활동가(경력 4년)
5	유예은	유	라온중 학부모, 마을활동가(경력 5년)
6	진윤희	유	라온중 학부모, 마을활동가(경력 9년)
7	장혜원	유	라온중 학부모, 마을활동가(경력 10년)

대한 관심으로 정책과 지역의 교육공동체에 대한 높은 관심을 보이면서 다양한 자료를 제공해 주었기에 참여자로 선정했다. 가정의 참여자는 [표 3-9]와 같다.

2. 교육공동체 실천 사례:
학교 담에 만들어진 교육공동체의 문

교육공동체 실천 이야기는 교육공동체를 가로막는 경계의 '담WALL', 담에 생긴 '틈CRACK', 틈이 모여 만들어진 변화의 '문DOOR'이라는 은유적 표현을 사용했다.

[표 3-10] 은유적 표현의 본질

구분	담	틈	문
은유적 표현	WALL	CRACK	DOOR
본질	OBSTACLE	CHANCE	OPEN

가. 교육공동체를 가로막는 경계의 '담'

교육공동체 이야기는 실천을 방해는 문제점들로 시작된다. 책에서는 문제점을 경계를 짓는 '담'에 비유한다. 경계의 '담'은 주로 라온중에서 자유학기(년)제 정책을 시행하기 전 시기와 라온중이 연구학교를 운영한 초기(2014년) 경험에서 나타난 모습을 담고 있다. 이는 크게 '학교·지역 사회·가정의 연계에서 나타난 문제', '활동 프로그램에서 나타난 문제', '가정(학부모) 참여의 부재로 인한 한계' 등으로 이야기할 수 있다.

1) 학교·지역사회·가정의 연계에서 나타난 문제

라온중에서 자유학기(년)제가 운영되기 전과 운영 초기에는 학교·지역사회·가정 간 연계가 이루어지면서 다양한 문제가 나타났다. 문제는 크게 학교·지역사회·가정 간 협력적 관계 형성의 문제, 활동 프로그램에 대한 학교 지원 시스템의 부재, 학교·지역사회·가정 간 인식의 차이 등이다.

(가) 학교·지역사회·가정 간 협력적 관계 형성의 문제

라온중 자유학기(년)제 운영과정에서는 학교·지역사회·가정 간 협력적 관계가 형성되는 부분에서 문제가 나타났다. 학교는 활동 프로그램을 관리하고 지역사회는 이를 운영하는 입장 간 차이가 있으며, 소통의 부재(학교·가정, 학교·지역사회), 그리고 학교 안에서 지역사회는 학교의 파트너가 아닌 외부자로 인식되는 등의 문제점이 있다.

문제점을 구체적으로 살펴보면, 먼저 자유학기(년)제 활동 프로그램이 운영되는 과정에서 지역사회는 학교의 관리와 방향에 따라야 하며, 프로그램 운영에 대한 선택권이 많지 않다. 지역사회는 학교와 연계를 통해 활동 프로그램을 운영하지만, 그 과정에서 서로 간의 방향이 다르다는 것을 인식하게 된다.

시간이나 제반 상황을 우리(센터 선생님들)가 결정하지 못하는 상황이 있었어요. (중략) 일반적으로 우리가 맞춰 가야 해요.

_남윤철, 센터 선생님

학교에서는 인문학이라는 단어를 쓴 거예요. 이름을 인문학이라고 하니까 아이들이 서로 안 하려고 하는 거예요. 근데 (아이들은) 어쩔 수 없이 온 거죠. 그런 애들이 왔는데 (중략) (아이들이) 다 재미있다고 하는 거죠. "이렇게 재미있는 걸 몰랐다"라고 하면서. 그리고 나서 학교에서 받아들이는 내용이나 제목이랑, 우리가 생각하는 것과는 다르다고 생각을 했어요. 그래서 '이게 서로의 방향이 다르구나!'라는 생각을 그때 했었고. _정명숙, 마을활동가

학교·지역사회·가정 간 협력적 관계가 형성되는 데 소통 부재의 어려움이 다수 나타났다. 자유학기(년)제를 운영하는 학교를 중심으로, 학교와 가정, 학교와 지역사회 간 소통의 부재 문제이다. 먼저 학교와 가정 간 소통은 방법적 측면에서 SNS 밴드, 메신저(단체대화방) 등 다양한 방법으로 이루어지지 못하면서, 학부모는 아이가 전달하지 않을 가능성이 큰 가정통신문이나, 접근이 거의 없는 학교 홈페이지에 의존하고 있다. 내용적 측면에서는 학교가 학부모들에게 활동 프로그램에 대한 자세한 정보와 설명을 하지 못하고 형식적으로 제시하고 있음을 알 수 있다.

엄마들은 아이들이 경험하는 자유학기(년)제 활동에 대해서 들을 수 있는 창구가 없어요. 그러니까 올 한 해, 아니면 한 학기만이라도 더 친절하게 학부모들에게 설명하는 것이 필요한 거예요. 홈페이지든 가정통신문이든 이런 건 전달이 안 되고요.

_정명숙, 마을활동가

학부모가 참여하면 좋지만, 그건 아니더라도 정보라도 잘 받아야, 참여나 협력이 필요할 때 할 수 있지 않을까 해요.

_유예은, 학부모·마을활동가

학교에서 중요한 게 있으면 정보를 주고 하는, 그런 게 있으면 그 반은 분위기가 또 달라지더라고요. 그런데 그거를 저도 솔직히 받고 싶은데 담임선생님한테 그렇게 요구할 수는 없잖아요. (중략) 그러다 보니 학교랑 관계는 생각도 못 하게 되는 거죠.

_진윤희, 학부모·마을활동가

소통의 문제는 학교와 지역사회 간에도 나타났다. 지역사회는 학교의 활동 프로그램 일정에 맞춰서 운영 계획 및 일정을 만들지만, 학교의 학사 일정이 변경되는 과정에서 공유가 잘 이루어지지 않아 생기는 문제다.

진행하면서 학교 학사 일정이 계속 바뀌더라고요. 그런데 이게 전달이 잘 안 되는 부분이 있어서, 저희가 수업이 있는 날 갔는데, 갑자기 수업이 없어졌다고, 당일 현장에서 듣고 취소되는 일도 있었고, 이런 소통의 문제가 있었어요. _남윤철, 센터 선생님

'학교 선생님은 연계나 여기에 대한 중요성을 모르시는구나' 생각이 들더라고요. 그때는 예산이 학교에서 나오는 것도 아니고, 여기서(센터) 주는 건데도 (중략) 그러다 보니 "우리를 뭐로 보는 거야"라고 하시는 분도 계셨어요. (중략) 그런 상황에서 시도 믿지 않

는 불신이 생기는 것 같아요. _정명숙, 마을활동가

학교와 지역사회의 연계를 통해 활동 프로그램이 운영되는 과정에서, 학교 안에서 지역사회는 함께 운영하는 파트너가 아닌 외부자로 인식되는 경험을 한다. 학교 활동 프로그램에 참여하는 지역사회의 센터 선생님과 마을활동가는 협업을 하는 파트너의 입장에서 단순히 수업을 진행하고 나오는 역할이 아니라, 한 번의 수업을 진행하기 위해 더욱 협조적으로 준비하고 운영하고자 하는 마인드가 있다. 하지만 참여 과정에서 학교 교사로부터 느낀 분위기와 처우는 협력적 관계라고 하기보다는 외부 용역업체와 별반 다르지 않은 관계임이 느껴진다. 이는 협업의 기본이 될 수 있는 소통의 부재와 함께, 아직 협업이 초기 단계로 서로의 상황을 쉽게 이해할 수 없는 낮은 수준의 관계라고 할 수 있다.

처음 이 프로그램을 가지고 학교에 찾아갔을 때 학교에서 분위기가 약간 외부에서 그냥 강좌를 팔러 온 사람처럼 대하는 그런 (중략) 협업을 한다는 느낌을 못 받았던 기억도 있었어요.

_남윤철, 센터 선생님

학기가 끝나지도 않았는데, 생활기록부 관련해서 작성 요청이 들어왔어요.[10] 우리가 아이들을 어떻게 판단해서 써 줘야 할까. (학교

----
10. 1차시와 마지막 차시에는 센터 선생님이 진행하고, 2차시부터 마지막 차시 전(6차시, 2018학년도), 8차시(2019학년도))까지는 주로 마을활동가가 수업을 진행했다. 따라서 센터 선생님은 모든 수업에 참여하고 관찰하지는 못한 상황이었으나, 교사는 센터 선생님들에게 학생들 생활기록부 작성을 요청한 것이다.

선생님들께서는) 교육인데 교육이 아니라 일로 생각하는 느낌이 들더라고요. '이런 데 협력을 어떻게 하지'라는 생각이 들었어요.

_최혜정, 센터 선생님

협의 과정이 무산되고 협력이 어렵게 되는 상황도 발생한다. 그 원인은 무엇보다 학교와 지역사회 간 서로 다른 운영 방식과 의견의 차이로 볼 수 있다.

프로그램을 운영하다 보면 서로의 입장이 다르기 때문에 학교와 센터의 의견 차이가 생길 수 있다고 생각합니다. 학교에서 자유학기(년)제 운영 계획 때부터 센터를 염두에 두지 못하는 이유는, 센터도 여러 가지 사업을 운영하고 있으며 우리 학교와 관련된 사업에만 중점을 달라고 부탁할 수 있는 상황이 아니라는 것을 누구보다 잘 알고 있기 때문입니다. 물론 계획은 했지만 센터나 다른 조직과의 협의 과정에서 협력이 어렵게 되어 계획이 무산되는 경우도 많습니다. _김관홍, 교장

(나) 활동 프로그램에 대한 학교 지원 시스템의 부재

라온중 자유학기 활동 프로그램은 학교·지역사회·가정 간 연계를 통해 운영된다. 운영과정에서는 학교 지원 시스템의 부재로 인한 문제가 나타났다. 이는 활동 프로그램에 대한 예산 지원의 한계와 유연하지 못한 학교 시스템의 문제이다. 그 결과 지역사회의 소모를 야기한다. 지역사회는 학교 예산이 아닌 센터 사업 예산, 마을활동가의 카페 운영을

통한 수익금, 공모사업 등을 통해서 해결하지만, 학교 예산 지원에 대한 불만이 제기된다. 구체적으로 살펴보면, 활동 프로그램에 대한 예산 지원은 참여하는 마을활동가들이 교육을 위해 준비하고 진행하며 마무리하는 일련의 과정에 대해 현실적인 보상을 하지 못하고 있다.

(학교에서 강사비를 2019학년도에는 쳤지만) 사실은 얼마 되지도 않아요. 2인 강사비를 줘요. 그러면 10명이 나눠 가져요. 교육에 필요한 선생님은 10명이니까. (중략) 그 이상은 봉사인 거예요. 그냥 다 봉사예요. 교육 준비하고 뒷정리하는 시간은 빼고 주는 거니까.

_정명숙, 마을활동가

교사들은 학교·지역사회·가장 간 연계를 바탕으로 활동 프로그램을 운영한 경험을 통해, 예산이 지원되었을 때 프로그램이 좀 더 높은 질과 다양성을 얻게 될 수 있다는 것을 인지한다. 하지만 현실적으로 이에 대한 적극적인 지원을 하지 못하는 상황이다.

여력이 없어서 강사비를 줄 수 있다, 없다를 결정할 수 없어서 여러 방법을 통해서 강사비를 지원해 드리고 프로그램 운영을 했었어요. (중략) 장점은 교육 내용이 풍성해지고 사회과 연계도 되고 (중략) 저는 개인적으로 만족도를 따지자면 2019학년도 센터와 연계해서 마을 활동한 것이 훨씬 더 의미가 있지 않았나 생각해요.

_이지혜, 교사

학교의 예산 지원 문제는, 무엇보다 아직은 학교가 지역사회의 학교교육 참여를 재능기부 수준으로 보는 낮은 인식 수준에서 나타난다. 이러한 한계를 고려했을 때, 당장은 마을활동가의 희생으로 참여가 지속되고 있지만, 다음 활동 프로그램에 대한 참여와 지속성을 위해서는 예산 지원과 관련한 불만이 해결될 필요가 있다.

제가 대표가 되면서 그건(재능기부) 정말 못 하겠는 거예요. 2주 전부터 사전 작업하고, 커피도 미리 볶아서 먹어 봐야 하는데 그것까지는 못 주더라도 그날 당일에 대한 최저임금은 드려야겠다는 생각이 드는데, 그거에 대한 예산이 나오는 게 한정적이에요. 그러다 보니까 꽃다방에서 모자란 예산을 해 줘요. (중략) 그냥 (마을에서 얻은 수익을) 다시 마을 속으로 나누는 개념으로 들어가는 거라고 생각해요. _박지영, 마을활동가

지역과 함께하는 다양한 교육과정을 운영하는 것은 재능기부로 한다는 생각에 멈추는 것 같아요. 학교가 마을과 시민들의 교육적 활동에 투자한다는 입장이었으면 하고, 그러기 위한 마중물 재정이 있다면 좋겠어요. _강민규, 센터장

활동 프로그램에 대한 학교 지원 시스템에서 나타난 또 다른 문제는 유연하지 못한 시스템에 관한 것이다. 교사는 체계적인 업무 시스템을 통해 행정 업무량이 줄어야 하고, 학생들에게 집중할 수 있는 시간이 보장되어야 하며, 새로운 시도로 인한 한계를 시스템적으로 개선한 환경이

필요하다.

　　자유학기(년)제를 그냥 체험활동으로 보는 것 같아요. "체험해." 그리고 "그 체험에 들어가." 이런 식으로. 듣기로는 교사들의 행정적인 업무량이 워낙 상당하다고 하시더라고요. 그분들의 부담도 체계상 완화가 필요하고, 교사가 학생들에게 집중할 수 없게 하는 행정도 개선이 되어야 하는데, 그런 유연한 것도 공공 조직처럼 딱딱한 것 같아요. (중략) (그러다 보니) 센터의 활동을 통해 (학교는) 빼먹는 것 같다는 생각도 들었어요. _강혁, 센터 선생님

학교 지원 시스템의 부재는 결국 지역사회의 소모를 초래한다. 학교와 지역사회 간 연계를 통해 운영되는 활동 프로그램은 지역사회의 배려와 희생을 통한 참여로 이루어지는 반면에, 적절한 보상을 할 수 있는 학교 지원 시스템이 부재한 상황이다.

　　이제 지치는 거죠, 사람이니까. 처음에는 멋모르니까 사람이 좋은 마음으로 시작을 했는데 (중략) 그게 너무 많은 시간이 소요되기도 하고, 너무 많은 업무가 과중이 되고. 솔직히 해가 갈수록 더 나아지는 수업을 보여 줘야 하는 부담감도 있어요. 우리 아이들 수업이니까. (중략) 시간이 지날수록 지치는 거죠, 저도 모르게.

_진윤희, 학부모·마을활동가

(다) 학교·지역사회·가정 간 인식의 차이

라온중 자유학기(년)제 운영과정에서 나타난 학교·지역사회·가정 간 연계에는 각 주체 간 인식의 차이가 문제로 나타났다. 그중에서도 대부분의 교육공동체 주체들은 교사의 인식 문제를 제기한다. 교사도 참여의 정도와 함께 지역에 대한 관심과 학교·지역사회·가정 간 연계의 중요성에 대한 인식 수준이 낮다고 말한다.

지역사회와 가정에서는 교사 교육을 통한 인식 개선의 필요성을 제기한다. 관련하여 대표적인 사례를 살펴보면, 라온중 주변에는 지역사회를 대표하는 센터가 있다. 해당 센터가 처음 생길 때에는 직업 훈련원이 생긴다거나 소년원이 생긴다는 등의 소문이 있었다. 교사는 정확하지 않은 소문 때문에 센터에 대해 부정적인 인식을 하게 되었으며 센터와 학생들을 분리시키기도 했다고 말한다.

> 지금 센터 자리, 거기가 공터로 비어 있었어요. (중략) 그러다가 약간 문제 일으키는 아이들의 직업 훈련소의 개념으로 들어선다고 하니 (중략) 학교에서 (센터는) 약간 문제가 있는 아이들이 가는 곳이라는 인식이 강했나 봐요. (중략) 부모들은 비는 시간에 우리 아이가 어디에 가 있어야 할지가 관건이잖아요, 그런데 센터가 있으니까 너무 좋은 거예요. 부모들은 반기는 분위기였는데, 어떤 좀 나이 있으신 선생님이 (학생이) 센터를 갔다는 소리가 들리면 그 아이는 학교에서 혼나는 거예요. (중략) 이게 참 선생님들의 그 인식이라는 게 참… 그 선생님 나름으로는 아이를 지키는 방법이었던 거예요.
>
> _진윤희, 학부모·마을활동가

교사의 잘못된 인식으로 인한 또 다른 문제는 활동 프로그램 운영이 이루어지는 지역사회 현장에서도 나타났다. 자유학기 활동을 통해 교사가 학교 밖 마을에서 프로그램을 직접 운영하는 경우, 교사의 적극적인 시도는 좋지만 지역사회를 대하는 태도와 인식이 개선될 필요가 있다는 문제가 제기된다.

> (어느 날은) 학교 선생님들이 책방에 궁금한 게 많아서 애들을 데리고 오겠다는 거예요. (중략) 기존 서점과는 다른 내용 같은 건 제가 보여 줄 수 있잖아요, 얼마든지. (중략) (그런데 선생님은) 음료나 커피는 마셔야 하는지, 책은 사야 하는지, 한 시간 반 정도 여기 있어도 되는지, 물어보는데, 묻는 그 자체가 너무 불편할 때가 있어요. (저에게는 이곳이) 업무 장소잖아요. (중략) 정말로 좋은 교육이 되려면, 애들이 책방에서 책을 사는 경험을 시켜 주거나, 아니면 책방 사장님은 이런 식으로 삶을 터득하고 있구나, 뭐 그런 걸 알려 줄 수 있는 교육이 되었으면 했는데. _김선우, 학부모·마을활동가

이러한 경험에 따라, 지역사회와 가정에서는 교육을 통해 교사의 자유학기(년)제 정책에 대한 이해와 인식 개선의 필요성을 제기한다.

> (교사에게도) 자유학년제가 왜 꼭 필요한지, 그것을 맞이하는 교사의 자세는 어떻게 좀 변화가 되어야 하는지에 대해서 교사들한테 강의가 많이 되었으면 좋겠어요. (중략) 정책 시행할 때 그게 우선될 필요가 있겠다는 생각이 들어요. 교사들의 인식은 변화가 없는

데 자꾸 그분들한테는 일거리만 가중되니까. (교사들은) "옛날이 좋았어." 하시고. _진윤희, 학부모·마을활동가

교사와의 인식 차이는 학생들도 경험하고 있다. 자유학기(년)제 활동 프로그램을 통해 지식을 전달하고자 하는 교사와 경험을 얻고자 하는 학생 간의 인식 차이가 나타난다. 인식의 차이는 자유학기(년)제 활동 프로그램을 기획하고 운영하는 과정에서 학교와 지역사회 간 인식 차이가 그대로 학생들에게도 전해진 결과이다.

마을에서 진행하는 자유학기(년)제 수업에 참여하면서 좋은 경험을 한 것 같아요. 그런데 학교에서는 자꾸 교육적으로 접근하는 것 같아요. 교육적으로 접근하는 게 아니라, 그냥 경험으로 남을 수 있도록 했으면 좋겠어요. _강수정, 라온중 학생

물론 교사도 노력하고 있지만, 초기 단계이기 때문에 교사가 가진 인식의 한계가 개선되는 데에는 시간이 필요하며 정보도 부족한 상황이다. 교사는 자유학기(년)제 활동 프로그램 운영과정에서 나타난 학교·지역사회·가정 간 연계과정이 어렵게 정립된 만큼 활동 프로그램과 교과를 연계하여 운영하고 있지만, 기존에 활동 프로그램을 운영해 온 방식을 그대로 고수하는 모습을 보인다.

반면에 지역사회에서는 교육을 둘러싼 변화와 요구를 적극적으로 수용하면서 활동이 이루어지는 경향이 강하다. 그 이유는 변화와 요구를 이끄는 지역사회 구성원이자 자녀 교육에 관심이 높은 학부모 등이 주

체이기 때문이다. 따라서 학교·지역사회·가정 간 인식의 차이는 교사와 더욱 크게 나타난다. 참여자들은 무엇보다도 교사의 지역사회에 대한 낮은 관심 때문에 인식의 차이가 발생한다고 말한다.

저는 기존에 운영된 자유학기(년)제를 이어서 운영하는 입장이에요. 그래서 특별히 새로운 것을 만들어 내는 것은 아닌데, 내가 이런 걸 진행하고 싶은데 어떤 전문가, 집단, 기관을 방문하고 연결하는 것을 우리 교사가 해야 하는 것이 어려웠어요. (중략) 내가 그 인프라에 대해서 잘 알지 못하는 상황에서 프로그램을 전문적으로 진행하고자 할 때 어려워요. _이지혜, 교사

제가 이번에 교과서를 만들었잖아요. 그러면서 느낀 게 '아, 선생님들이 정말 지역사회에 대해서 전혀 모르는구나' 기존에 있던 교과서로는 가르칠 수는 있어요. 그런데 새롭게 하고 바뀌는 것들에 대해서는 정보가 전혀 없어요. (중략) 이분들은 그냥 거기에 딱 멈춰져 있으신 것 같아요. 그런데 세상은 지역사회와 연결을 하라고 하고 있거든요. (중략) 제가 이런 말을 한 적이 있었어요. "선생님들 학교만 학교라고 생각하지 마세요. 마을이 다 학교예요. 여기 이런 것도 있고 저런 것도 있는데 그거 활용하자고요…."

_정명숙, 마을활동가

현실적으로 선생님들이 지역사회에 대해서 모르는 건 현실인 것 같아요. 모르는 정도가 아니라 관심 자체가 1도 없어요. (중략) 그

게 어느 선생님 한 분의 문제가 아니라 전체적으로, 우리가 이 동네에 와서 이 아이들을 가르치고 있을 뿐이지, 우리 학교가 이 마을 안에서 어떤 의미인지, 마을과 학교가 어떤 의미에서 교류를 해야 하는지, 이런 개념 자체가 아예 없는 것 같아요.

_지상준, 지역신문 기자

마을에서는 해마다 어린이를 위한 '와글와글 축제'와 '청소년을 위한 꿈나르샤 축제'가 열려요. 마을에서는 들썩거리는데, 학교는 마을에서 무슨 일이 일어나는지 모르고 있어요.

_장혜원, 학부모·마을활동가

라온중 자유학기(년)제 운영과정에서는 교사 역할 부재의 문제가 나타났다. 교사가 자유학기(년)제 활동 프로그램이 시작되기 전, 해당 정책과 프로그램에 대한 학생들 교육을 하지 않아 효과가 저하되는 점이 지적되며, 교사의 소극적인 참여로 인한 수업 내용 및 분위기의 문제 등이 한계로 나타난다. 따라서 교육공동체 주체들은 교사의 적극적인 역할을 유도할 수 있는 지원 정책이 필요하다고 입을 모아 말한다.

학교의 역할이 필요해요. 학교에서 자유학기(년)제가 이런 취지에서 만들어졌고, 더 다양한 활동들을 너희들이 찾아서 선택할 수 있어야 한다는 것들을 교육할 수 있어야 하는 거죠. _강혁, 센터 선생님

선생님이 이렇게 열의가 있고 관심이 있는데 대충할 수 없잖아

요. (중략) 그와는 반대로 선생님이 "그냥 수업만 해 주시면 돼요"라고만 하시고 수업에도 들어와 보지 않고, 선생님들이 먼저 그렇게 선을 그어 놓고 하시니까 (중략) 두 경우만 놓고 봐도 선생님 한 분의 입김이 대단히 많은 아이와 활동가들에게 영향을 끼친다는 거를 저희가 이제 경험을 했기 때문에, 그게 얼마나 중요한 건지 알게 된 거죠. _진윤희, 학부모·마을활동가

교사들이 자유학기(년)제의 주체가 되어야 해요. 지금은 어떻게 되냐면 외부 프로그램들을 강사 소개만 해 주고 강사 위주로 진행이 됩니다. _김관홍, 교장

한편 교육공동체 주체들은 교사의 활동 프로그램 참여 정도에 대한 상반된 의견을 말한다. 교사가 같이 참여하면 좋다는 마을활동가가 있는 반면에, 참여하면 불편하다거나 또는 간섭하지 않아서 마을활동가들이 자율권을 가질 수 있다는 반응도 있다. 이러한 의견 가운데서도 공통적으로 제기되는 것은, 교사가 무관심이 아닌 적절한 참여를 통해 활동 프로그램에 관심을 보여 줄 필요가 있다는 것이다.

저희는 수업하기 전이나 후에 오늘 어떤 활동을 했는지 교사에게 공유를 드리기는 하는데, 선생님이 같이 참여해 주시면 오히려 그런 게 더 좋지 않을까 생각해요. 근데 또 그렇게 참여하셨을 때 불편한 점도 있기는 있어요. 예를 들면 아이가 떠들고 있는데 저희는 그 떠들고 있는 것 자체만으로도 소중한 관계인데, 너무 떠들지

만 않으면 되는데, 그런 것들을 제재하시려는 것들이 보여서. 그런 참여를 원하는 것은 아닌데. _남윤철, 센터 선생님

또 다른 한계는 교사의 전근 및 순환보직으로 인한 지속적인 소통의 어려움이다. 단절적인 소통은 설명과 이해 그리고 공유를 통해 이루어지는 연계과정에 큰 어려움으로 작용한다.

담당하는 선생님은 바뀌거든요. 그러면 또 (자유학기(년)제 활동에 대해서) 설명해야 하고 이해시켜 드려야 하고. 이런 게 반복되니까 힘든 부분이 있어요. _남윤철, 센터 선생님

2) 활동 프로그램에서 나타난 문제

라온중 자유학기(년)제 활동 프로그램은 학교·지역사회·가정 간 연계를 통해 운영되면서 지역사회를 배우고 알아 가며, 지역 어르신들과의 관계가 형성되는 등 다양한 장점이 있다. 반면에 초기에는 다양한 문제가 나타났다. 문제는 교육 비전문가인 마을활동가의 참여로 인한 프로그램 질에 대한 의문, 다양하지 못한 활동 프로그램, 참여 희망 학생들을 모두 수용하지 못하는 한계 등이다. 그리고 활동 프로그램이 운영되더라도 이에 대한 지속성을 담보할 수 없는 것이 문제점으로 나타났다.

(가) 활동 프로그램의 질에 대한 의문

라온중 자유학기(년)제 활동 프로그램이 운영되는 과정에서는 활동 프로그램의 질에 대한 문제가 나타났다. 이는 크게 수박 겉핥기식 활동

프로그램, 피드백이 없는 활동 프로그램, 내용의 변화가 없는 활동 프로그램, 그리고 지역사회의 활동 프로그램 참여를 위한 지원 방안 부재로 인한 질 제고 한계 등에 대한 의문으로 이야기할 수 있다.

구체적으로 살펴보면, 교사 및 학부모는 활동 프로그램과 교과 연계의 한계, 깊지 못한 진행, 그리고 과정보다는 결과 중심의 활동이 이루어지면서, 수박 겉핥기식의 활동 프로그램이 진행된다고 말한다.

제 입장에서는 한 가지 아쉬운 게 교과랑 연계성을 찾으려고 했는데, 마을의 사서님과 함께 진행하면서 그렇게 깊다는 느낌을 못 받았어요. 교과와 관련해서 좀 더 넓히는 게 필요하다고 생각해서 2019학년도에는 영역을 확장시키려고 했어요. 그래서 사회과로 영역을 확장시켜서 '교실 속 마을 알기'라는 프로그램을 (지역사회 센터에서) 가지고 오셨어요. _이지혜, 교사

자유학기(년)제는 좋은데 할지 말지가 아니라, 보완해서 해야 한다고 생각해요. (중략) 겉핥기식으로 우르르 몰려가서 체험하는 것보다 질적으로 과정을 준비할 필요가 있다고 생각해요.

_유혜원, 학부모

활동 프로그램의 질에 대한 의문은 프로그램에 대한 피드백 없이 운영되는 과정에 대한 문제 제기로 나타났다. 물론 활동 프로그램에 참여한 학생들 만족도 조사를 통해 피드백이 이루어지기도 하지만, 프로그램을 운영하기 위해 협력하는 학교·지역사회·가정 간 피드백은 없다.

자유학기(년)제 프로그램을 하고 나면 활동지를 만들어서 피드백을 주면 효과는 있을 거라고 생각해요. 그런데 의문이 드는 것은 그런 활동이 정말 낭비하는 것은 아닌지, 마침표가 덜 찍어지는 것은 아닌지 하는 생각을 해요. 학생들 활동지에 대한 피드백만이 아니라, 이를 운영하는 학교, 센터나, 이런 곳의 사람들도 서로 피드백을 통해 좀 더 보완될 필요가 있어요. _김순금, 마을활동가

자유학기(년)제 활동 프로그램에 대한 피드백은 내용의 변화에도 중요한 영향을 준다. 자유학기(년)제 활동 프로그램과 기존에 진행했었던 프로그램과의 비교를 묻는 질문에, 참여자는 학교에 별다른 피드백이 없는 한 내용에 대한 큰 변화 없이 프로그램이 진행되는 경향이 있다고 말한다.

학교 선생님은 그전에 했던 수업과 자유학년제를 하면서 느끼는 차이는 행정 업무에 있는 것이지, 수업 내용에 대해서는 크게 차이가 없는 것 같아요. 다만 그 학교에서 요구하는 거나 관심을 좀 가지면 달라질 수 있겠죠. 제가 경험했던 차이처럼.

_진윤희, 학부모·마을활동가

또한 학부모는 학교·지역사회·가정이 연계하여 운영하는 활동 프로그램의 낮은 전문성과 한계를 인정하면서, 이에 대한 교육, 참여, 홍보, 그리고 활동 프로그램의 질을 높일 방안이 부재하다는 문제점을 말한다.

마을 여행단은 다 봉사하는 사람들이에요. 그들은 업체가 아니에요. 동네 엄마들이 좋아서 그것을 가지고 학교에 들어가서 해 보는 거예요. 그러니까 전문적인 어떤 교육을 스스로 하기는 했겠지만, 업으로 하던 사람들이 아니에요. 그래서 그 사람들에게 김영사나 이런 데서 하는 질을 요구하는 것은 무리인 것 같아요. 대신에 그런 사람들이 많이 들어와야 하고 교육이 있어야 하고, 홍보가 있어야 한다고 생각해요. 프로그램의 질을 높이는 과정이 필요한 거예요. _이수진, 학부모

(나) 활동 프로그램의 다양성과 수용력의 한계

라온중 자유학기(년)제 활동 프로그램이 본격적으로 진행된 것은 '2018년 마을과 함께한 자유학년제, 교실 속 마을 알기'이다. 이를 시작으로 2019학년에는 7차시 수업에서 18차시로 확대된 프로그램을 진행했다. 수업 확대는 학교·지역사회·학교 간 연계를 통해 운영된 자유학기(년)제 프로그램에 대한 만족도와 다양성 때문이다. 이러한 다양성에도 불구하고 더 많은 활동 프로그램에 대한 학생들의 요구를 수용하지 못하는 한계와 아쉬움이 나타났다. 이는 한정된 활동 프로그램으로 학생들의 선택권이 제한적이며, 지역사회는 다양한 활동 프로그램의 요구에 대한 수용과 많은 학생이 참여할 수 있는 수용력의 한계 등의 고민으로 나타났다.

학교·지역사회·가정이 연계하여 운영되고 있는 자유학기(년)제 활동 프로그램은 대체로 학생들의 선호도가 높은 편이다. 하지만 한정된 활동 프로그램으로 인해 많은 학생이 원하는 프로그램을 선택하지 못

한다.

학생들의 직업 선호도를 살펴보면, 선호도가 높은 직업은 교사로 나타났다._{서울경제, 2019. 12. 10.} 그 이유는 학생들의 교육 환경을 보면 쉽게 이해할 수 있다. 학생들은 거의 매일 그리고 많은 시간을 교사와 함께한다. 즉 다양한 직업을 경험하는 것은 제한적이며, 가장 가까운 직업군이 교사이기 때문에 직업 선호도 또한 높게 나타난다고 할 수 있다. 이에 교육공동체 주체들은 학생들 진로와 관련하여 다양한 경험을 할 수 있는 기회가 필요한 상황이지만, 실제 그 기회는 매우 제한적이라고 말한다.

센터에서는 아이들이 프로그램을 선택해서 참여하는데, 학교에서는 아이들이 선택하기도 하지만 완전히 선택적으로 프로그램에 참여하지 못하는 경우도 있어요. (그러니까 참여를 할 때) 동기가 안 되어 있기도 한 거죠. _최혜정, 센터 선생님

아이들이 주변에서 볼 수 있었던 최고의 직업은 교사예요. 그런 아이들에게 한 번이라도 다양한 경험을 할 수 있게 해 주어야 할 필요가 있는 거예요. 그게 자유학기(년)제 활동을 통해서 이루어질 필요가 있는 거고요. _김초원, 교사

자유학기(년)제 활동 프로그램이 가진 수용력의 한계에 따라, 학생들은 원하는 프로그램에 참여하기 위한 경쟁을 통해, 일부 한정된 수의 학생들만 수혜를 받는 상황이다.

자유학기(년)제에서 프로그램하는 게 요이땅이에요. 인터넷에 들
어가서 자기가 원하는 거를 해야 하는데 못하는 경우도 생기는 거
죠. 그게 좀 아쉬운 부분이에요. 그 아쉬움을 해결해 주는 방법이
없어요. _박지영, 마을활동가

학교와 지역사회가 연계해서 운영하는 체험활동은 당연히 자유
학기(년)제의 취지를 잘 드러내고 있지만, 여전히 프로그램은 일회
성 체험에 그치는 경우도 있거든요. 개선하려고 하지만 지역 인프라
가 많은 학생을 감당할 만큼 갖춰져 있지 않은 경우가 있어 어려움
이 있습니다. _전수영, 전 교장

(다) 활동 프로그램의 지속성의 한계

라온중 자유학기(년)제 활동 프로그램은 초기부터 지속성의 한계라
는 고민을 지니고 있다. 활동 프로그램은 학생들이 높은 선호도를 보이
고, 센터 선생님과 마을활동가들이 참여하여 다양한 인력과 프로그램
으로 구성되었음에도 이에 대한 지원 방안은 부재하다. 따라서 보상이
미비한 재능기부나 봉사 차원에서 운영되는 등의 한계가 나타나면서 지
속성의 한계에 대한 고민이 있다. 또한 참여자는 학교·지역사회·가정이
함께 연계된 활동 프로그램으로 서로 간의 시간적·내용적 차이로 인한
운영의 제한이 지속성의 한계라고 말한다.

학교에서 참여할 수 있는 시간이 제한적이라는 한계가 있어요.
학교의 교육과정 운영이 짜여 있고, 방과 후에도 학생들이 여러

학원을 전전하느라 시간을 내는 것이 여의치 않거든요.

_전수영, 전 교장

자유학기 활동 프로그램 운영은 학교에서 정한 일정과 내용이 아닌, 학생들이 원하는 양질의 교육과 일회적인 교육이 되지 않도록 지속적이어야 하는데 아직은 그렇게 하기가 어려운 상황이에요.

_정명숙, 마을활동가

3) 가정(학부모) 참여의 부재로 인한 한계

라온중 자유학기(년)제 운영과정은 학교·지역사회·가정 간 연계를 통해 이루어지고 있지만, 초기의 가정 참여는 매우 저조했다. 가정은 크게 '학부모'와 '학부모이면서 마을활동가'로 구분하여 볼 수 있다. 초기에 학교·지역사회·가정 간 연계가 가능했던 것은 학부모이면서 마을활동가인 가정의 직접적인 참여와 역할이 컸다. 문제는 집 안에 있는 학부모이다. 이들은 자녀가 자유학기(년)제 활동 프로그램을 경험하고 있지만, 이에 대한 정보가 부재하고 참여도 하지 못한 결과, 불안과 인식의 한계가 있다고 말한다.

(가) 학부모의 불안

라온중 자유학기(년)제 활동 프로그램은 학교·지역사회·가정 간 연계를 통해 이루어지고 있다. 연계가 이루어지는 주체 중 가정은 마을활동가 및 적극적 참여를 하는 학부모를 제외한 대부분의 학부모는 정보의 부재로 인한 이해의 부족과 활동 프로그램에 대한 불신 등을 경험하고 있다. 이러한 학부모의 불안을 야기한 주된 원인은 자유학기(년)제 정책과 활동 프로그램에 대한 정보를 제공받을 수 있는 방법이 부족했기 때문이다.

먼저 자유학기(년)제 활동에 대한 정보가 부재한 측면을 살펴보면, 학부모는 자유학기(년)제 활동 프로그램에 대한 정보가 부족한 상황에서, 주로 학부모끼리 모여 서로 정보를 공유한다. 이에 학부모나 마을활동가는 공유하는 내용 대부분이 부정적인 정보와 생각을 나누는 것이라고 말한다.

> 자유학기(년)제를 처음 시작할 때는 불만이 많았어요. (중략) 정보들이 없으니까 솔직히 무슨 활동을 한다고 해도 어떤 활동인지, 엄마들은 불안한 거죠. (중략) 피드백을 해 주시면 부모들이 믿을 수 있죠. 그런 게 없어서 문제였죠. _유예은, 학부모·마을활동가

정보의 부재로 인한 부정적 인식은 자유학기(년)제 정책과 학교·지역사회·가정 간 연계로 운영되고 있는 활동 프로그램에 대한 믿음의 부족으로 나타난다. 이러한 믿음은 실제 활동 프로그램에 참여하거나 학교와 지역사회에 대한 정보가 있는 학부모의 경우에는 높았지만, 그렇지 못한 대부분의 학부모는 낮게 나타난다.

> 선생님이 가정에 보내는 가정통신문이나, 나름의 편지 같은 게 있잖아요, 그런 걸 통해서 이번에 자유학기(년)제 때는 이런 걸 했고 아이들은 어떤 성장을 이루었다는 피드백이 있어야 하는데 그런

게 전혀 없어. 그러면 놀다 온 거죠. 그러면 "자유학기(년)제 잘못했어. 우리 애가 이걸 왜 했는지 모르겠어." 하면서, 다른 애들보다 뒤떨어진다고 생각하죠. _정명숙, 마을활동가

교육공동체 주체들은 가정통신문과 같은 방법을 통해 활동 프로그램에 대한 정보를 제공할 수 있어야 한다고 말한다. 한편 일부 학부모는 가정통신문도 형식적이거나, 중요하지 않다고 판단되는 경우 제대로 보지 않기 때문에, 정보 제공 방법의 개선을 통해 학부모의 불안을 개선할 필요가 있다고 말한다.

학교 차원에서 알리는 가정통신 앱 알람은 스킵하게 되고, 담임 선생님이 바로 주시는 것은 꼼꼼하게 보게 되더라고요. 이번에 코로나 때문에 아이가 학교에 안 가고 있는데, 그 기간에 담임이 직접 알림을 해 주니까 긴장감이 생기더라고요. 직접 하시니까. (중략) (그렇게 하면) 자유학기(년)제에 대한 내용 공유도 가능해질 것 같아요. _유혜원, 학부모

정보 부재는 활동 프로그램에 대한 학부모의 양면적인 반응을 야기한다. 이는 마을 공간에서 활동하는 학생들을 보거나 소식을 들으면, 다양한 체험활동에 대한 긍정적인 반응을 보이는 반면에, 학업을 소홀히 한다는 부정적인 반응도 나타나는 것을 의미한다.

(학부모님들은) 굉장히 이중적인 반응을 보이세요. 사유학기 체험

활동은 옳다고 하시지만, 상담에 오시면 성적에 관련해서 말씀하시는 것을 보면, '이분이 그분이 맞나'라는 생각이 들기도 해요.

_이지혜, 교사

이렇듯 학부모의 자유학기(년)제 활동 프로그램에 대한 정보의 부재와 그로 인한 이해 및 활동 프로그램에 대한 믿음의 부족 등으로 이중적인 태도가 나타나는 것이다. 학부모는 활동 프로그램에 대한 정보를 제공받는 방법이 부재한 상황에서, 자유학기(년)제를 경험해 보지 못한 세대이기 때문에 불안이 더욱 크다고 말한다.

(나) 학부모 참여의 부재로 인한 인식의 한계

라온중 자유학기(년)제 활동 프로그램이 학교·지역사회·가정 간 연계를 통해 운영되면서, 가정의 구성원인 학부모, 학부모이면서 마을활동가, 주민 등이 참여하는 사례가 다수 발견되고 있다. 하지만 교육공동체 주체들은 현실적으로 많은 학부모는 참여하지 못하고, 주로 참여하는 학부모만 지속적으로 참여하기 때문에 한계가 있다고 말한다.

아이들이 체험활동에 가기 전부터 들떠 있어요. 그것이 굉장히 크죠. 양면이지만, 아이의 그런 뿌듯한 모습을 보면 '이러면서 아이가 커 가는 거구나' 생각하지만, 자꾸 그런 것이 무의미하게 이루어진다면, 자유학기(년)제가 무의미하다는 비난을 받는 거죠. 교사들이 그(자유학기(년)제) 활동을 상기시켜 주고 교육적으로 해 주는데, 학부모들이 그런 것을 인식해 주지는 않으신 것 같아요. 그래서

(학부모가) 자유학기(년)제 과정에 같이 참여하는 게 필요해요.

_김초원, 교사

학부모조차도 학교에 가는 데 마음이 선뜻 동하지는 않죠. 그리고 초등학교 때는 궁금해서 가지만, 중학교에 들어서는 순간 내 아이의 성적에 따라 관심 정도가 달라요. _정명숙, 마을활동가

사실 학교에서 학부모들을 교육 활동에 끌어들이는 건 정말 어렵습니다. 이건 노력으로도 해결되기가 어려운 것이 일단 부모님 모두가 일을 하시는 분들이 대부분이에요. 학교의 시간에 맞춰 활동을 한다는 것이 불가능한 상황이지요. 그러다 보니 (참여)하실 수 있는 학부모님들만 여러 활동에 참여하게 되고, 당연히 쉽게 지치고, 그래서 다음 해에는 참여 안 하시고, 이런 문제가 있습니다.

_전수영, 전 교장

학부모 참여의 부재는 라온중 자유학기(년)제 활동 프로그램이 학교·지역사회·가정 간 연계를 통해 이루어지는 것에 부정적인 인식을 준다. 따라서 교육공동체 주체들은 학부모 참여의 중요성을 입을 모아 강조한다.

교육공동체가 있는데 이게 하는 사람(꿈마을 공동체 분들)만 하는 거예요. 그래서 굉장히 특이해요. (중략) 문이 열려 있기는 한데 잘 안 들어오게 되고, 결국 공동체 생각을 가지고 있는 사람만 받

아들이게 되는 것 같아요. _이수진, 학부모

정말 엄마들을 집에서 다 내쫓아야 해. 아니 그리고 뭔가를 자꾸, 적응하고 부딪쳐 보고 하면서 엄마들이 먼저 열려야 되는데, 저는 언제나 주장하잖아, 엄마들이 집에 있으면 안 된다고. 밖에 나가야 된다고. _김순금, 마을활동가

참여하는 학부모와 안 하는 학부모 간에는 인식의 큰 차이가 있다. 인식의 차이는 교육에 대한 학부모 간 긍정적인 인식과 부정적인 인식의 간극을 보여 준다. 간극을 발생시키는 원인은 준비되지 않은 참여, 참여 방법의 부재, 그리고 참여를 위한 정보의 부재 등으로 나타났다.

학부모 한 분이 아이들 체험활동을 위해 사업장(자신의 회사)을 열었대요. 좋은 의미로 시작을 하신 거죠. 그런데 아이들이 와서 체험한 후에는 너무 힘드셔서 다시는 입도 꺼내지 말라고 하시면서 너무 힘들었다고 해요. (중략) 학부모 입장에서는 내가 아이들에게 도움이 되고 싶었는데 이도 저도 아닌 거고, 아이들도 떠들고 있으니까 후회를 하셨다는 뒷담화를 들었어요. _박지윤, 학부모

우리나라 학부모가 적극적으로 참여하는 스타일은 아니잖아요. 학교에서 원하지 않았었고, 그것을 이제 약간 다리를 놓으려면 혜택이 있어야죠. _이수진, 학부모

학부모들을 마을 속으로 끌어당기는 거죠. 센터에서 그런 소모임 같은 게 조금 있어요. 예산을 받는 소모임을 통해서 엄마들을 끌어 내는 수밖에 없는 거죠. 한 번쯤 해 본 사람들은 그제야, '아, 그래 그런 게 있어'라고 하게 되는데 (중략) 궁금하긴 한데 어떻게 해야 하는지 모르는 거예요. _박지영, 마을활동가

나. 담에 생긴 '틈'

담에 생긴 '틈'은 주로 라온중에서 자유학기(년)제 정책을 시행한 후, 학교·지역사회·가정 간 연계를 통해 운영된 자유학기(년)제 운영과정의 모습을 담고 있다. 모습은 크게 '학교의 변화와 노력', '지역사회의 변화와 노력', '학부모의 변화와 노력', '학교·지역사회·가정 간 연계를 통한 변화와 노력', '변화와 노력을 도운, 라온동 지역교육력' 등의 이야기에서 살펴볼 수 있다.

1) 학교의 변화와 노력

라온중 자유학기(년)제 운영과정에서는 학교의 변화와 노력이 나타났다. 자유학기(년)제 정책은 학교를 중심으로 운영되기 때문에, 학교의 변화와 노력은 정책을 통해 교육공동체 형성과정을 발견하는 데 중요한 의미가 있다. 학교의 변화와 노력은 교사 인식의 변화, 활동 프로그램을 경험한 학생들의 변화, 학교장 인식의 변화 등으로 살펴볼 수 있다.

(가) 교사 인식의 변화

라온중 자유학기(년)제 운영과정에서 나타난 학교의 변화와 노력에는

교사 인식의 변화가 있다. 교사 인식의 변화는 교사가 학생들을 통해 지역사회(센터, 마을활동가)를 알게 되고, 이를 계기로 학교 밖 마을 활동을 경험하는 것에서 시작된다. 이후 학교·지역사회·가정 간 연계에 대한 교사의 부정적인 인식은 서서히 긍정적으로 변한다. 교사는 시간이 지나면서 지역사회에 대한 인식과 이해가 높아지고, 자유학기(년)제 활동 프로그램과 교과 연계에 대한 고민, 지역사회에서 교사의 역할에 대해 고민하기 시작한다.

교사 인식의 변화를 구체적으로 살펴보면, 먼저 학생들을 통해 지역사회(센터, 마을활동가)를 알게 되는 것에서 출발한다. 참여자는 학생들을 상담하는 과정에서 라온센터를 알게 되고, 센터 공간이 학생들에게 주는 긍정적인 영향을 인식하게 된다고 말한다.

> 아이들은 (센터를) 많이 좋아해요. 그러다 보니 학교 밖에서 선배들과의 유대관계가 유지되는 공간이 되었더라고요. 그래서 아이들에게 굉장히 중요한 공간이기도 하거든요. 라온중학교로 오는 선생님들은 처음에 딱 알지 못하는 그런 공간이에요. 그런데 시간이 지나면 무언가 스멀스멀 올라오는 게 있는데 그것은 공통적으로 라온센터예요. 대개 긍정적이고 좋은 효과를 주고 계세요. 교실에서 참여도가 낮은 아이들, 무기력한 아이들도 센터에는 가요. 그래서 자유학기(년)제뿐만 아니라, 모든 전체적인 다양한 체험활동이 센터에서 많이 소화가 되는 경우가 있어요. 잘하는 아이들은 학교에서 하든 센터에서 하든 상관이 없잖아요. 그런데 학교에서 조금 관리가 힘든 아이들도 센터에서는 영향을 줄 수 있는 거예요. _김초원, 교사

교사가 인식한 센터의 중요성은 자유학기(년)제 활동 프로그램이 학교·지역사회·가정 간 연계를 통해 이루어지는 계기가 된다. 물론 초기에는 연계를 통해 운영된 활동 프로그램이 학교 안에서만이 아니라 학교 밖에서도 이루어지면서 안전에 대한 우려가 있다. 하지만 교사는 진행되는 과정에서 센터 선생님들과 마을활동가들의 교육적 역량을 알게 되고, 학교 밖 마을에서도 안정적으로 운영되는 경험을 하게 된다. 교육공동체 주체들은 이러한 경험을 바탕으로 마을에 대한 학생들의 교육적 효과가 있음을 알게 되었다고 말한다.

처음에는 나가는 것에 대해 우려하지만 막상 나가 보면 "어? 괜찮은데요!"라고 하시는 분(교사)이 있었어요. 그리고 우리 마을공동체 안의 마을 여행단 선생님들의 진행력이 좋으셔서, 아이들도 학교 밖으로 나가는 활동을 가장 의미 있게 생각하고 가장 기억에 남는다고 해요. _강혁, 센터 선생님

굉장히 편안한 분위기가 되는 거예요. 그래서 타 지역에서 오신 강사와 마을에서 오신 강사는 다르다는 걸 알았죠. 수업을 시작하는 분위기부터가 다르죠. (중략) 센터에 근무하시는 분들은 학교 가까이 계셔서 그런지 다른 기관에서 만나는 분들과는 다른 것 같아요. 다른 기관에서 만난 선생님들은 어떻게 교육자로서 저런 언행을 사용하고 행동을 할 수 있는지 생각이 들었거든요. 교사는 경험을 통해서 배움을 하는데 이분들(센터 선생님, 마을활동가)도 아이들을 많이 만나는 분이시기 때문에 경험에서 많은 숙석이 되지

않았나 생각이 들었어요. _이지혜, 교사

학교 밖 마을 활동을 경험한 교사들의 긍정적인 반응은 학교·지역사회·가정 간 연계와 지역사회·가정에 대한 교사의 인식에도 변화를 가져왔다. 교사 인식의 변화는 자유학기(년)제 활동 프로그램 운영이 각 주체들 간의 유기적인 연계를 통해 이루어지고, 교사 참여의 노력이 중요하다는 인식에서 발견할 수 있다. 나아가 교사는 교육공동체에 대해 인식하기 시작했다고 말한다.

자랑스러운 건 이 지역의 공동체는, 다른 지역의 학교도 공동체와 연계되어 있다고 하지만, 라온중학교가 가진 밀접한 연계는 다른 곳에서는 찾기 어려운 것 같아요. _김초원, 교사

선생님들은 각 반마다 아이들이 수업을 어떻게 참여하는지 알게 되니까, 저희도 조금 더 책임감을 가지고 대충할 수도 없고 그렇게 되잖아요. _진윤희, 학부모·마을활동가

교사들은 자유학기(년)제 활동 프로그램을 운영하면서, 학부모의 참여를 긍정적으로 인식하고 더욱 적극적인 학부모 참여가 필요하다고 말한다. 학교·지역사회·가정 간 연계에 대해서도 긍정적인 인식의 변화를 가질 수 있었다 한다. 이렇듯 교사 인식의 변화는 연계 및 교육공동체에 대한 인식뿐만 아니라 지역사회(센터, 마을활동가), 가정(학부모, 학부모이면서 마을활동가)에 대한 인식에서도 나타났다.

라온중 교사는 학교의 지역적 특성이 좋아서 학교에 오래 근무하고 있는데, 자유학기(년)제 업무를 담당한 두 명의 교사는 올해로 8년 차가 되었다.

라온중의 특성을 보니 (교사들이 학교가) 좋아서 오래 근무하는 것 같아요. 다른 선생님도 말씀하실 때, 이런 지역적인 특성이 있어서 좋다고 하세요. (중략) 앞으로도 가정에서 부모님들이 마을의 강사로서 교육을 받고 이수하시고 실질적으로 아이들과 함께 활동하며 적극적인 참여를 하시면 좋을 듯해요. _이지혜, 교사

교사 인식의 변화는 센터에서 발견한 학생들의 주도적인 모습과 연계를 통해 경험한 긍정적인 교육적 효과 때문이다. 그 결과 교사는 교과 연계, 지역사회에서 교사의 역할에 대해 고민하기 시작한다. 이는 자유학기(년)제 운영과정에서 활동 프로그램 진행을 위해 학교·지역사회·가정 간 연계가 이루어졌다는 단순한 관점에 머물지 않고, 교사 스스로 학습하고 인식한 변화이다.

학교에서는 선생님의 말을 따라야 하는데, (센터에) 가면 저희는 (교사들은) 낯선 곳이고 아이들은 익숙한 곳(센터)이잖아요. 그러면 아이들이 주도적으로 교사에게 가르쳐 주거나 안내를 하는 모습으로 바뀌는 거예요. 그게 교육 효과가 커요. 주인이 되는 거예요. (중략) 지역에서 학교는 어떤 역할을 해야 할까, 교사는 어떤 역할을 해야 할까 고민해 보니까, 학교는 신뢰를 바탕으로, 마을공동체의

일원으로 함께, 그리고 마음을 열 수 있는 역할로 서로 원원할 수 있어야 한다고 생각해요. 서로의 역할이 돌봄과 키움이 단순히 교육뿐만이 아니라, 학교에서도 센터에서도 교육이 잘 맞물리는 지역이라고 생각해요. _김초원, 교사

저는 처음에 국어과 관련하여 운영하다가 교과 연계를 틀에 박히지 않은 방법이 뭐가 있을까 고민하다가, 라온동 꿈마을과 라온센터 센터장님 그리고 담당자인 청소년 팀장분을 소개받으면서, 혹시 아이들에게 개설이 가능한 프로그램이 있는지 만나서 이야기를 나눌 수 있었어요. _이지혜, 교사

(나) 활동 프로그램을 경험한 학생들의 변화

라온중 자유학기(년)제 운영과정에서는 활동 프로그램을 경험한 학생들로부터 변화가 나타났다. 학생들의 변화는 지역사회 어른들을 학교 안에서 만나는 신선한 충격과 학교 수업을 통해서 지역사회를 알게 되는 과정에서의 즐거움, 그리고 지역사회 활동 프로그램을 통해 얻게 된 성장(성취감) 등의 이야기에서 발견할 수 있다.

학생들은 학교 안에서 학교 밖 센터 선생님들과 마을활동가이자 학부모를 만난다. 학생들은 그동안 학교 공간에서 만날 것이라고는 생각하지 못했던 지역사회 어른들을 만나게 된 것이 '신선한 충격'이라고 표현한다. 이 과정에서 학생들은 더 넓은 범위의 지식을 얻을 수 있는 시간을 보냈다고 말한다.

자유학기(년)제를 통해서 학교 수업을 센터 선생님, 마을활동가 분들이 오셔서 수업을 하니까, 학교 선생님들과는 다른 견해나 지식을 가지신 분들도 있어서, 조금 더 넓은 범위의 지식을 얻을 수 있었어요. _문지성, 라온중 학생

마을 내에서 프로그램이 운영되다 보니 몰랐던 곳에 대해서 알게 되고, 친근한 장소(센터)에서 자유롭게 수업하고 아는 어른들이 생겨서 좋았어요. (중략) 마을에 살면서 몰랐던 곳을 설명해 주시는 선생님들이 계시고, 열심히 수업해 주시는 마을 선생님들과 함께 자유롭게 놀듯이 수업하는 게 재미있었어요. 이런 프로그램이 더 많아졌으면 좋겠습니다. _박성빈, 라온중 학생

학생들은 학교 밖 활동을 통해 교사와 학부모는 인지하지 못한 내적 성장의 변화를 경험한다. 특히 학생들은 학교 밖으로 나와 학부모와 교사의 도움 없이 친구들과 버스를 타고 이동하며 체험학습을 하는 과정에서 성장했다고 말한다.

우리 반 아이들을 보면 두려움 중 하나가 학교 밖으로 나가서 어떻게 해야 하는지예요. 보통의 체험학습은 학교에서 빌린 전세 버스를 타고 가는데, 자유학기 활동 프로그램은 아이들이 스스로 가는 거예요. 그래서 걱정도 있고 아이 스스로 긴장을 해요. 그렇게 스스로 어디를 다녀오면 자기들이 해냈다는 것에 성취감이 크더라고요. 뭐 북쪽 어니에 있는 곳에 우리가 다녀왔어, 하면서 좋

아해요. _이지혜, 교사

  학교가 아닌 공간에서 수업을 하는 경험이 좋았어요. (중략) 센
  터에 가면 자유롭게 무언가를 할 수 있는데, 그게 재미있으면서 또
  수업시간에 이루어지는 거니까. 교육인데 경험을 해서 하니까 전
  좋았어요. _고해인, 라온중 학생

(다) 학교장 인식의 변화

  라온중 자유학기(년)제 운영과정에서는 교사와 학생뿐만 아니라, 학
교장 인식의 변화도 나타났다. 학교장은 지역사회를 알게 되는 과정에서
마을 회의에도 참석하는 등 지역사회에 대한 관심이 있다. 학교장의 관
심은 가정으로부터 학교에 대한 신뢰로 이어진다. 나아가 학교장의 인식
변화는 학교·지역사회·가정 간 연계에서 학교장 마인드의 중요성과 교
사의 역할에 대한 인식의 변화에도 영향을 준다.

  라온중 학교장은 교사로부터 지역사회에 대한 이야기를 들었다고 말
한다. 해당 교사는 학생들 이야기를 듣고 지역사회를 알게 되었으며, 자
유학기(년)제 활동 프로그램 운영을 위해서 학교장에게 그 이야기를 전
한 것이다. 이를 계기로 학교와 지역사회 연계의 가능성이 높아졌다. 또
한 학교장은 학교와 지역사회뿐만 아니라, 학교에 대한 가정의 신뢰에도
중요한 영향을 준다. 이렇듯 학교·지역사회·가정 간 연계에서 학교장 인
식의 변화가 가져온 효과와 영향은 중요하게 나타나고 있다.

  라온중 학생들이 센터를 아주 친근하게 생각하고 자주 찾아가

시간을 보낸다는 것을 알게 되었어요. 그래서 센터가 어떤 활동을 하고 시설은 어떤지 찾아가 봤습니다. 센터장님의 운영철학이나 방침이 학교교육이 지향하는 방향과 일치하는 지점이 많다는 것을 알고 학교와 어떤 것을 함께할 수 있는지 논의했습니다. 큰 방향을 정하고, 구체적인 내용은 학교와 센터의 담당자들이 긴밀하게 논의했지요. 특히, 마을을 이해하고 마을과 함께하는 활동이 의미가 있다고 생각하고 그런 활동을 학교의 교육과정과 연결시켜 운영하는 데 초점을 맞추었습니다. 마을활동가들이 학생들을 안내하는 마을 탐방, 만들기 등의 프로그램은 이런 과정을 거쳐 운영되었습니다. _전수영, 전 교장

지금 라온중학교 교장 선생님은 이번에 새로 오셨던데, 그분은 또 (지역사회에) 관심이 많으셔서 일단 우리 한 달에 한 번 공동체 회의할 때 오셔서 참여도 하시더라고요. 이렇게 오픈 마인드를 가지신 교장 선생님 같은 경우면 적극적이고 좋으실 것 같아요. 이게 또 선생님들한테 갈 거고. _김순금, 마을활동가

교육공동체 주체들은 학교장의 마인드가 학교·지역사회·가정 간 연계를 통해 운영되는 활동 프로그램의 질과 학생들의 혜택에도 영향을 주기 때문에 중요하다고 말한다.

학교와 연계하여 뭔가가 이루어질 수 있는 원동력은 교장 선생님의 마인드라고 생각합니다. 어떤 교장 선생님을 만나느냐에 따라

아이들에게 주어지는 혜택도 달라지기 때문이죠. 아이들의 삶은 학교가 다가 아니에요. 학교에서 아무리 어떤 교육을 한다고 해도 결국 아이가 하교해서 생활하는 곳은 마을이기 때문이죠. 아이도 알고 마을도 알아야 아이의 학습도 체험활동도 가지고 갈 수 있다고 생각해요. 그래서 교장 선생님의 마인드가 열려 있으면 좋겠어요.

_장혜원, 학부모·마을활동가

교사 역할에 대한 학교장의 인식은 학교·지역사회·가정 간 연계를 통한 자유학기(년)제 운영을 경험하면서 변화했다고 말한다. 특히 학교장은 교사의 역할이 교수·학습에만 머무를 것이 아니라, 코티칭co-teaching을 통해 서로 협력할 수 있는 관계와 의사소통을 해야 한다고 말한다.

이제 교사의 역할은 코티칭이라고 생각해요. 교사가 다 가르치기보다는 교과서 배부, 학습지원 등의 운영과 지역사회 연계를 통해 교육 콘텐츠를 공유하고, 또 함께 개발할 수 있는 역할이 중요한 것 같아요. 이렇게 축적된 교육 콘텐츠를 통해 학교는 장마, 코로나19와 같은 일이 생길 때, 학습 공백을 최소화할 수 있죠. 특히, 방학 중에 생길 수 있는 학습 공백이 사교육으로 이어지는 것이 아니라, 학교의 교육 프로그램 공유를 통해 학업이 학기 중뿐만 아니라 방학 중에도 이어질 수 있는 거예요. 이렇게 교사의 역할이 변화한 것은 지역사회랑 같이할 때 필요하고, 또 그 결과로 더 나은 교육을 운영하고 학생들한테 영향을 주는 거죠. _김관홍, 교장

2) 지역사회의 변화와 노력

라온중 자유학기(년)제 운영과정에서 지역사회의 변화와 노력은 지역
사회가 학교와 연계를 통해 경험한 긍정적 변화, 학교와 연계를 위한 지
역사회의 노력, 학교와 연계를 위한 마을활동가의 노력 등의 이야기에서
살펴볼 수 있다.

(가) 지역사회가 학교와 연계를 통해 경험한 긍정적 변화

라온중 자유학기(년)제 운영과정에서는 지역사회가 학교와 연계를 통
해 경험한 몇 가지 긍정적인 변화를 발견할 수 있다. 변화는 학교 수업
참여 경험, 학교와 교사에 대한 이해의 기회, 교육 전문성 강화, 학생들
의 높은 만족도 피드백을 통한 자신감 등으로 나타났다.

지역사회 구성원은 자유학기(년)제 활동을 통해 학교 수업 참여 및
교사에 대한 이해의 기회를 갖게 되며, 참여 과정에서 공부 및 경험을
통해 개인적 성장과 교육 전문성이 높아지고 있다고 말한다.

> '학생들과 호흡하는 것이 쉽지만은 않구나' 생각하게 되면서 학
> 교와 교사의 고충을 이해한 것도 긍정적입니다. 학교에 말이 통하
> 고, 믿을 만한 교사가 있다고 생각하게 된 것도 긍정적입니다. 이렇
> 게 긍정적 피드백을 할 수 있게 된 것은 어쨌든 자유학기(년)제라
> 는 과업을 가지고 일을 하면서 생겨난 거예요. _강민규, 센터장

> 정규 교과 시간에 들어가서 수업을 할 수 있는 권리가 저희에게
> 생겼는데 그런 경험도 개인석으로 좋았고, (중략) 선생님들(마을활

동가)이 학교 정규 시간에 들어간다고 하니까, 자원 활동가분들도 모여서 사전에 준비를 많이 하시고 공부도 자체적으로 많이 하신 듯해요. 그래서 전문성도 많이 생기신 것 같고요. _최혜정, 센터 선생님

그 결과 지역사회 구성원은 학생과 교사들의 높은 수업 만족도를 통해 학교와 연계한 활동에 자신감을 느끼며, 참여 기회가 확대되는 경험을 한다. 라온중에서는 학교·지역사회·가정 간 연계를 통해 운영한 자유학기(년)제 활동 프로그램의 시수가 2학기 7차시(2018학년도)에서 1학기 총 18차시(2019학년도)로 늘어나기도 했다.

첫 번째 때는 약간 저희 수업 이름도 이상하고 그랬었는데, 학교 쪽에서도 나중에는 이 수업이 무엇인지 아니까 학생들이 수강 신청을 해서 떨어지는 경우도 있었어요. 아이들이 센터에 와서 "저 듣고 싶은데 떨어졌어요"라는 말을 하는 걸 보니. _최혜정, 센터 선생님

시간이 확대된 계기는 학교 측에서 먼저 요청을 했어요. 1학기 통째로 진행했으면 좋겠다고 했고. 9차시를 2번 나눠서 한 이유는 학교에서 학생들이 더 다양한 프로그램을 할 수 있도록 하는 취지로 진행한 것 같아요. _남윤철, 센터 선생님

특히 지역사회 구성원은 학교와의 연계를 통해 더 많은 학생을 만날 수 있는 경험이 중요하다고 말한다. 이는 학생들에게 지역사회를 알리는 기회가 되고, 지역사회에서 의미 있는 활동 프로그램을 진행하고자 할

때 학생 모집의 어려움을 줄여 주는 등 긍정적인 변화 등을 보여 준다.

라온중이 바로 옆에 있지만, 모든 친구가 저희 센터를 다 알지는 못하거든요. 그래서 도서관도 알리고 센터도 홍보할 수 있는 계기가 되어서 자유학기(년)제가 끝나고 나서도 (학생들이) 센터에 많이 와서 자치 동아리나 활동을 많이 하려고 할 것 같아요. (중략) 그런 식으로 우리가 아는 청소년의 폭이 넓어진 것에 의미가 있어요.

_최혜정, 센터 선생님

아이들을 모집하지 않아도 되는 차이가 있어요. 저희가 아무리 의미 있는 프로그램을 기획해도 아이들 모집이 되지 않아서 진행하지 못하는 경우가 있는데, 학교와 진행을 하다 보니까 우리가 생각하는 의미 있는 활동들을 조금은 쉽게 풀어낼 방법이라는 생각을 했어요. _남윤철, 센터 선생님

(나) 학교와 연계를 위한 지역사회의 노력

라온중 자유학기(년)제 운영과정에서는 학교와 연계를 위한 지역사회의 노력이 나타났다. 이러한 지역사회의 노력은 크게 정보 공유의 노력, 연계과정에 대한 노력, 그리고 활동 프로그램 질 개선을 위한 노력 등이 있다.

먼저 지역사회는 학교·지역사회·가정 간 연계를 통해 자유학기(년)제 활동 프로그램이 본격적으로 운영된 2018학년도 활동 내용을 직접 책자로 제작하여 학교에 배포했다. 이를 위해서 지역사회 구성원은 다 사

업의 예산을 끌어들여 사용하는 등 정보 공유를 위해 노력하고 있다고
말한다.

> 2018년도에도 저희가 일부러 책자를 만들어서 학교에 배포를 했
> 어요. 2019년도에는 저희가 예산 문제로 도서관협회에서 주관하는
> 길 위의 인문학 사업을 따 와서 거기 예산으로 집행하고 같이 했어
> 요. (중략) 그런 것들을 학교에 가지고 들어간 거죠.
>
> _최혜정, 센터 선생님

지역사회는 학교·가정과의 연계를 위해 마을활동가의 참여와 독려를
적극적으로 끌어들이는 노력을 한다. 마을활동가는 자유학기(년)제 활
동 프로그램이 운영되는 중심 주체가 되며, 그들의 교육적 역량, 희생,
배려, 그리고 적극적 참여를 통해 성공적인 프로그램 운영을 할 수 있다
고 말한다.

> 부모님들이 자유학기(년)제에 대해서 인식이 좋은 분도 있고 아
> 닌 분도 있는데, 마을 강사, 학교, 그리고 저희가 자유학기(년)제 프
> 로그램을 잘 연구해서 잘 연계하면서 하니까, 잘될 수 있었어요.
>
> _최혜정, 센터 선생님

> 센터에서 나를 발전시킬 수 있는, 그런 걸 해 줄 수 있으니까, 사
> 람들이 오랫동안 긴 시간, 여기 와서 같이 인연을 맺어서 활동을
> 하는 거예요. (저희가) 아이디어를 내면 센터에서 센터장은 그 아이

디어를 적극적으로 수용해서 바로 행동으로 옮길 수 있게 해 주는데, 사실은 공무원 구조라는 게, 아무리 좋은 아이디어가 있어도 바로 안 나오잖아요, 그런데 여기는 '어? 한번 해 볼까?' 하면 바로 그다음 날 뭔가 행동으로 옮겨지고 만들어지고, 그런 면에서 매력이 있어요. 자유학기(년)제 활동도 그런 과정이었죠.

_김순금, 마을활동가

또한 지역사회 구성원은 자유학기(년)제 활동 프로그램을 기획하고 구성하며, 전반적인 질 관리를 위해 자유학기(년)제 취지를 바탕으로 한 실질적인 운영과 수업 내용에 대해 고민한다.

자유학기 활동 프로그램을 구성했던 기준은 저희 꿈마을 공동체에서 활동하시고 마을에 대해서 잘 아시는 분 위주로 했고, 아무래도 자유학기(년)제 활동이다 보니 체험 위주로 진행할 수 있는 것을 선택했어요. (중략) 처음에 접근할 때 고민을 했는데, 이것을 진로를 위해서 하는 프로그램이 아니라 관계를 만들기 위해서 하는 프로그램이라고 생각하면서 진행을 한 것 같아요.

_남윤철, 센터 선생님

(다) 학교와 연계를 위한 마을활동가의 노력

이 책에서 지역사회는 앞서 기술한 바와 같이, 크게 라온센터와 마을활동가로 구성된다. 이 과정에서 지역사회를 대표하는 센터는 학교·지역사회·가정 간 연계과정에서 공공기관으로 중요한 역할을 한다. 마을활동가는 센터의 역할만큼이나 중요한 역할을 가진다. 마을활동가는 일반 주민도 있지만, 학부모이면서 마을활동가라는 두 가지 역할을 하기 때문에 학교·지역사회·가정 간 연계에서 3주체에 모두 관계한다. 따라서 그들의 역할의 중요성과 필요성이 매우 강조되는 흐름을 볼 수 있다.

마을활동가가 학교와 연계를 위해 보여 준 노력으로는 활동 프로그램을 위한 교육 전문성 강화, 경험을 통한 성장, 교육 활동 내용의 학교 공유, 교사에 대한 이해, 예산 지원 등 다양하게 나타났다.

먼저 마을활동가는 자유학기(년)제 활동 프로그램 진행을 위해 사전 준비 과정, 경험, 운영 그리고 학생들을 가르치기 위한 효과적인 방법 등에 대한 고민을 통해 교육 전문성이 높아졌다고 말한다.

저 같은 경우는 아이들 교육한다고 준비하면서 솔직히 제가 더 많이 공부했어요. 아이들에게 조금 더 알려 주기 위해서 검색을 하고 알아보고 자료를 찾다 보니까 되게 다양한 게 있더라고요. 저 자신에게도 공부가 되고요. 그런 걸 좀 많은 분이 아셔야 하는데.

_유예은, 학부모·마을활동가

(저희는 운영할 때) 원칙이 봉사하신 지 기본 1년 이상이 되신 분들이 (학생들에게) 수업을 진행하실 수 있어요. 그 전에는 못 들어와요. 저희 나름의 룰이에요. 그러니까 그냥 막 투입되는 것이 아니라 꽃다방에서 어느 정도 봉사가 돼서 꽃다방에 대한 룰이라든가 이곳에 대한 분위기를 어느 정도 알고 있고, 커피 공부도 어느 정도 했어야 된다는 보장이 있지 않고는 (학생들에게) 수업을 하실 수

없어요. (중략) 마을 여행 선생님들도 보니까 위층에서 공부를 엄청 하시던데요. _박지영, 마을활동가

마을활동가의 높아진 교육 전문성에 대한 노력은, 관련 내용을 학교에 공유하려는 행동으로 이어진다. 이는 학교와의 연계 가능성과 학교의 관심을 유도하기 위한 노력의 일환으로 볼 수 있다. 이러한 노력은 학교·지역사회·가정 간 연계가 이루어지는 데 중요한 영향을 준다. 그 결과 마을활동가는 학교와의 연계과정을 경험하면서 학교 교사를 이해하고 교사의 관점에서 필요한 활동 프로그램을 제안하며, 또 실제 운영했다고 말한다.

선생님한테는 저희 마을 여행도 제안을 드렸는데, 이게 선생님이 따라다녀야 하잖아요. 선생님들은 10월에 성적을 매겨야 해서 일에 잡무가 많으니까 학교 안에서 안정적으로 했으면 좋겠다고 하는 거죠. 그러니까 돌아다니는 것보다 학교 안에서 하는 게 뭘까, 생각했는데 영화 보기인 거예요. 번잡하지 않고 다 알아서 해 주고. 그렇게 하니까 선생님들이 담당자가 바뀌어도 인수인계가 되었어요.

_정명숙, 마을활동가

마을활동가는 일반 주민, 학부모 등으로 다양하게 구성되기 때문에 지역사회 및 가정에 있는 다양한 마을 교육자원을 모으는 역할이 중요하다. 이 역할은 지역사회 센터가 하기도 하지만, 마을활동가가 직접 센터나 학교에 제안해서 이루어진다. 이는 아래에서 시작되어 위로 영향

을 줄 수 있는 풀뿌리형 네트워크의 모습을 보여 주는 상향식bottom-up 의 방식이 실제 현장에서 발견되고 있음을 보여 준다. 다만 후술하겠지 만 풀뿌리형 네트워크의 장점은 주체적이고 적극적이며, 탄탄한 기반을 바탕으로 이루어지기 때문에 실현 가능성이 높지만, 반면에 지속성의 한계도 가진다.

중간역할을 잘해야죠. 그래서 제안을 드려서 2017년도에 인근 학교에 공문을 보내서 마을에 배움터를 할 수 있는 분들이 계시니 까 같이 서로 묻고 질문하고 매칭할 수 있는 시간을 좀 만들어 보 자고 제안을 드려서, 실제 했어요. (중략) (이런 기회에 자기를 어필 하고 사업을 홍보하려는 다양한 사람들을 보면서) 아 이런 분들이 우 리와 되게 차별화되어 있구나, 다르구나. 그리고 학교에서도 왜 이거 에 대해서 움츠리고 본인의 틀 안에서만 생각하실 수밖에 없는지 그때 이해가 되기도 했었어요. _정명숙, 마을활동가

이렇듯 마을활동가의 노력은 몇 가지 긍정적인 변화를 가져온다. 긍정 적인 변화는 학교와 연계를 통해 마을 학생들을 만나 교감하고, 무형적 인 감동과 배움을 통해 성장을 느끼며, 학교의 변화에 도움을 주고 있 다는 것에 대한 만족감과 즐거움 등으로 살펴볼 수 있다.

자유학기(년)제 프로그램을 진행하면서 우리 아이 친구들이잖아 요. 그러니까 조금 더 열정적으로 더 성의껏 할 수 있었고, 아이들 을 만나는 게 너무 재미있고, 나도 마을에서 뭔가를 할 수 있다는

것도 좋았고, 또 아이들하고의 교감이 재미있는 거예요. (중략) 막연하게 학교에서 나눠 주는 가통(가정통신문)을 통해서 느끼는 직업체험이라는 내용보다 현장에서 준비하고 아이들과 함께 활동하며 적극적으로 이해하고 참여할 수 있었고, 마을에서 흔히 마주하는 편안한 동네 아줌마이자 강사로서 아이들도 편하게 느끼고 참여해 주는 분위기여서 많은 대화를 하며 즐겁게 수업을 했어요. 또래의 자녀를 둔 학부모로서 아이들과의 소통을 통해 내 자녀 또한 더 이해하는 시간이었고, 교육을 준비하는 과정에서 많이 배우고 느끼는 시간이었죠. _유예은, 학부모·마을활동가

울타리를 만들어 주는 역할을 하는 게 아닌가, 마을 활동하는 선생님들이. 그런 면에서 되게 뿌듯하죠. (중략) 활동하면서 '아, 내가 멈춰 있는 거 아닌가?' 이런 것보다는 조금이라도 '내가 뭔가 눈에 보이지는 않지만 성장하고 있구나' 하는, 그런 걸 느낄 때가 있었어요. 저도 제가 살아 있다? 이런 게 성장하고 있다? 그런 게 좋잖아요. _김순금, 마을활동가

주민들이 자유학기(년)제와 학교의 변화에 도움을 주고 있고, 학생의 성장에 도움이 된다고 느끼는 것이 긍정적이었습니다. 학생들과 주민이 관계가 생긴 것도 긍정적이에요. _강민규, 센터장

3) 학부모의 변화와 노력

라온중 자유학기(년)제 운영과정에서 학부모의 변화와 노력은 크게,

학부모 인식의 변화, 학부모 참여를 통한 변화 등으로 나타났다.

이 책에서는 학교·지역사회·가정 간 연계를 다루고 있다. 앞서 기술한 바와 같이, 선행연구 대부분이 학교와 지역사회 간 연계를 다루면서 가정의 역할과 중요성을 강조한다. 반면에 가정이 가진 중요성에도 불구하고 이를 포함한 접근은 언급만 할 뿐 부족한 것이 사실이다. 그 이유는 이 책에서 나타난 가정의 구성원인 학부모의 변화와 노력을 발견하기가 어렵기 때문이다. 여기서는 학부모의 변화와 노력이 학교·지역사회·가정 간 연계를 통한 교육공동체 형성과정을 발견할 가능성을 높인다는 점에서 의미가 있다.

(가) 학부모[11] 인식의 변화

라온중 자유학기(년)제 운영과정에서는 학부모 인식의 변화가 나타났다. 학부모 인식의 변화를 살펴보면, 학교·지역사회·가정 간 연계를 통해 운영된 자유학기(년)제에 대한 긍정적인 피드백과 인식의 전환 등이 있으며, 학부모가 직접 자유학기(년)제 활동에 참여한 경우에는 또 다른 차원의 인식 변화를 살펴볼 수 있다.

학부모 인식의 변화는 학부모가 학교를 바꿀 수 있다는 생각의 전환과 스스로 인식이 변화하고 있다는 자각 등이 학교교육에 대한 믿음으로 이어지고 있음을 알 수 있다. 한 학부모는 처음에 라온중이 자유학기(년)제를 하면서 공부를 안 해서 걱정했는데, 자유학기(년)제가 지역사회와 연계를 통해 활동이 이루어지면서 학부모의 학업에 대한 인식이

----

11. 이 책에서 제시하고 있는 학부모는 '일반 학부모'와 '마을활동가 역할을 하고 있는 학부모'를 포함하여 말한다.

바뀌었다고 말한다.

저는 도서관에 있으면서 그 친구들은 도서관에 안 오지만 부모님들은 도서관에 오세요. 오시는 분들은 센터와 선생님들에 대해 긍정적으로 인식하고 계신 부모님들이어서, 우리 아이가 뭘 했다고 말씀을 해 주시기도 해요. 거의 다 좋은 반응이에요. _최혜정, 센터 선생님

라온중은 다른 학교랑 분위기가 달라요. 사실 예전에는 라온중에 문제도 많았고 소문도 많았는데, 지금은 달라요. 지금은 아이들이 학교에 되게 가고 싶어 해요. 그게 중요해요. 변화가 됐어요. 예전 같으면 다른 학교를 보내서 공부를 시켜야 하나, 학업에 대해서만 기준을 정하고 판단을 했는데, '아니구나, 라온중에서 무언가를 할 수 있겠구나' 생각이 들어요. _이수진, 학부모

특히 이러한 변화는 참여자 중 많은 자녀를 키우고 있는 학부모에게 더욱 영향을 주었다. 한 학부모는 아이를 키우는 데 학교만이 아니라, 지역사회·가정과 함께 이루어질 필요성을 인식하게 되었으며, 이제 스스로 집 밖으로 나와 지역사회에서 활동하게 되었다고 말한다. 학부모는 '한 아이를 키우려면 온 마을이 필요하다'라는 아프리카 속담의 의미를 경험에 비추어 이야기하고 있다.

마을에서 활동을 시작하게 된 계기가 (저는) 남자아이만 네 명이 있는데, 제가 다 컨트롤하지 못하잖아요. 그래서 엄마 친구, 이모가,

고모가, 내 아이가 피시방을 갈 때 봐 주고 아는 척해 주고, 이런 작은 거. 어디 다치면 돌봐 주고, 내가 바쁘면 이웃집에 맡기는, 이런 이유로 처음에 활동을 시작했어요. 내 아이를 돌보기가 어려운 순간에 마을이, 이웃이 내 아이를 돌봐 줄 수 있는 그런 마을이 됐으면 좋겠다는 것에서 시작을 했어요. _이수진, 학부모

한편 자유학기(년)제 활동 프로그램에 직접 참여한 학부모이자 마을활동가는 다양한 변화와 노력을 경험했다고 말한다. 그들은 자신의 자녀를 포함하여 또래 친구들을 학교현장에서 교사의 눈으로 볼 수 있는 경험을 통해 인식이 변화하게 되었다고 말한다. 인식의 변화는 이전에 자신이 해 오던 외부 강의를 포기하고, 학교 수업에 더 노력하게 되는 결과를 가져오기도 했다.

아이들을 현장에서 직접 보게 되는 거죠. 선생님의 눈으로. (중략) 솔직히 보수나 이런 거에 대해서는 봉사라는 마음으로 가서 하는 게 더 접근이 쉬울 거예요. 다른 분들한테 그렇게 하라고 하면 할 수 없죠. 저희가 준비 기간이 3개월이에요. 그 수업 한번 하려고 작년 같은 경우에는 아예 저희가 원래는 매주 한 차례 마을 강의라고 수업을 했었거든요, 그거를 다 포기를 했어요.

_진윤희, 학부모·마을활동가

자유학기(년)제 활동 프로그램에 직접적으로 참여한 학부모는 어느 정도 학교의 변화를 도모할 수 있겠다는 인식을 하게 되었다. 한 학부모

는 학창 시절 경험해 보지 못한 자유학기(년)제를 무조건 부정적으로만 볼 것이 아니라, 이번 기회에 자녀 교육에 대한 인식이 바뀌어야겠다는 생각을 했다고 말한다.

제가 우연히 추천을 받아서 학교운영위원회를 했었는데, 그동안 학교를 많이 바꿨어요. 그게 뭐냐면, 그때 센터에서 많은 걸 배운 거예요. 근데 '나만 이런 걸 누릴 게 아니라 우리 옆에 같이 있는 사람들도 하면 좋겠다', 그렇게 생각을 해서 그때 도서관 학교에서 하는 프로그램들을 학교로 많이 가지고 왔어요. 제안해서.

_정명숙, 마을활동가

아이에게 "너 놀다 왔어? 또 놀러 가니"라고 하는 것보다는 "뭘 보고 왔어?"라고 물어봐 주는 게 좋겠다는 생각이 들었어요. 사실 우리가 혁신교육, 자유학기(년)제를 못 겪어 봤기 때문에 엄마의 입장에서, '내 스스로가 막혀 있는 상태에서 아이를 바꾸려고 하는 건 아닌가'라는 생각이 갑자기 들었어요. '우리 엄마들도 바뀌어야 하겠구나' 하는 생각이 들어요. _박지윤, 학부모

학부모의 변화와 노력은 자유학기(년)제 활동 프로그램에 직접 참여하면서 갖게 된, 교육에 대한 믿음 때문이다. 학부모이면서 마을활동가는 당장 학생들이 인지하지 못하는 경험 위주로 활동 프로그램이 운영될지라도, 이 학생들이 커서 다음 세대 학생들에게 가르칠 때는 지금 경험이 큰 힘이 될 것이라는 믿음이 있다고 말한다.

우리가 학교 다닐 때 (이렇게) 안 배웠잖아요. 뭘 해도 지금 애들을 따라갈 수가 없고, 기대는 이만큼이라도 배운 경험이 없으니까, 이제부터 시작이니까, 잘해 줄 수는 없는 게 사실이에요. 잘해 줄 수는 없는데, 길게 봐서 나중에 이 아이들이 선생님들한테 학교랑 지역사회랑 같이 진행한 활동을 통해 교육받은 경험을 생각해서 다음 세대 아이들한테 가르쳐 줄 수 있는 게 애들한테는 큰 경험이 되고 있다고 생각해요. _김선우, 학부모·마을활동가

(나) 학부모 참여를 통한 변화

라온중 자유학기(년)제 운영과정에서는 학부모 참여를 통한 변화가 나타났다. 변화는 학부모가 자녀를 통해 지역사회를 알게 되고, 학교·지역사회·가정 간 연계를 통해 운영되는 자유학기(년)제 활동 프로그램에 직간접적으로 참여하는 모습 등에서 살펴볼 수 있다. 학부모 참여가 다양한 방법으로 나타나는 이유는 학부모가 참여의 중요성을 스스로 인식하고 있으며, 참여를 바탕으로 다양한 변화가 이루어졌기 때문이다.

변화를 구체적으로 살펴보면, 교사가 학생들을 통해 지역사회를 처음 알게 된 것과 같이 학부모도 자녀를 통해 지역사회를 알게 되었다. 즉 학교에서 학교·지역사회·가정 간 연계를 통해 운영된 자유학기(년)제 활동은 학생들에게만 영향을 준 것이 아니라 학교와 가정에도 중요한 영향을 주었다.

같이 알아 가는 거죠. 아이들이 집에 가서 얘기를 하니까. (중략) 애들이랑 (그곳에) 같이 갔다가, 아이가 "여기 그때(자유학기 활동

프로그램할 때) 왔던 곳이야"라고 설명을 해 주면서, 거꾸로 집에다가 (아이가) 마을을 알려 줄 수 있는 기회가 되지 않을까. 엄마들도 마을 잘 모르니까. _박지영, 마을활동가

가정에서 학부모는 대부분 집 밖을 잘 나오지 않는다는 이야기가 많이 언급된다. 하지만 학부모는 자녀 교육에 관심이 없어서 집 밖을 나오지 않는 것이 아니다. 실제 학부모는 자유학기(년)제 활동 프로그램이 지역사회에서 운영될 때, 직간접적으로 활동을 참관하거나 모습을 사진 찍어서 공유하는 등의 높은 관심도를 보인다.

수업을 할 때 다른 데서 교육받고 있으니까 (학부모들이) 왔다 갔어요. 어떻게 교육하는지 되게 궁금해하세요. (중략) '아, 이렇게 아이들이 하는구나'라고 아시면 그분들도 돌아가신 곳에서는 가정주부일 테니까 누군가의 엄마일 테니까 소문내 주시겠죠. 그렇게 알음알음 알려지고 있는 것 같아요. _박지영, 마을활동가

학부모가 참여하는 방법에는 학부모 동아리, 학부모 회의, 지역사회와의 연대를 통한 접근 등이 있다. 학부모에게 학교는 아직 개인적으로 접근하기에는 어려운 곳이다. 그렇다고 참여를 하지 않는 것은 아니다. 학부모는 자발적으로 만든 동아리나 지역사회 기관 및 단체와의 연대 등을 통해 참여를 모색한다.

의식 전환이 필요해요. 선생님도 선생님이시만, 학부모 의식도.

학부모 교육도 필요하고, 또 학교에 대한 관심도 계속 필요하고, 아이들 성적대로 오시는 게 아니라, 학교 문턱을 낮추자는 의미로 동아리를 되게 많이 했었거든요. 학교 한 번이라도 더 오시도록.

_정명숙, 마을활동가

중학교에 몇 번 들어가 봤는데, 만약 저 개인이었으면 학교에 못 들어가요. 그런데 지역공동체가 있고 내가 활동하고 있는 게 영향력이 있으니까 적극적으로 들어가게 되어서 이렇게 했으면 좋겠습니다, 저렇게 했으면 좋겠습니다, 하고 이야기를 할 수 있는 거예요. 말하자면 연대인 거예요. _이수진, 학부모

처음에는 솔직히 엄마들이 자녀 때문에 (학교에) 오거든요. 그 이후에는 자녀가 아니라 본인의 즐거움이 되는 걸 스스로 경험해야 활동도 참여도 이어지는 것이지. (중략) 우리 아이 학교생활이 궁금하니까 시작되는 것인데, 이게 이어지기는 쉽지 않아요.

_진윤희, 학부모·마을활동가

이 책에 등장하는 한 학부모는 자신들의 인식이 바뀌는 데 약 10여 년이 걸렸다고 말한다. 또 다른 학부모이면서 마을활동가도 10여 년 동안 활동을 하면서 깨닫게 되는 것들이 있다고 말한다. 이들이 긴 시간 동안 활동하게 된 계기의 공통점은 아이의 교육을 걱정하는 학부모의 마음이었으며, 활동 과정에서 참여의 중요성을 알게 되었기 때문이다.

마을 여행단도 착한바느질도 이렇게 되는 데 10년이 걸렸어요. 뭔가 질이 높은, 그리고 아이들이 깊은 탐구를 하기 위해서는 저들도(마을 여행단, 착한바느질) 학부모의 입장이었는데, 이렇게 참여하는 데 10년이 걸린 것인데, 학부모들은 (자녀가) 3년이면 졸업을 하는데, 10년의 경험을 가지는 것은 대단한 거예요. 그래서 학부모들의 관심이 매우 중요한 거예요. 그렇지 않으면 자원을 어디에서 얻겠어요. 예산으로 하는 방법밖에 없어요. (중략) 그것을 연결해 줄 수 있는 것은 사실 학부모 참여 방법밖에 없다고 생각해요.

_이수진, 학부모

4) 학교·지역사회·가정 간 연계를 통한 변화와 노력의 확대

라온중 자유학기(년)제 운영과정에서는 학교·지역사회·가정 간 연계를 통한 변화와 노력의 확대가 나타났다. 이러한 변화와 노력은 크게 센터가 제공한 학생들의 공간이 가져온 변화, 학교와 지역사회 연계를 통한 활동 프로그램 운영의 변화와 노력 등으로 살펴볼 수 있다. 이러한 변화와 노력은 학교·지역사회·가정 간 연계를 더욱 강화하고 확대를 가져온 것으로 나타났다.

(가) 센터가 제공한 학생들의 공간이 가져온 변화

라온중 자유학기(년)제 운영과정에서는 센터가 제공한 학생들의 공간이 가져온 변화가 있다. 센터 공간에는 학생들이 머물고 싶어 할 만한 놀이 시설이 있다. 이러한 공간은 가정에서 학생들을 돌보기 어려운 낮 동인, 안진하게 머물 수 있는 장소가 되었으며, 센터 공간에 대한 긍정적인 인식은 학교 교사에게도 전해졌다.

청문(라온센터)에 대해서 어머님들은 긍정적이에요. 학교처럼 지키거나 관리하는 분이 계시는 안전한 공간이기에 전체 라온동에서 센터에 대한 인식은 긍정적이에요. 아이가 함께 시간을 건전하고 안전하게 보낼 수 있는 공간이죠. _이지혜, 교사

솔직히 공터(라온센터)가 생기면서 아이들 삶의 질은 매우 좋아졌다고 생각해요. 아이들이 자유롭게 도서관에 가서 책을 읽고, 또 가서 아이들이 잠깐이라도 게임을 한다든가, 포켓볼을 친다든가, 또 노래방도 있어서 아이들이 저렇게 놀 수 있는 공간이 지역사회에 있다는 거는 정말 저는 행운이라고 생각을 해요. 저희 학부모끼리도 그렇게 이야기해요. _박지윤, 학부모

센터 공간에 대한 긍정적인 인식은 센터장이 공간의 가치를 언어로 정리한 글에서도 알 수 있다. 센터장은 센터 공간이 리모델링 중인 상황에서, 공간의 가치를 언어로 정리하여 SNS에 공유했다. 해당 글의 내용은 청소년 중심의 마을 공간 운영이 지니는 가치와 함께, 첫 번째로 '매력적이고 문턱 낮은 물리적 공간'을 말한다. 센터 공간은 이러한 가치를 바탕으로 하기 때문에 학생들에게 언제나 문이 열려 있을 수 있고, 교장·교사·학부모 등 모두가 들어올 수 있다.

청소년 중심의 마을 공간은 어떻게 운영되는가?

1. 매력적이고 문턱 낮은 물리적 공간

2. 공간을 사랑하고, 자신 삶의 주인이 되려는 청소년과 모임

3. 청소년과 공간을 사랑하며, 함께 돌보고, 지켜 주는 둘레사람들

4. 좋은 서비스를 넘어 만남과 관계 짓는 일꾼.

　공간+청소년+둘레사람+일꾼

더 많은 일을 하는 게 아니라 사람들이 공간에 주인 되도록 초대하는 것. 그들이 서로 연결되도록 하는 것. 서로에게 좋은 영향을 끼치는 존재라는 것을 알게 하는 것. 소중한 것들을 함께 만들고 지켜 가는 것. 강민규 센터장 SNS, 2020

(나) 학교와 지역사회 연계를 통한
활동 프로그램 운영의 변화와 노력

라온중 자유학기(년)제 운영과정에서는 학교와 지역사회 연계를 통한 활동 프로그램 운영의 변화와 노력이 나타났다. 먼저 변화 측면에서 살펴보면, 센터는 활동 프로그램 운영을 통해 학생들이 다양한 주제를 접해 볼 기회를 가질 수 있고, 학생들에게 의미 있는 경험을 제공해 주는 것에 대한 긍정적인 인식과 학교 교사의 호의적인 인식의 변화를 경험했다.

교사는 지역사회와 연계한 활동 프로그램을 통해 다양한 콘텐츠를 구성할 수 있으며, 교과와 연계할 수 있는 진행이 가능했다고 말한다. 이러한 활동 프로그램에 참여한 학생들은 더 다양한 시설과 내용 그리고

재미있는 활동을 할 수 있어서 기억에 남는다고 말한다.

학교와 지역사회 연계를 통한 활동 프로그램은 초기에 마을활동가의 교육 전문성, 운영 가능성, 학교 밖 활동에 대한 안전 우려, 교과와의 연계 가능성 등에 대한 의문과 문제가 제기되기도 했다. 하지만 학생들은 실제 활동 프로그램이 운영되는 과정에서 위와 같이 긍정적인 변화를 경험한 것으로 나타났다.

다양한 어른들의 이야기를 학교 측에서는 학생들에게 해 줄 수 있었던 것이 좋았고, 학생들 입장에서도 한 가지 주제보다는 다양한 주제를 접할 수 있어서 재미있게 할 수 있었다는 장점이 있었어요. _최혜정, 센터 선생님

학기 중에 체험 프로그램을 진행하면서 2018년도에는 1학년의 연속선상에서 3학년 아이들도 숲 체험, 역사 체험을 운영하는 프로그램을 했는데, 무리가 없는 것이 문화해설사 5명이 함께 하셨어요. (중략) 아이들의 다양한 체험활동을 교과와 연계하여 진행할 수 있는 프로그램을 지원해 줬어요. _이지혜, 교사

학교나 센터나 가정이나, 이런 시설들이 협력해서 더 좋고 많은 시설을 경험시키는 것이 필요할 것 같아요. (중략) 실제로 이번에 자유학기(년)제 활동하면서 학교랑 다른 곳이랑 연계해서 하니까 학교보다 경험할 게 더 많았어요. _강우영, 라온중 학생

자유학기 활동 프로그램은 재미가 있어야 기억에 남는데 그런 기억이 많지는 않아요. 그래도 그중에서도 보자면, 라온청소년문화센터 1층 꽃다방에서 운영했던 바리스타 체험 프로그램이 제일 기억에 남아요. _안준혁, 라온중 학생

노력 측면에서 살펴보면, 활동 프로그램과 교과와의 연계를 위한 노력, 소통을 위한 노력 등이 있다. 라온중은 2018학년도에 지역사회와 연계하여 자유학기(년)제 활동 프로그램을 계획한 경험이 있다. 2019학년도에는 활동 프로그램의 계획 과정에서부터 지역사회, 가정과 함께 협력하고자 했다. 이 과정에서 활동 프로그램과 교과와의 연계를 위한 노력이 나타났다.

저희도 19년도에 할 때 담당 교사 선생님이랑 마을 강사분이랑 센터 선생님이랑 다 같이 이야기하는 일을 좀 더 질적으로, 좀 더 교과랑 연계해서 하는 방안을 세우고자 했는데 쉽지 않았어요. (중략) 이러한 과정이 있었기에 그래도 지금의 활동을 할 수 있었던 것 같아요. _최혜정, 센터 선생님

학교와 지역사회 연계과정에서는 활동 프로그램 운영에 참여했던 지역사회 구성원이 허락 없이 학교에 들어가는 일이 발생하는 등 몇 가지 문제가 발생했다. 그 과정에서 학교·지역사회·가정 간 연계를 지속하기 위한 의사소통의 중요성과 필요성이 대두되기도 했다.

계속 (연결고리가) 생기게 되더라고요. 그게 센터장님이 되기도 하고 센터가 될 수도 있고 학교가 될 수도 있고 해서 유기적으로 되는 것 같은데. 가장 중요한 것은 소통이에요. (중략) (센터장님이) 절대 기분 언짢다 하지 않으시고 수용하고 소통해 주시더라고요. 그래서 감사해요. 앞으로도 이런 소통이 잘 이루어져야 하겠죠. 무척 중요해요. _김초원, 교사

5) 변화와 노력을 도운, 라온동 지역교육력

라온중 자유학기(년)제 운영과정에서 변화와 노력을 도운 것은 라온동 지역의 교육력이다. 지역교육력은 작지만 실천 중이었던 학교와 지역사회 연계의 움직임, 센터가 보여 준 역할, 센터장의 역할이 보여 준 교육력 등을 통해 살펴볼 수 있다.[12]

(가) 작지만 실천 중이었던 학교와 지역사회 연계의 움직임

라온중에서는 기존의 실천 중이었던 학교와 지역사회 연계의 작은 움직임이 있다. 라온중이 자유학기(년)제 연구학교로 지정된 2014년 전부터, 지역사회는 이미 학생들의 진로체험 수업을 진행했다고 말한다.

자유학기(년)제를 하기 전부터, 다른 학년 아이들의 시험 기간에 1학년 아이들이 시험을 안 보기 때문에 진로체험을 오기 시작

----

12. 이 글은 '센터가 보여 준 역할'과 '센터장의 역할이 보여 준 교육력'을 구분하여 이야기한다. 그 이유는 이 책을 저술하기 위해 수집한 이야기에서 센터장에 대한 언급이 많아 등장하여 강조할 필요성에 따른 것이다. 따라서 이 책에서는 센터와 센터장을 동일시하기보다는 조직 차원과 리더 차원으로 구분하여 이야기하고 있다.

했었어요. 아이들은 자연스럽게, 이곳에서 바리스타 직업군을 소개해 주는 공간으로 이미 자리를 잡았던 찰나에 자유학기(년)제가 들어오면서 자연스럽게 2018년도에는 바리스타 직업군에 대한 체험도 하고 직접 음료도 내려 보고 커피에 대한 얘기도 하면서 아이들을 접했어요. 조금 디테일하게 접근할 수 있었던 게 뭐였냐면 이 아이들이 오는데 친구의 엄마가 바리스타 교사로 있는 경우가 생기는 거죠. _박지영, 마을활동가

초창기(2014년 연구학교)에는 마을공동체 활동이 굉장히 많이 연계가 될 수 있었어요. 그래서 다양한 예술 프로그램과 그것만이 아니라 연계해서 프로그램 한 파트를 (지역사회에서) 운영해 주셨죠. (중략) 그렇게 시작되었기에 우리 학교가 처음에 진행하는 데 많은 역할을 해 주셨어요. (중략) (지역사회에서) 단기성 프로그램에 대한 장소 소화가 가능해지고, 동아리도 지원해 주세요. _김초원, 교사

많은 지역사회 구성원들은 라온중이 자유학기(년)제를 원활하게 운영할 수 있었던 요인으로, '준비된 주민조직'[13]을 말한다. 라온중은 준비되지 않은 상황에서 자유학기기(년)제를 운영하기 시작했다. 이때 주민조직은 학교의 자유학기(년)제 활동 프로그램 진행을 지원하여 어렵지 않게 운영될 수 있었다. 오늘날 주민조직은 교육 전문성을 담보할 수 있는 교육팀을 만들고 체계적으로 운영되고 있어, 학교의 든든한 지원군 역할

----

13. 준비된 주민조직은 마을활동가들로 구성된 소식 및 단체를 의미한다.

을 하고 있다.

　자유학기(년)제를 처음에 한다고 했을 때 학교도 준비가 안 되어 있었고, 그런데 마침 마을은 이걸 의도하지는 않았지만 이미 준비된 주민조직이 있는 거예요. (중략) 그런데 저희도 준비가 안 된 상태였는데, 처음 할 때 제가 PPT를 만들어서 자원 활동가들과 전체교육을 했어요. (중략) 지금은 교육팀이 만들어지면서 더 체계화된 것 같아요. _정명숙, 마을활동가

　이러한 변화와 노력은 지역사회와 마을활동가들의 끊임없는 학교 활동의 참여를 통해서 이루어진다. 그 결과 이제 학교는 자유학기(년)제 운영이라는 숙제를 지역사회 및 마을활동가들과 함께한다. 즉 준비된 주민조직을 바탕으로 한 라온동의 지역교육력이 학교·지역사회·가정 간 연계를 통해 교육공동체를 형성하는 데 틈을 만들기 시작한 것이다.

　현재, 센터와 마을활동가는 무척 잘하고 있다고 생각합니다. 닫혀 있는 학교의 문을 끊임없이 두드리고 관심을 마을로 이끌어 내는 역할을 꽤 잘하고 있기 때문이죠. 아이들과 만나면서 청소년 시기의 특징들에 대해 공부하고 소통해 가는 모습들이 좋아요. 중학생은 기적을 부르는 나이가 맞는다는 생각을 했어요. 아이들과 함께 걸으며, 활동하며 그 속을 들여다보는 재미도 있었고요.
_장혜원, 학부모·마을활동가

(나) 센터가 보여 준 역할

라온중 자유학기(년)제 운영과정에서는 센터의 역할이 중요하게 나타났다. 센터는 공공기관이라는 위치와 역할에 따라, 자유학기(년)제 활동 프로그램이 운영되는 과정에서 학교와 협력적 관계를 형성하는 데 다른 주민조직 및 단체보다 수월한 측면이 있다. 라온센터가 그 역할을 적극적으로 수행했으며, 다양한 교육공동체 주체들의 참여를 도모했다.

공터는 라온 꿈마을 공동체, 협동조합, 마을해설사, 책방 등과 공동으로 자유학기(년)제 프로그램을 구상하고, 라온중학교와 협의로 진행하고 있습니다. 센터에서는 (자유학기 활동 프로그램을) 3명의 선생님에게 공동 기획을 하도록 했습니다. 진로교육 담당자, 청소년 공간 담당자, 도서관 담당자를 설득했고, 전체적인 진행은 진로교육 담당자가 중심에 서게 했어요. 마을과 연계된 교육 활동을 구상했고, 국어과, 사회과 시간과 연계된 자유학기 프로그램을 구상했습니다. 프로그램의 전체적 흐름은 센터가 이끌기로 하지만 매시간마다 체험의 내용과 전달자, 공간 등이 바뀔 수 있도록 해서 우리 마을 사람들의 다양한 삶의 모습을 엿보고, 자신의 뿌리인 고장을 이해할 수 있도록 했습니다. 놀이, 바느질, 마을 여행, 책 만들기 등으로 청소년의 흥미도 고려했고요. _강민규, 센터장

어쨌든 라온동에서 학교랑 지역사회랑 가정이 연계해서 자유학기 (년)제 활동을 한 것이 성공적이었다고 볼 수 있는 것은, 제일 중요한 것은 센터가 그런 역할을 잘했기 때문이죠. _지상준, 지역신문 기자

센터는 마을활동가를 모이게 하고 교육자원으로 성장하는 것을 지원한다. 특히 센터는 마을활동가들이 하기 어려울 수 있는 행정적·재정적 지원 방안을 모색하여 지원하고 있다. 그리고 센터는 무엇보다 활동을 하고자 하는 주민들이 모일 수 있는 환경과 모였을 때 활동할 수 있는 가능성과 기회를 만들어 주는 역할을 했다고 말한다.

행정적인 걸 센터가 해 줘요. (중략) 사실 우리는 센터 선생님들이 중간역할을 많이 해 주기 때문에 좀 편한 입장이죠. (중략) 센터의 역할이 마을활동가의 활동력, 교육력의 원동력이 된 거죠. 프로그램을 진행하는데, 센터가 있어서 일단 우리가 이런 걸 하겠다고 하면 아유 선생님, 하십시오, 하고 적극적으로 밀어주고, 공간이 있고, 또 여기는 친구들이 많이 오니까, 모집하기가 좋잖아요. (중략) 그런 면에서는 센터가 하는 역할이 제일 크다고 봐야죠.

_김순금, 마을활동가

운영과정이 학교랑 센터, 가정이 연계해서 이루어지고 있는 건데, 학부모님들이 마을활동가이시기도 하고, 연계되고 있는 것도, 이 그림이 분명히 다른 지역은 비교를 하자면, 안 되는 경우가 굉장히 많이 있거든요. (중략) 솔직히 학교의 의지만으로는 마을활동가들을 끌어올 수 없어요. 왜냐, 마을활동가들 관리를 하는 게 아니거든요. 센터를 기점으로 해서 스멀스멀 모일 수 있는 곳이 있다는 거. 다른 학교들은 (없어서) 아쉽겠다고 느낌이 드는 것 중 하나가, 이런 센터가 없기 때문에 하고 싶어도 할 수가 없겠다는 거예

요. _박지영, 마을활동가

일반적으로 지역사회 구성원은 학교 문턱은 높지만, 센터 문턱은 낮다는 인식을 하는 것으로 나타났다. 그래서 센터는 학부모나 주민이 쉽게 접근할 수 있는 장점이 있다. 라온센터는 이러한 장점을 활용하여 다양한 지역사회 구성원들과 관계를 맺고, 학교와 연결시켜 주는 다리 역할을 하고 있다. 또한 라온센터는 마을활동가 개인 또는 단체로는 작게 나타날 수도 있는 연계와 변화를 끌어올려 크게 만들어 주는 마중물 역할을 한다.

라온센터는 지역의 다양한 주민들과 관계 맺고, 학교와의 연결에 중간자로서 거들고, 조정하는 역할을 할 수 있다고 봐요. 지역이 준비되지 않은 채 학교와 만나게 될 때 어려움이 있는데 저희가 거들면 어려움이 적어질 것이거든요. _강민규, 센터장

학부모 입장에서는 우선 학교에서 센터랑 연결이 되어 있으니까, 이런 활동에 대해서 센터가 홍보를 하거나, "학교는 이런 걸 합니다, 센터는 이런 걸 합니다"라고 말해 주고. 아니면 지역 축제가 굉장히 많잖아요. 그런 것을 학교가 같이 운동장을 오픈했습니다, 하면 무언가 연결되어 있다는 걸 보여 줄 수 있는 거죠. 그러면 학교 문턱은 높지만, 여기(센터) 문턱은 낮으니까 이를 통해서 학부모도 학교에 들어갈 수 있게 되는 거죠. _이수진, 학부모

(다) 센터장의 역할이 보여 준 교육력

학교장 인식의 중요성과 같이, 센터장의 역할 및 인식 또한 매우 중요하다. 특히 앞서 언급한 바와 같이, 센터와 센터장을 분류하여 소주제로 제시한 것은 구성원들 사이에서 센터장의 역할, 태도, 리더십 등에 대한 다양한 이야기가 수차례 언급되었기 때문이다.

센터장의 역할이 보여 준 교육력은 크게 마인드와 태도, 학교·지역사회·가정 간 연계에서 나타난 역할, 지역사회 구성원을 참여의 장으로 끌어들이는 리더십 등으로 살펴볼 수 있다. 먼저, 센터장의 마인드와 태도는 교사와 학부모의 인식에서 매우 긍정적으로 나타났다. 교사는 사전 협의 과정과 타 기간과의 부정적인 협의 경험을 통해, 센터장의 마인드와 태도의 중요성을 인식할 수 있었다고 말한다. 학부모는 자신의 이야기를 센터장이 잘 들어주고, 또 실제 반영이 되는 경험을 하게 해 주었다면서, 이후 적극적으로 참여할 수 있었다고 말한다.

가장 중요한 것은 정말 리더의 마인드예요. 센터장님이 오셔서 당신들이 해 줄 수 있는 것에 대한 사전 협의나 소개와 같은 것들이 미리 형성되어 있어서, 타 기관에 대한 배척감 없이 진행될 수 있었던 것이 라온동의 특징이에요. 그리고 학부모님들의 특징이 남달라요. 여기 우리 학부모님이신데 저기 센터에서 활동하고 계시는 거예요. 그런 분이 점점 많아지시더라고요. 그러다 보니 내 아이가 학교에서 하는 활동을 저기(센터)에서 연계해서 하는 거예요. 그런 걸 센터장님이 연결해 주시는 거죠. _김초원, 교사

저는 직장을 다니면서 노원구에 오게 됐는데, 처음에는 몰랐었는데, 너무나 이상적인 이야기이기는 하지만, (여기처럼) 교육공동체를 구성하면 정말 원활하게 돌아가고, 자원을 이용하고 하나하나씩 이루어 내는 것 같아요. (중략) 저희가 자유학기(년)제 초기에 잘 이루어 낼 수 있었던 것은 센터장님의 역할이 컸다는 것을 알 수 있어요. _이지혜, 교사

그 사람의 (센터장님의) 자세는 "어서 오세요, 감사합니다, 저희가 피드백을 해드리겠습니다"라고 했는데, 그 경험을 한 사람들이 모여서 일을 만드는 거죠. (중략) "당신도 할 수 있고 당신이 하셔야 해요, 당신은 중요한 사람입니다, 당신은 라온중에 들어가서 충분히 무언가를 할 수 있는 사람입니다"라는 메시지를 계속 보내는 거예요. (중략) 그 오픈되어 있는 마인드를 가진 센터장님이 있으니까 가능했을 거예요. _이수진, 학부모

학교·지역사회·가정 간 연계에서 나타난 센터장의 역할과 리더십은 연결자이다. 센터장은 학교와 지역사회를 연결하고, 가정을 지역사회·학교와 연결하는 역할을 한다. 학부모이자 마을활동가의 말을 그대로 인용하면, 그를 '유비劉備 같은 존재'라고 비유한다. 사람들이 모여서 어떻게 해야 할지 고민하고 있으면 나타나서 길을 만들어 주고, 연결을 시켜 주는 역할을 한다는 의미이다. 이러한 리더십이 지역사회 구성원들을 참여의 장으로 끌어들였다.

센터장님은 약간 유비 같은 존재예요. 마을공동체에서 사람들을 모아요, 자원을. 그리고 사람들이 모여서 이렇게 하자 저렇게 하자 하는데, 그 길을 만들어 줘요. 통로를. 그래서 교장 선생님도 만나고 거기 지역위원회도 하고, 태릉초, 주변에 태랑중 이런 데를 두드려요. 다리를 만들면 거기에 할 일이 많은 마을공동체 사람들이 학교로 들어가는 거예요. _이수진, 학부모

센터장은 라온중학교 운영위원이기도 해요. 교장 선생님과 라온중학교 구성원 중 일부가 센터의 활동을 알고, 신뢰를 보내고 있는 분들이 계셨고, 학부모님들도 응원해 주었어요. (중략) 주민들이 학교와 함께 해 보고 싶은 일이 있을 때 누구를 만나야 하는지 그 처음이 쉽지 않았어요. _강민규, 센터장

다. 틈이 모여 만들어진 변화의 '문'

틈이 모여 만들어진 변화의 '문' 이야기는 라온중에서 자유학기(년)제 정책을 시행한 후에 나타난 변화 모습을 담고 있다. 변화는 크게, '교육공동체(학교·지역사회·가정)에 관한 인식과 발견', '교육공동체를 통한 채움', '교육공동체에 의한 움직임의 확대', '교육공동체를 위한 지속성의 고민' 등의 이야기로 살펴볼 수 있다.

1) 교육공동체(학교·지역사회·가정)에 '관한' 인식과 발견

라온중에서는 자유학기(년)제가 운영된 후, 교육공동체(학교·지역사회·가정)에 관한 인식과 함께 다양한 현상이 발견되었다. 발견한 내용을

살펴보면, 주로 학교·지역사회·가정 간 연계에 대한 주체의 인식 확장, 지역사회에서 중요한 학교의 가치 발견 등이다.

교육공동체에 관한 인식과 발견은 자유학기(년)제 정책 시행 전과 후를 비교했을 때 상당한 차이를 보인다. 특히 학교·지역사회·가정 간 연계를 통해 운영된 자유학기(년)제 활동 프로그램에 직간접적으로 참여한 주체들은 교육공동체에 관한 인식과 발견에서 뚜렷한 변화를 보여준다.

(가) 학교·지역사회·가정 간 연계에 대한 주체의 인식 확장

라온중 자유학기(년)제 운영과정을 통해, 학교·지역사회·가정 간 연계에 대한 주체의 인식이 확장된 것으로 나타났다. 인식의 확장은 교육공동체 주체의 인식과 학교에 대한 인식, 그리고 함께 성장하고 수혜를 받는 인식 등에서 일어나고 있다.

구체적으로 살펴보면, 먼저 교육공동체 주체의 인식은 학교·지역사회·가정 간 연계를 통해 운영된 활동 프로그램을 경험한 마을활동가, 학부모, 센터 선생님, 학교 교사 등의 주체가 인식의 변화를 스스로 깨닫고 있다는 특징이 있다.

특히 라온동은 외부에서 탐방도 오고 서울시로부터 상도 받으며, 좋은 평가와 사례 지역으로 널리 알려져 있다. 이에 학부모들은 라온동에서 교육공동체를 경험하고 참여하면서, 이러한 환경 자체가 일상이기 때문에 좋은지도 모르면서 누렸다고 말한다.

자유학기(년)제를 통해서 활동가분들도 그렇고 센터 선생님도 그

렇고 학교 선생님도 그렇고, 다 조금씩 인식이나 경험이 바뀌기는 한 것 같아요. _최혜정, 센터 선생님

라온동에 속해 있는 저는, 이게 잘 이루어지고 있는지 몰랐어요. 지금 와서 다른 (학부모님) 사람들 이야기를 들어 보니까 알게 되는 거예요. 내가 경험하고 있는 것이 교육공동체이고, '이게 이루어지고 있는 곳에서 살고 있고 같이하고 있어서 다행이다' 하고요.

_유혜원, 학부모

우리는 이 공동체 안에 있기 때문에 이게 당연하다고만 생각했지, '아, 우리가 좋은 환경이었구나', '우리 아이들도 좋은 교육 환경에서 자라고 있구나'라는 생각은 못 하고 있다는 생각이 들었어요. (중략) 다른 지역에서 탐방을 많이 오더라고요. 서울시에서 상도 받고 해요. 센터가 있는 것은 행운이에요. _박지윤, 학부모

학교에 대한 인식 또한 확장된 것으로 나타났다. 지역사회 구성원들은 그동안 학교 밖에서 안으로 개방과 참여를 요구한 차원을 넘어, 학교 안에서 밖으로 문을 열어야 한다는 인식의 변화를 말하기도 한다. 지역사회와 마을활동가들을 통해 만들어진 지역교육력과 학교와의 관계를 고려했을 때, 이미 학교 안으로 들어갈 가능성은 높다고 인식하는 것이다. 향후 자신들이 해야 할 일은 직접 학교 안으로 들어가서 문을 열어주어야 한다고 말한다.

이와 함께 학교는 연결의 대상이 아닌 연결자가 되어야 한다. 교육공

동체 주체들은 학생들이 원하는 교육을 구체적으로 물어보고 실천 방안을 마련하기 위해 지역사회에 찾아가 연결하는 것이 학교의 역할이라고 말한다. 즉 학교에 대한 인식이 지난 학교 중심주의에서 나아가, 학교와 지역사회를 동등한 관계로 보고, 이러한 관계의 변화에 따라 학교의 역할도 변화해야 한다는 것을 의미한다.

한편 라온중 교장은 교육의 3주체를 '교사, 학생, 학부모'에서 '교사, 학생, 지역사회'로 넓게 보는 인식의 전환이 필요하다고 말한다.

학교에 관심을 가지고 운영위원회를 하고자 하는 마음은 있어요. 그런데 잘 모르니까 또 혼자 하기는 힘드니까. 그래서 센터에서 열심히 일하시는, 참여하시는 분들이 센터에서만 하지 말고 학교에 들어와서, 그러니까 밖에서 문을 두드리지 말고, 내가 학교로 들어가서 문을 열어 주는 역할을 해 주셨으면 좋겠다는 생각을 해요.

_유혜원, 학부모

이제 학교교육의 3주체는 교사, 학생, 그리고 지역사회이니까. 그리고 학생이 학교의 주인이 아니라, 학교의 주인은 교사예요. 교사가 중심이 되어 학교체제를 구축해야 하는 것이죠. 교사가 중심이 되어 좋은 수업을 운영해야 학생도, 학부모도 학교교육에 만족하는 거고. 그래서 교사는 학교만이 아니라, 학교가 속한 지역사회의 인프라도 알아야 하는 거예요. 그래야 학생의 학습 지도가 가능한 거고. _김관홍, 교장 지역사회 구성원들의 인식 확장은 단순한 참여나 연계가 아닌, 참여를 통해 함께 성장하고 수혜를 받는 인식으로 이어진다. 그들은 자유학기(년)제 운영이 잘 이루어지면, 지역사회와 가정이 내적·외적으로 수혜를 받는 것과 함께, 학교 구성원인 교장, 교사 등도 자유학기(년)제 운영성과에 대한 인정을 받을 수 있는 수혜가 필요하다고 말한다. 또한 교육은 학교에서만 이루어지는 것이 아니라 학교·가정·지역사회 모두에서 이루어지는 것인 만큼, '함께'라는 마음이 가장 앞장서서, 서로 이해하고 노력해야 한다는 인식이 중요하게 나타난다.

담당했던 선생님들한테 플러스알파를 줘야 해요. 성과에 대한 것들은 인정해야 하는 거예요. (중략) 성과를 지역사회도 가져가지만, 학교도 충분히 가져갔다는 느낌을 받을 수 있도록 해야 할 것 같아요. _정명숙, 마을활동가

제가 교육팀장이어서 더 열심히 하는 것도 아니고 정해진 교육이기에 단순히 따르는 마음도 아니에요. '함께'라는 마음이 가장 앞장서야 한다고 생각해요. (중략) 교육공동체는 단순히 정보를 제공하는 곳이 아니라, 마음을 나누고 의견을 나누고 생활을 나누는 곳이니까. 아이들에게 마을교육공동체는 그런 따뜻한 곳이 되어야 한다고 생각해요. _유예은, 학부모·마을활동가

(나) 지역사회에서 중요한 학교의 가치 발견
라온중의 자유학기(년)제 운영과정은 지역사회에서 학교의 가치를 발

견할 수 있는 계기가 되었다. 학교는 자유학기(년)제 운영과정에서 지역사회 및 가정과 연계를 통해 교육 운영에 대한 다양한 인식을 할 수 있다. 구체적으로는 학교가 지역사회 사람들을 모이게 하고 교육 담론을 만들어 낼 수 있는 곳으로 적절하다는 인식이다. 이는 학교가 마을과 연결되어 있다는 것을 바탕으로 한 접근이다. 또한 학교는 센터에서 진행하고 있는 활동 프로그램을 학교로 끌어와서 학생들의 참여를 도모하고, 활동 프로그램 내용 및 운영에 적극적으로 참여하고 있음을 보여준다.

이미 학교가 지역에 끼치고 있는 긍정적 요소들이 있거든요. 이를테면 (학교는) 수많은 사람이 모이고, 담론을 만들 수 있는 곳이지요. 자유학기(년)제를 통해서 지역의 숨은 장점을 찾아내서 재해석하고, 변화를 만들어 낸다면 지역은 활력에 찰 수 있을 거예요.

_강민규, 센터장

센터와 소통하면서 개별 학생들이 알아서 찾아가는 것이 아니라 센터의 프로그램을 학교로 끌어와 학생들이 단체로 참여하는 형태로 변하게 되었습니다. 이로 인해 더 많은 학생이 센터를 알게 되었고 센터의 활동에 개별적으로 참여하는 비중도 늘게 되었지요. (중략) 센터에서 다양한 활동을 하고 있는 학부모님들과도 좀 더 밀접한 연계가 이루어질 수 있었습니다. _전수영, 전 교장

교육 공동체 주체들은 학교가 교육공동체의 중심이 되어서 지역사

회 및 가정과 함께해야 하는 필요성과 가치를 말한다. 즉 학교·지역사회·가정 간 연계에서 교육을 중심으로 한 교육공동체는 학교가 주축이 되어야 할 필요가 있으며, 학교가 지역사회와 가정의 참여를 확대함으로써 교육공동체를 의미 있게 실현시키고 확산 가능성을 더욱 높일 수 있다는 것이다. 한편 학교장은 학교에서 지역사회와 가정을 대상으로 교육을 진행함으로써, 학교와 교육정책에 대한 교육공동체 주체들의 이해 및 참여를 도모해야 한다는 생각을 말하기도 한다.

학교와 지역사회와 가정이 연계되려면, 학교가 주축이 되어야 해요. 왜냐하면 전체적으로 아이들을 컨트롤할 수 있는 곳은 학교밖에 없으니까요. 학교가 주축이 되어서 센터가 여유가 없다고 한다면 그런 시스템 구축은 학교에서 해야겠죠. 전 자원을 모아서요.

_유혜원, 학부모

학교가 지역의 교육력 신장, 교육 풍토 개선, 교육생태 만들기 등의 상위 목적을 지닌다면 좋겠어요. _강민규, 센터장

특히 초·중학교는 마을과 가까이 위치해 있으므로 마을 주민의 참여를 확대하는 것이 좀 더 의미 있고 쉬울 거라는 생각이 들어요. 마을 역시 학교를 중심으로 할 때 공동체를 형성하기가 더 쉽지 않을까요? 우리 마을을 채워 줄 학생을 가르치는 학교를 중심으로 모이는 마을공동체. 그 속에 당연히 가정은 포함이 되겠지요.

_전수영, 전 교장

학부모와 지역사회가 인식을 공감할 때 극대화되는 거예요. 저는 전 학교에 있을 때 스스로 학교에 대한 이해를 위해 PPT를 2시간 반 정도를 설명했어요. 각 활동이 아이들의 어떤 것을 기르는지, 쭉 설명을 해요. 학부모 회의로 모일 때 가서, 변화도 설명하고 가정통신문도 보냅니다. _김관홍, 교장

이렇듯 라온동 지역사회에서는 학교의 존재에 대한 인식과 가치를 발견할 수 있다. 특히 인식과 가치는 라온중의 자유학기(년)제 운영과정에서 나타난 교육공동체 형성과정을 발견하고 이해하는 과정에서 나타났다. 위 내용은 결국, 지역사회에서 학교의 존재 가치를 발견하자는 의미로 귀결될 수 있다. 즉 교육공동체는 교육을 중심으로 이루어지기 때문에 학교의 역할이 중요하며, 학교는 경계를 넘어 지역사회에서 그 존재의 가치를 재발견할 필요성을 보여 준다.

학교는 자기가 자리하고 있는 위치에서 어떤 위상이 마을 안에서 있다는 것을 인식하는 것이 중요하다고 생각해요. 기업조차도 그래야 하거든요. 그런데 학교는 더 말할 필요도 없죠. 지역 내에 학생이 있고, 학교 존재 이유 자체가 지역이잖아요.

_지상준, 지역신문 기자

학교 구성원들이 미래교육에 대한 성찰과 교육철학이 있었으면 해요. 다양성의 시대라고 하잖아요. 다양성을 받아들이려면 개방성이 필요해요. 학교는 어쩔 수 없이 폐쇄적일 수밖에 없는데요. 담당

하는 교사, 학교장이 적극적으로 방향을 제시하고, 주민들과 지역 공동체를 초대해 가야 한다고 생각해요. _강민규, 센터장

2) 교육공동체(학교·지역사회·가정)를 '통한' 채움

라온중에서 자유학기(년)제가 운영된 후, 교육공동체(학교·지역사회·가정)를 통한 학교교육의 채움 현상이 나타났다. 학교교육이 가진 한계는 교육공동체의 변화와 노력에 의해 대안을 찾을 수 있는 것이다. 구체적인 사례로는 학교에서 부족한 교육이 지역사회 및 가정을 통해 채워지거나, 교육공동체에서 이루어진 학생의 배움 등에서 살펴볼 수 있다.

(가) 학교에서 부족한 교육은 지역사회·가정에서 채우기

라온중 자유학기(년)제 운영과정에서는 부족한 교육자원이 지역사회로부터 채워지는 현상이 발견된다. 학교교육은 자유학기(년)제가 운영되는 과정에서 학생 개개인에 대한 접근, 다양성, 지역성, 연속성 등의 한계를 가지게 되는데, 이러한 한계가 지역사회·가정과의 연계를 통해 보완되는 것이다.

구체적으로 살펴보면, 마을활동가는 학교 교사가 할 수 없는 학생 개개인에 대해 접근을 하고 있다고 말한다. 자신들은 마을활동가이자 학부모이기 때문에, 말썽을 피우는 학생들을 감싸 주고 안아 주는 역할, 학생 개개인과 감정적인 교류를 하는 역할 등을 할 수 있는 것이다. 한 학급당 평균 25명의 학생이 있다고 했을 때, 한 명의 교사가 모든 학생의 정서적인 부분을 채울 수 없는 것은 당연한 것이고, 부족한 부분을

마을활동가가 채워 주는 것이다. 따라서 자유학기(년)제 활동은 단순히 단편적인 수업의 형태로만 진행되지 않는다. 지역사회와 가정의 참여로 학교 안에서 다양한 형태의 배움이 이루어지고 학교의 한계가 보완된다는 것을 알 수 있다.

> 마을활동가의 역할이라고 하면, 제일 중요한 게 학교 선생님이 하지 못하는 부분을 우리가 하는 거잖아요. (학생들이) 학교 선생님한테서 느끼지 못하는 거. 사실 우리는 어찌 보면 학부모 같은 역할, 한편으로는 그거보다는 학부모와 선생님의 중간역할.
>
> _김순금, 마을활동가

학교는 한정된 교육자원(교사, 공간 등)을 가지고 있다. 자유학기(년)제를 운영하는 많은 학교에서 말하는 고민은 학생들에게 다양한 활동 프로그램을 제공하지 못하고 있다는 것이다. 라온중 사례는 이러한 문제가 학교·지역사회·가정 간의 연계를 통해 해소되며, 지역사회와 가정이 참여하는 과정에서 자연스럽게 교육 내용의 지역성이 나타나는 등의 긍정적인 영향을 보여 준다. 또한 교육이 학교 안에서만 이루어진다면, 학기·학년을 기준으로 단편적인 운영이 될 가능성이 있지만, 지역사회·가정과 함께 이루어지기 때문에, 학교 밖에서도 교육이 연장되는 연속성이 발견되기도 한다.

> 아이들이 다양하게 볼 수 있고 이렇게 시야가 넓어지는 역할을 하는 게 지금 자유학기(년)제라고 생각해요. (중략) 사실 아식은 아

이들이 한 곳만 보는 거고, 그 시야를 넓혀 주는 역할을 하는 거는
정말로 학교 안에서는 이루어질 수 없잖아요. _박지영, 마을활동가

지역사회에서 함께 고민하고 협력한다면 손쉽게 갈 수 있다. 멀리
서 유명한 강사를 부르는 것보다 가까운 동네에서 자주 마주칠 수
있는 강사들이 오히려 정감이 간다. 궁금하거나 전문적인 상담 또
한 비교적 쉽게 진행할 수 있다. 진로·직업에 정조준해서 선택하고
경쟁하는 것이 아니라 긴 시간 동안 보고, 듣고, 직접 해 보는 과정
에서 자기 삶을 설계하고 축적해 나가는 과정이 필요하다. 그 과정
은 오랜 시간 축적되었던 노하우들이 있는 지역 기반의 청소년센터
가 유리하다. _2018 라온중 자유학기(년)제 수업 운영 계획서, 라온센터

라온중은 학교가 스스로 연계 및 협력에 개방적이고 협력적이라면,
언제든지 지역사회 및 가정과 함께 교육을 고민하고 소통할 수 있음을
알게 되었다. 그 결과 학교에서는 이를 적극적으로 활용하는 움직임이
나타났다. 학교는 교육에서 부족한 부분을 보완하기 위해, 지역사회·가
정과 연계하여 운영할 수 있는 프로그램과 효과적인 진행 방안을 적극
모색한 것이다.

초창기에는 지역사회 단체에서 학교 측에 라온센터 소개 차 담
당 부서에 직접 연락을 취하기도 했다고 들었습니다. (중략) 교사들
이 라온센터에 대해 알게 되는 상황은 라온중학교에 근무하게 되
면서, 학생들이 라온센터를 활발하게 이용하는 실태를 파악하며 대

부분이 알게 된다고 해요. (중략) 학교는 학교, 학생, 지역사회의 상황을 파악하여 지역사회와 연계해 운영 가능한 프로그램의 효과적인 진행 방안에 대해 모색하는 거지요. _김관홍, 교장

(나) 교육공동체(학교·지역사회·가정)에서 이루어진 학생의 배움

라온중에서는 자유학기(년)제 운영과정을 통해 교육공동체 형성과정과 학생들의 배움을 발견할 수 있었다. 내용은 크게 교육공동체를 경험한 학생의 성장, 배움의 공간, 배움의 내용 및 과정 등으로 구분하여 살펴볼 수 있다.

먼저 교육공동체를 경험한 학생의 성장은 활동에 적극적이고 긍정적이며 스스로 무언가를 이루어 내는 경험을 의미한다. 한 학부모는 성장한 자녀와 친구들의 모습을 보면서 '라온중 학생들이었기 때문에 가능했다'라고 표현하기도 한다. 더하여 라온중의 자유학기(년)제 활동 프로그램의 발전은 지역의 교육공동체를 통해서 이루어졌기에 가능했던 성장의 모습을 보여 준다.

자유학기(년)제를 경험한 아이들을 지켜보면 스스로 무언가를 하고 자발적인 능력이 굉장히 뛰어난 경우가 많아요. (중략) 라온중 아이들이었기 때문에 가능했다고 생각을 해요. 이렇게 조금이라도 열려 있고, 활동을 경험했으니까, 정말. 자유학기(년)제를 통해서 잠깐이라도 경험한 것들이 있었기 때문에 가능했다고 생각해요. 긍정적인 효과예요. 자유학기(년)제가 준. _박지윤, 학부모

자유학기(년)제를 하면서 마을에서 활동을 자유롭게 했을 때, 학교 안에서보다는 아이들에게 스스로 의사결정을 할 수 있는 능력을 키워 주는 게 좋았어요. (중략) 지금은 작은 움직임이고 변화이지만 나중에는 (학생들에게) 큰 변화 모습을 볼 수 있을 것 같아요. 학교가 지역사회랑 우리랑 같이 연계해서 자유학기(년)제 프로그램 같은 활동을 하면 그런 기회를 주는 거죠. _유혜원, 학부모

'내가 학교에서 이런 점이 불편한데, 이런 거를 바꿀 수 있을까, 없을까'에서부터 교육이 이루어져야 한다고 생각해요. (중략) 자유학기(년)제 활동을 경험한 아이와 못한 아이의 차이가 거기에 있는 것 같아요. _이수진, 학부모

자유학기(년)제 활동 수업을 하는데 우리 수업을 잘 진행하기 위해서 학교나 가정이나 센터가 꼭 필요한 건 '협력'이라고 생각해요. 자유학기 활동을 할 때 우리가 좋은 교육을 받기 위해서는, 학교랑 지역사회랑 가정이 협력해야죠. 같이해야죠. 학교 안에서만 하면 재미도 없고요. 재미있고 다양하게 하려면 협력이 중요한 것 같아요. _박성빈, 라온중 학생

교사는 교육공동체의 의미 중 하나로, 학생들이 안전하게 성장할 수 있는 배움의 공간을 말한다. 이제 학생들도 단순히 학교와 지역사회가 연계했다는 표현보다, '마을의 학교', '마을의 기관(센터)' 등으로 인식하고 있다. 학생들의 배움이 학교·지역사회·가정에서 이루어진다는 것은

라온중과 연계하고 있는 지역사회와 가정의 구성원인 어른들뿐만 아니라 학생들도 인식하고 있으며, 이를 교육공동체라고 말한다.

교육공동체 의미 자체가 아이들이 이 지역에서 편안하게 지낼 수 있는 터전을 만든다는 것이 큰 역할인 것 같아요. (중략) 초창기에는 학교의 연계성을 강조했는데, 요즘에는 아이들이 마을의 학교, 마을의 기관, 이런 식으로 알고 있더라고요. 아이들도 자연스럽게 교육공동체의 의미를 알아 가는 거죠. _김초원, 교사

교육공동체를 통해 이루어진 배움의 내용 및 과정은 지역사회에서 학생들이 삶을 배울 수 있고 지지해 줄 수 있는 어른들과 관계를 맺는 것이다. 한 지역사회 구성원은 배움을 통해 학생들에게 고향을 만들 기회를 주는 것이라고 말한다.

무조건 교육이라고 해서 입시가 아니라, 정말 마을에서 내가 삶을 배울 수 있는, 경험할 수 있는 어른들이 하나, 둘 생긴다는 게 의미가 있다고 생각해요. _강혁, 센터 선생님

나를 지지해 주고 도와줄 수 있는 어른이 우리 주변에 있다는 것. 내가 필요로 했을 때 이용할 수 있는 활동 공간이 있다는 것도 중요한 것 같아요. (중략) 교육공동체 안에서도 그런 것이 중요하다는 생각을 했어요. 아이들이 실질적으로 손을 내밀 수 있는 거죠.

_남윤철, 센터 선생님

3) 교육공동체(학교·지역사회·가정)에 '의한' 움직임의 확대

라온중에서 자유학기(년)제가 운영된 후, 교육공동체(학교·지역사회·가정)에 의한 움직임의 확대가 나타났다. 움직임의 확대는 교육이라는 공통분모를 가진 움직임, 준비된 지역사회와 학교의 자유학(년)제가 만나 열린 교육공동체 이야기 등을 통해 살펴볼 수 있다. 이는 앞서 기술한 교육공동체에 관한 인식과 발견을 바탕으로, 교육공동체를 통한 채움의 결과에 따른 확대 움직임이라고 할 수 있다.

(가) 교육이라는 공통분모를 가진 움직임

라온중에서 자유학기(년)제가 운영되는 과정을 통해 교육이라는 공통분모를 가진 다양한 움직임이 나타났다. 움직임은 크게 자유학기(년)제를 통해 교육을 중심으로 주체가 모이고 효과가 나타나며, 교육이 학교만의 문제가 아니라 모두의 문제라는 인식의 움직임, 효과적인 움직임을 위한 리더의 협력적 관계와 마을활동가 등으로 구성된 풀뿌리 조직의 중요성 등의 이야기를 통해 살펴볼 수 있다.

먼저, 자유학기(년)제를 통해 교육을 중심으로 학교·지역사회·가정 주체의 구성원이 모여 움직임을 만들어 내는 효과가 나타났다. 교육공동체 주체들은 모여서 움직임을 만드는 '연계' 과정을 통해 더욱 유기적으로 연결될 수 있었으며, 이와 같은 변화로 학교 외부의 관심과 참여를 학교 내부로 끌어들였다.

라온중학교는 학교와 센터, 가정의 연계가 비교적 잘되고 있다고 생각합니다. 일단 센터가 가운데에서 중요한 역할을 담당해 주고 있고, 학교도 다양한 분야에 함께하면서 시너지 효과를 낸다고 봅니다. 그런 것들이 자유학기(년)제를 운영하는 데도 영향을 주었고요. 교육을 중심으로 협력을 통해 생긴 시너지 효과가 있어 자유학기(년)제가 가능했던 것 같아요. (중략) 이런 과정을 통해 학교와 지역사회, 가정이 좀 더 유기적으로 연결되겠지요. 그리고 자유학기(년)제가 그런 유기적 연결이 되는 좋은 계기가 되었어요.

_전수영, 전 교장

학교의 자유학기(년)제 운영과정에서 센터와 함께 연계해서 운영했을 때 주었던 긍정적인 영향은 교육공동체의 의미가 학교 안 주체에 국한되는 것이 아니라 지역사회 전체로 확대된 것이죠.

_김관홍, 교장

초기 학교와의 연계는 서비스를 요청하는 학교에 자원봉사 프로그램, 3학년 전환기 프로그램, 부적응 학생 상담과 지도 등으로 협력했었죠. 학교 강당이나 운동장 사용, 센터의 교육 공간 빌려주기 등의 협조도 있었고요. 진로교육, 인성교육이 중요시되고, 라온중학교가 혁신학교로 변화되고, 자유학기(년)제가 대두되면서 조금 더 일상적인 만남과 관계 등으로 발전했습니다. _강민규, 센터장

교육을 중심으로 모여든 교육공동체 주체들은 교육 문제가 학교만의 문제가 아니라 우리 모두의 문제이고 함께 해결해야 하는 과제라는 인식이 형성되어 있다. 이러한 인식을 통해 교육을 주제로 마을 전체를 바

라보고, 다양한 주체의 참여가 이루어지며, 더욱 풍성한 교육을 위한 움직임이 나타났다. 특히 지역사회 구성원은 학생들의 교육을 위해 사람들이 모이기 때문에 이타심을 발현할 수 있고, 협력할 수 있는 동력이 만들어지며, 이러한 특징이 오늘날 라온동 교육공동체가 가능할 수 있었던 힘이라고 말한다.

교육이라는 건 누구 한 주체에 의해서만이 일어나는 게 아니잖아요. 모든 주체들에 의해서 이루어지는 건데. 결국은 교육의 중심은 학교에 있는 거죠. 그러면 학교에서 일하시는 분들이 교육을 주제로 마을 전체를 바라볼 수 있다고 보거든요. _지상준, 지역신문 기자

자유학기(년)제를 통해서 청소년들의 꿈과 끼를 키우기 위해서 좀 더 다양한 교육적 실험이 있었으면 해요. 그 결과로 마을의 교육력이 살아나고, 교육공동체가 필요함을 발견해 가기도 하고, 이미 있는 교육공동체의 힘을 발견해 갔으면 해요. 어느 학교에나 어느 마을에나 숨어 있지만 작동하게 하는 힘과 사람들이 있잖아요. 자유학기(년)제가 마을교육공동체를 바탕으로 할 때 더욱 풍성해지리라고 생각해요. (중략) 이렇게 발견, 발생된 교육공동체로 인해 학교의 교육 다양성은 풍성해지고, 책임은 줄어들 것이라고 생각합니다.
_강민규, 센터장

한편 교육을 중심으로 한 움직임을 위해서는 교육공동체 주체들의 리더라고 할 수 있는 학교장, 센터장, 마을활동가 조직 및 단체장의 협력을

통한 힘이 중요하게 나타났다. 또한 교육공동체 주체들은 리더의 중요성만큼 지역교육력을 지탱하고 있는 마을활동가들로 구성된 풀뿌리 조직의 힘 역시 필요하다고 입을 모아 강조한다.

학교장, 센터장, 마을활동가 조직 및 단체의 장, 이 리더 세 명만 뭉쳐도, 이미 주민들은 다 준비된 상태이니까, 결론은 이 리더가 마음만 맞추면 크게 문제가 없을 것 같아요. _유혜원, 학부모

센터와 학교와의 연계도 중요하지만, 학교와 마을, 센터와 마을의 연계가 더 중요하다고 생각합니다. 공공기관끼리의 연계는 어쨌든 전국적으로 일어나고 있거든요. 개별화된 시민들과 풀뿌리 조직과 어떤 관계를 맺어 갈 것인지에 대한 고민이 필요하다고 봐요.
_강민규, 센터장

교육공동체 주체들은 교육이라는 공통분모를 가진 움직임의 요인으로, 학교의 지리적 특성이 무엇보다도 중요한 영향을 미쳤다고 말한다. 라온동은 학교를 중심으로 아파트 주거지가 둘러싸고 있고, 학교 가까이에 학생들과 주민들이 이용할 수 있는 센터가 위치한다. 그 결과 주민과 학부모의 학교 접근성을 높일 수 있는 환경이 마련되며, 학교와 가정은 센터를 통해 연계가 잘 이루어질 수 있는 것이다.

지리적인 특징이 있어요. 담을 맞대고 있잖아요. 학교와 센터 사이에 됨. 그런데 그세요, 벌써 아닌 것 같은데 그게 중요해요. (중략)

정말 우연찮게 담 하나 사이에 있는데 담이, 담이 아니라는 걸 많이 느껴요. _김초원, 교사

참여자는 라온중이 위치한 라온동에서 교육을 중심으로 한 소통과 협력 움직임이 원활하게 이루어지고 있고, 그 과정에서 서로 간의 신뢰도 쌓여 가고 있다고 말한다.

학교의 연계 활동에서 담당 부서나 교사들이 지역 센터의 장소나 강사들과 연계 활동을 할 수 있는 정보들을, 주변 학교 관리자들과 공유하여 이를 확대하고, 지역 센터 담당자와 학교 담당 부서의 교사들 간의 지속적인 협의에 대해 꾸준한 지원(필요한 구체적인 부분에 대해 의견을 받고)을 제공하고 있는데, 이게 지금까지의 연계성을 지속해 나가는 방안이라고 생각합니다. _김관홍, 교장

지역사회 공동체가 다 맞물려서 되는 것 같아요. 교장 선생님께서도 그 지역사회 자원을 잘 활용해야 한다는 인식이 있으시고요. 그러다 보니 시작점부터 무리 없이 진행되었고, 그 진행되는 과정에서 특별한 문제나 갈등이 없었잖아요. 왜냐하면 지역사회 구성원들이 여기도 있고 저기도 있으니까. 학생 학부모 다 이런 식으로 진행되니, 그러다 보니 서로 신뢰가 많이 쌓인 것 같아요. 드러나지 않았던 부분도 나타나고요. _김초원, 교사

교사와 학부모는 교육을 공통분모로 한 움직임에 대해서, 스스로 모

범 사례라고 표현할 만큼 매우 긍정적으로 인식한다. 긍정적인 인식의 바탕에는 교육공동체 주체들이 잘 연계되어 있으며, 이 주체들이 지속적으로 자연스럽게 관계하는 모습이 이루어지고 있다.

마침 센터도 있고 학교도 있고 깨어 있는 주민도 있고, 이런 게 잘 맞는 것 같아요. 이게 잘 맞는 게 쉽지 않잖아요. (중략) 이런 건 누구 하나가 한다고 해서 되는 것도 아니에요. _박지윤, 학부모

(나) 준비된 지역사회와 학교의 자유학기(년)제가 만나 열린, 교육공동체

오늘날 교육공동체는 라온중 자유학기(년)제가 운영되는 과정에서 준비된 지역사회와 만나 문이 열리기 시작하는 것에서 진일보한 모습을 발견할 수 있다. 교육공동체는 지역사회와 학교가 만나 만들어진 시너지, 지역사회가 가진 교육력, 지역사회가 끌어들인 학부모와 마을활동가 등을 통해 형성된다.

먼저 라온동에 형성된 교육공동체는 준비된 지역사회와 자유학기(년)제를 운영하게 된 학교가 만나 시너지를 이루고 있다. 지역사회는 2010년 센터 개관 이후 구성원이 모이기 시작하는 모습을 볼 수 있다. 센터는 마을활동가 조직 및 단체가 만들어지고 운영되는 데 기여하고 있으며, 활동은 주로 교육을 중심으로 이루어지고 있다.

이러한 흐름 속에서 2014년 라온중이 자유학기(년)제 연구학교로 선정되면서 학교·지역사회·가정이 협력하는 계기가 되었다. 이후 라온중은 2018학년도부터 본격적으로 교육공동체를 바탕으로 자유학기(년)제

를 운영하는 모습이 나타나고 있다.

제가 처음 왔을 때는 센터의 존재를 몰랐어요. 지역에 거주하는 것도 아니고. 그냥 '수련원 같은 것이 옆에 하나 있구나' 하는 거예요. 그런데 센터를 알게 된 것은 자유학기(년)제를 통해서예요. 그게 시작이 되었어요. 그리고 나서 센터도 언제든지 도움을 주신다고 하셨고, 그러다 보니 같이 연계하기가 쉬웠고, 서로 아이디어 회의가 열리고, 그러면서 점차 연계되는 계기가 되었고, 그 안에는 학부모님들이 있었고, 지역사회 공동체, 그리고 학교장님의 마인드가 중요하게 작용했어요. 그런 것들이 라온중이 잘 맞았어요.

_김초원, 교사

확실히 라온동은 자유학기(년)제 정책이 실제로 학교랑 지역사회가 연계해서 운영된다고 봐요. (중략) 그런데 '다른 지역은 그게 될까?' 왜냐하면 자유학기(년)제가 시작되면서 그런 일을 해냈던 거거든요, 라온은. 누가 돈을 주는 것도 아닌데 '아, 그거 해 보자, 재밌겠다, 괜찮겠네, 우리 아이들', 이러면서 너무나 쉽게 다 응해 주었던 부분이라. _진윤희, 학부모·마을활동가

라온동은 센터와 뿌리 모임, 그리고 산발적 단체가 합쳐진 힘이 있었고. 이러한 힘은 센터라는 공공기관이 주변 조직을 만들고 만나고 촉진시키는 주축 역할을 해낸 것이 이 지역에서 그 힘이 가능하게 된 것이지요. (중략) 그런데 학교에서 자유학기(년)제를 한다고

하니, 지역사회랑 가정이랑 연계해서 한다고 하니, 잘될 수밖에 없었지요. 물론 개선해야 될 부분도 있지만, 잘되고 있어요.

_장혜원, 학부모·마을활동가

지역사회의 교육력은 사람과 문화로 구분하여 살펴볼 수 있다. 라온동 지역사회가 가진 교육력은 그동안 참여를 통해 협력적인 관계를 형성하고 있는 주민 개인과 마을활동가들로 구성된 조직 및 단체가 큰 힘을 지원하고 있다. 또한 문화적 측면에서는 학교가 지역사회와 함께 활동 프로그램을 운영하면서 이루어지는 소통, 공유 등의 협력 과정에서 형성된 문화를 보여 준다. 교육공동체 주체들은 일부 타 지역과는 다르게 협력이 잘 이루어지고 있는데, 그 차이는 문화에 있다고 강조한다.

도서관 프로그램이나 활동 선생님들은 예전부터 복지관 프로그램에 참여했었는데, 추천도 해 주셨고, 또 센터장님이 학교로 오셨었어요. 오셔서 자유학기(년)제 운영할 때 지원이나 이런 것들이 가능하고, 당신들도 자유학기(년)제에 대해서 잘 모르니, 저희(학교)가 아이디어를 내는 것에 대해서 지원을 해 주시겠다고 말씀해 주셨고요. (중략) 센터와 학교는 아주 밀접하게 연계된 기관이었지요. 그렇게 자유학기(년)제를 마침 하면서 또, 좀 더 밀접해질 수 있었던 계기가 되었어요. _김초원, 교사

기관이나 시설 등 지역에 있는 구성원들, 담당자들의 인식이 중요해요. (중략) 그동인의 경험을 통해서 그런 문화가 형성이 된 거죠.

다른 지역에서는 이렇게 되기 어렵다고 생각해요. 지금 형성되어 있는, 우리가 교육공동체라고 말할 수 있는 학교랑 지역사회인 센터나 마을활동가분들이랑 가정 정도가 딱 그렇죠. _이지혜, 교사

교육공동체는 지역사회가 끌어들인 학부모와 마을활동가 등의 참여 및 활동이 중요한 영향요인으로 나타났다. 라온동에서 학부모는 교육공동체에서 중심적인 역할을 하고 있으며, 준비되지 않았던 마을활동가는 이제 교육팀이 만들어져 운영될 만큼 주체적이고 지원적이며 전문적인 역할을 하고 있다. 이는 지역사회가 끌어들인 교육 주체들로 이루어진 것이며, 자유학기(년)제가 운영될 때 직접적으로 기여하는 것으로 나타났다.

공동체 속에서 어머님들의 중심자적 역할에 영향을 준 것은, 지역사회라고 생각해요. 그래서 지역사회의 탄탄한 신뢰가 중요한 거예요. _김초원, 교사

처음에는 준비 없이 하다 보니 할 수 있는 사람만 했다면, 지금은 준비를 도와주는 교육팀이 여러 프로그램을 만들어 내고 (중략) 자체적으로 활동가들이 이미 수준이 높은 거죠. 우리는 어떻게 준비되어야 하는지, 그런 것들을 스스로 평가하고 계획할 수 있는 사람들이니까요. 그래서 준비되어 있다고 이야기하는 거예요.

_정명숙, 마을활동가

교육공동체 주체들은 준비된 지역사회와 학교의 자유학기(년)제가 만나 열린, 교육공동체는 라온동이기에 가능했다는 반응을 보인다. 참여자는 다른 학교나 지역사회에 이 사례가 적용되기에는 교육 환경과 자원이 다르며, 무엇보다도 자연스럽게 교육공동체가 형성되는 것이 어려울 것이라고 말한다.

저는 이 동네 사례가 다른 곳에 적용될까 봐 약간 걱정되는 것 중 하나는 라온동은 센터가 있어서 그게 가능한 것 같거든요. 센터 선생님들과 센터장님이 해 주시는 역할이 어마어마하게 커요. 근데 센터가 없이 학교가 우리를 연결해서 하려면 할 수는 있지만, 과정도 엄청 힘들고 그 후에 지속되는 것도 쉽지는 않을 듯해요. (중략) 그렇게 자연스럽게 흔히 말하는 교육공동체가, 여기서 진짜 자연스럽게 생긴 것 같거든요. 따라 할 수 없게. _진윤희, 학부모·마을활동가

4) 교육공동체(학교·지역사회·가정)를 '위한' 지속성의 고민

라온동에서는 교육공동체(학교·지역사회·가정)를 위한 지속성의 고민이 나타나고 있다. 지속성에 대한 고민은 크게, 자유학기(년)제 정책이 가져온 변화의 지속성에 대한 바람, 교육공동체의 지속성에 대한 고민으로의 확대 등의 이야기에서 살펴볼 수 있다.

학교는 자유학기(년)제 운영과정에서 나타난 한계를 지역사회 및 가정과의 연계를 통해 해결해 나가고 있다. 지역사회는 학교 및 가정과의 협력적 관계 형성을 통해 활동 프로그램을 홍보하고 운영에 도움을 받고 있다. 가정은 자녀 교육에 대한 걱정과 관심으로 생긴 불안감을 해

소하고, 참여하는 과정에서 자아실현을 이루고 있다. 즉, 학교·지역사회·가정은 서로 간의 유기적인 연계를 통해 다양한 수혜를 받고 있으며, 그 결과 라온중 자유학기(년)제 운영과정에서 나타난 교육공동체 형성은 학교·지역사회·가정 간 끈끈한 유대와 결속력을 통한 응집된 교육공동체의 모습을 보여 준다. 이러한 점에서 교육공동체 주체들을 통해 발견된 지속성에 대한 고민은 어쩌면 당연한 수순이다.

(가) 자유학기(년)제 정책이 가져온 변화의 지속성에 대한 바람

라온중에서 자유학기(년)제가 운영되는 과정을 통해 나타난 변화의 지속성에 대한 바람은 혁신학교 활동에 참여한 경험과 자유학기(년)제 활동에 참여한 경험을 비교했을 때 더욱 명확하게 구분된다.

지난 혁신학교 사업은 단편적이고 결과적인 방식과 내용으로 이루어지는 경향이 강했다. 반면에 자유학기(년)제는 학생들이 한 학기, 한 학년 동안 장기적이고 과정적 접근을 경험할 수 있도록 이루어진다. 실제 자유학기(년)제 활동 프로그램에 참여한 마을활동가는 교육의 의미가 다르다는 것을 느꼈으며, 활동 참여가 계속될 필요가 있다고 말한다.

예전에 혁신학교라는 프로젝트를 할 때, 다양한 직업군 체험을 했는데, 꽃다방이 하루 단타로 와서 많은 학교가 진로 수업을 하고 갔어요. 그리고 그 친구들은 말 그대로 단순 직업군을 하루 알차게 지내게끔 보고 가는 걸로 저희가 최선을 다한 거는 맞아요. 근데 자유학기(년)제가 교육의 의미가 들어가면 조금 달라지는 게 뭐가 있냐면, 왜 우리 예전에, 십몇 년 전인가, 프로젝트 사업이라고 해서

주제가 하나가 있으면 이렇게 꼬리를 막 연결, 연결시키잖아요. 지금 자유학기(년)제가 그런 것 같아요. (중략) 그래서 혁신학교처럼 단타로 끝나는 개념이 아니라, 같이 어우러진 느낌이에요. 이런 게 지속되어야죠. _박지영, 마을활동가

교육공동체는 학교가 자유학기(년)제를 운영하면서 생긴 틈 사이로 지역사회와 가정이 들어가는 과정에서 발견할 수 있었다. 이후 본격적으로 학교의 문이 서서히 열리기 시작하면서 나타나는 모습에서 형성과정을 살펴볼 수 있었다. 교육공동체 주체들은 이렇게 열린 교육공동체의 문을 지속하기 위해서는 자유학기(년)제를 통해 학교·지역사회·가정이 계속 연계하고 교류할 수 있는 움직임이 이루어져야 한다고 말한다.

또한 자녀가 라온중에 다녔던 학부모는 교육공동체를 지속하기 위해서는 한 학교(라온중)만 잘해서는 안 된다고 말한다. 즉 학교 간의 연계도 필요하다는 의미다. 라온중은 주변에 초등학교와 고등학교가 위치한다. 학부모는 각 학교에서 자유학기(년)제를 이해하지 못하기 때문에, 초등학교에서 라온중으로 진학하거나, 라온중에서 고등학교로 진학하게 되면 학교문화가 달라서 걱정이 된다고 말한다. 즉 라온중만 잘해서는 안 되고, 초·중·고 학교 간에도 정보 공유와 교류가 이루어져야 할 필요가 있다는 것이다. 그리고 정말 한 아이의 교육을 위한 교육공동체가 형성되고 운영되기 위해서는 초·고등학교도 교육공동체의 일원으로 함께 소통하고 협력해야 한다고 말한다.

자유학기(년)제 활동을 통해서 마을과 학교가 연결되고, 학교 문을 열고 교류할 수 있었잖아요. 마을의 다양한 활동들이 우리 마을 아이들과 교사들에게 긍정적인 영향을 주었고요. (중략) 자연스럽지만 어렵게 학교 문이 열렸어요. 그리고 교육공동체가 열린 거죠. 이제 그것을 지속하기 위한 고민이 필요한 시기인 것 같아요. 그러려면 계속 교류하고 소통해야죠. _정명숙, 마을활동가

자유학기(년)제를 하면서 교육공동체를 이야기할 수 있게 됐지만, 어쩌면 아까 중학교와 초등학교 연계라고 했는데, 초·중·고가 다 연계되면 더 나아갈 수 있을 것 같아요. 그럼 정말 좋겠어요.

_이수진, 마을활동가

(나) 교육공동체의 지속성에 대한 고민으로의 확대:
   지역의 교육력을 다지다

라온중 자유학기(년)제 운영과정에서 발견된 변화들은 교육공동체 형성에 중요한 영향을 주었으며 지속성의 고민으로 나타났다. 지속성의 고민은 지역사회가 가지고 있는 교육력을 더욱 높은 수준으로 다지고 확대해야 하는 필요성에 따른 것이다.

이렇듯 교육공동체 주체들이 지역교육력을 고민하는 이유는 교육공동체를 통해 학생들이 성장하고 있다는 경험을 했으며, 믿음이 생겼기 때문이다. 이러한 믿음을 사회적 자본이라고도 말한다.

교육공동체의 지속성에 대한 고민은 지역교육력 제고를 방향으로 학교, 학부모, 주민자치 측면에서 제시되고 있다. 이에 센터는 학교, 학부

모, 주민자치회 등의 참여를 활성화하고 연계하는 역할을 하는 등 교육력 제고를 위한 노력을 보여 준다.

한편 교육공동체 주체들은 지역교육력 제고 과정에서 앞서 여러 번 언급했던 '소통'에 대한 고민을 말한다.

> 말하고 있는 교육공동체를 그 아이가 경험을 하고 있고 성장하고 있다는 것을 어른들은 믿어야 되고. 자유학기(년)제 활동에 참여하면서 우리는 또 경험을 한 거고. _김선우, 학부모·마을활동가

교육공동체는 학교·지역사회·가정 주체를 통해 나타났다. 그중 교육에서 누구보다 밀접한 관련성이 있는 것은 학교이며, 학교를 구성하는 주체는 교장, 교사, 학부모, 그리고 학생이다. 특히 교육공동체가 지속하기 위해서는 학교장의 지지와 지원이 필요한데, 학교장이 다른 학교로 발령이 나서 리더가 바뀌면 교육공동체에도 영향을 미칠 것이라는 우려가 있다. 그만큼 아래에서 시작되고 움직이는 교육공동체일지라도 현실적으로 리더의 역할과 비중은 무시할 수 없는 것이 사실이다. 라온동 교육공동체 주체들은 리더가 바뀌어도 교육공동체를 유지시키려는 고민을 한다. 고민은 학부모와 주민자치회(교육분과)에 대한 협력의 필요성과 함께 실천으로 나타나고 있다.

> 센터장님이 학교운영위원회에 참여하고 계시듯이, 주민자치회에 교육분과 위원회가 있는데, 이 부분도 학교운영위원회에 참여를 해서 이야기를 해 줘야 해요. 교장 선생님이 바뀌더라도 유지될 수 있

는 것이 필요해요. 그리고 이러한 것들이 정립되어야죠.

_유혜원, 학부모

모든 주민자치회가 다 잘할 거라는 기대는 하지 않지만, 앞으로는 어쨌든 그런 역할을 기대하고. 마을에서 좋은 선생님들을 성장시키고, 프로그램 개발을 하고 관리를 한다면, 결국 저는 주민자치회에서 해야 할 거라고 봐요. (중략) 학교 대표자가 주민자치회에 들어오도록 하라는 거예요. 학교는 우리 마을에서 굉장히 중요한 기관이고 조직인데, 우리 주민자치회에 학교를 대표해서 말해 줄 수 있는 사람이 한 명도 없다는 것, 이거는 옳지 않다는 거죠.

_지상준, 지역신문 기자

교육공동체의 지속성에 대한 바람은 마을활동가와 지역사회의 고민에서 출발한 협동조합 설립의 계기에서도 찾아볼 수 있다. 라온동에서 협동조합은 교육공동체 주체들이 스스로 성장하고 지속성을 유지하려는 방안으로 만들어졌다. 협동조합에 대한 적절한 행정적·재정적 지원은 조합이 발전하고 자립하는 과정에서 필요하다. 다만 지원이 의존으로 이어지고, 지원을 받지 못하면 소멸되는 마을 만들기 사업의 선례를 보았을 때, 우려도 있는 것이 사실이다. 하지만 라온동에서 운영 중인 협동조합은 교육공동체 주체들이 모여 만들어 낸 결과물이자, 교육공동체 문화 운동의 지속성을 위한 노력을 상징한다는 점에서 의미가 크다.

사실 그래서 협동조합을 만든 거예요. (교육공동체의) 지속성을 위해서. 왜냐하면 지금 저희가 마을의 교육력은 어느 정도 생겼고, 그것을 누가 컨트롤하는 게 아니라, 자체적으로 다 그렇게 스스로 만들고 있고, 성장하고 계시거든요. (중략) 마을에 이런 법인체, 협동조합이 만들어져서, 그거를 계속 보호할 수 있게 하면 좋겠다고 생각해서 계속 교육문화 운동 차원에서 한 거예요. 그렇게 우산들을 만들어 놓으면 그 안에서 작은 단위들이 잘 활동하고, 우리는 뭔가를 조율하는 것이 아니라, 우산 역할만 하는 협동조합.

_정명숙, 마을활동가

이 책의 이야기는 라온동 교육공동체 주체들을 수차례 만나 인터뷰를 한 결과물이다. 인터뷰가 거의 끝날 무렵 한 마을활동가는 책의 내용과 결과를 바탕으로 지역에 교육공동체 주체들을 초대해서 포럼을 열자는 제안을 한다. 포럼을 통해 라온동 교육공동체의 다음 방향을 모색하는 장ground을 만들어 보자는 제안이다.

필자는 참여자들과의 인터뷰를 통해 교육공동체에 관한 다양한 통찰을 얻었다. 특히 라온동 교육공동체 형성의 힘은 학교·지역사회·가정의 느슨한 결합 속에서 끈끈하게 나타나고 있는 개개인의 공동체 정신에서 출발했다는 통찰이다. 또한 공동체 정신은 자유학기(년)제라는 교육정책을 통해 하나로 모일 수 있는 계기를 만났으며, 그 결과 지역교육력으로 이어지고 있다는 것이다.

인터뷰 중 일부 참여자들은 우리 지역이기 때문에 교육공동체가 형성될 수 있었다고 말한다. 그들은 자신이 살고 있는 지역의 교육 환경과 특징 그리고 사람들을 생각하면서, 이 환경, 이 특징, 그리고 이 사람들이 없었더라면, 오늘날 교육공동체는 이루어질 수 없었겠다고 말하는 등 교육공동체에 대한 무한한 신뢰를 보여 주었다.

한편 참여자들은 인터뷰를 진행하면서 자신들도 이 환경, 이 특징, 그리고 이 사람들의 역할이 무엇이고 얼마나 중요한지 알지 못했었다며, 지난 일들을 회상하며 말했다. 그때는 교육을 중심으로 사람들이 모이고, 학교교육에 참여하며, 자신이 교육공동체의 구성원이 되었을 거라고는 상상도 못 했기 때문이다. 그들이 교육공동체를 스스로 발견할 수 있었던 것은 필자가 알려 주어서가 아니고, 삶을 통해 그들 스스로 깨우치는 앎의 과정이 있었기 때문이다. 필자는 단지 연구자로서 인터뷰를 통해 그들이 발견할 수 있도록 현상에 대해 이름을 지어 주고 간단한 설명을 제시했을 뿐이다.

지금도 많은 지역에서는 학교 선생님, 지역사회 마을활동가, 센터 선생님, 그리고 학부모 등이 모여서 크고 작은 활동을 하고 있다. 하지만 그들은 자신들의 활동이 얼마나 중요하고 의미 있는지 모른 채 스스로의 필요에 따라 묵묵하게 실천하고 있다. 이 책에 등장하는 라온동 교육공동체 주체들이 그러했듯이 말이다. 이 책은 교육공동체 주체들이 당신들의 훌륭한 활동을 발견할 수 있는 계기가 되고, 나아가 교육을 중심으로 학교·지역사회·가정이 하나가 되어 교육혁신에 원동력이 되기를 바라는 마음에서 쓰게 되었다.

오늘날 많은 교육정책은 학교, 지역사회, 그리고 가정이 하나가 되어 학생의 교육이 이루어지는 방향성을 제시하고 있다. 하지만 준비되지 않는 현장은 운이 좋으면 성공 사례가 되지만, 운이 없으면 실패 사례가 된다. 학생들의 교육이 운에 의해 성공과 실패로 구분되는 것은 무책임한 일이다. 우리 아이들 교육은 많은 사람이 공감하듯이 성공과 실패로 구분될 수 없다.

앞서 기술한 바와 같이 '교육공동체'라는 키워드는 수십 년 전부터 교육 문제에 대한 대안으로 접근되면서 '무엇'인지에 대한 탐색이 제시되고 있다. 이제는 '어떻게'에 대한 접근이 필요한 시기이다.

어떻게 교육공동체 주체가 될 수 있는가?
어떻게 교육공동체를 발견할 수 있는가?
어떻게 교육공동체를 지속할 수 있는가?

학교에서 교사는 어떻게 지역사회와 연결을 해야 할지, 또 학부모와는 문제없이 소통할 수 있을지, 그저 어려움뿐이고 늘어나는 과업에 한숨만 깊어진다. 지역사회는 어떻게 학교와 연계하여 학교 안팎에서 함께할 수 있을지 고민하다, 높은 학교 담을 경계로 거리두기를 하며 지역에서 갈 곳을 잃어 가는 아이들을 보고 안타까움에 한숨이 깊어진다. 가정은 자녀 교육을 위해 참여할 수 있는 방법을 찾다, 결국 학원을 찾아 등록하며 한숨이 깊어진다.

결국 그 한숨은 오늘날 교육의 문제를 상징한다. 이 한숨(문제)을 해소하기 위해 교육정책은 학교·지역사회·가정 간 연계를 강조한다. 하지만 앞서 기술한 바와 같이 현장에서 그들 간의 경계는 더욱 높고 강해지고 있어, 연대를 바탕으로 한 교육공동체에 대한 논의가 꾸준히 나타나는 것이다.

교육공동체는 단순히 행정적·제도적인 연계로는 구축되지 않으며, 연계마저 지속성의 한계로 인해 소멸된다. 따라서 교육공동체를 발견, 구축, 그리고 지속하기 위한 원리가 필요하다. 이 원리는 또 다른 라온동 교육공동체를 이야기할 수 있는 데 씨앗이 될 것이다.

교육공동체 이론과 사례를 바탕으로 발견한 원리는 3부에서 소개하기로 하고, 마을활동가의 말을 마지막으로 인터뷰를 마무리한다.

나 갑자기 딱 생각났어. 우리가 이제 매년 포럼을 하잖아요. 이 책의 결과물도 공유해 주시고, 또 그 자리에 단체들을 모이게 해서 교육을 위해서 앞으로 어떤 걸 준비해야 할까. 이런 것들을 단체별로 준비해서 그날 보여 주면 좋겠다는 생각을 했어요.

_정명숙, 마을활동가

4장
교육공동체는 무엇을 통해 형성되었을까

    교육공동체를 형성하고 촉발하며 지속하는 데 영향을 주는 요인[14]은 크게 시기별 공통적·개인적·관계적·조직적 측면으로 구분하여 살펴볼 수 있다. 교육공동체 형성과정은 특정한 영향요인만 작용하여 이루어졌다고 판단할 수 없다. 하지만 라온중 자유학기(년)제 운영과정에서 나타난 교육공동체 사례는 시기별(초기·중기·후기)로 특히 중요하게 나타났던 영향요인을 발견할 수 있어, 이를 살펴보는 것은 의미가 있다.

---

14. 이 책에서는 교육공동체 관련 선행연구를 바탕으로, 교육공동체를 "교육이라는 공통의 관심사를 기반으로 개인들 간의 관계가 점차 유기적으로 조직화되면서 형성된 공동체 문화 속, 학교·지역사회·가정을 구성하는 개인들의 집합"이라고 조작적으로 정의했다.
    교육공동체를 촉발하고 지속하는 영향요인으로는 공통의 '가치, 규범, 신념, 감정', 개인의 '관심, 의지, 헌신, 협동, 참여', 관계의 '상호성, 신뢰성, 의존성, 의사소통', 조직의 '유대 결속' 등의 작용을 제시했다. 이는 라온중 자유학기(년)제 운영과정에서 나타난 교육공동체 형성과정에서도 제시된다.

1. 영향요인 1: 교육에 대한 관심, 의지, 헌신, 협동, 참여

라온중 자유학기(년)제 운영과정에서 나타난 교육공동체 형성과정 초기에는 학교·지역사회·가정을 구성하고 있는 각 개인의 교육에 대한 관심, 의지, 헌신, 협동, 참여가 중요한 영향요인으로 나타났다. 영향요인은 교육에 대한 공통의 가치, 규범, 신념, 감정이 바탕이 된 결과이다. 사례를 통해 구체적으로 살펴보면 다음과 같다.

학교는 초기 교육공동체 형성과정에서 활동 프로그램을 관리하며, 지역사회에서는 이를 운영하는 입장 간 차이와 소통의 부재가 나타났다. 이는 자유학기(년)제를 운영하는 학교를 중심으로 '학교와 가정', '학교와 지역사회' 간 소통의 방법과 내용상의 문제였다. 학교는 자유학기(년)제 운영과정에서 학교 지원 시스템이 준비되지 않았고 예산 지원이 부족했으며, 유연하지 못한 운영을 한 것으로 나타났다. 또한 자유학기(년)제가 운영되는 과정에서 교사는 학교·지역사회·가정 간 연계에 대한 인식 수준이 낮았다.

이에 지역사회와 가정에서는 교사의 인식을 개선하기 위한 교사 교육과 교사의 적극적인 참여를 유도할 수 있는 지원의 필요성을 제기했다. 물론 교사도 인식 개선을 위해 노력하고 있었으나 아직 초기 단계였고, 인식의 한계가 개선되는 데에는 시간이 필요했으며, 정보도 부족한 상황이었다. 이러한 상황에서 교육공동체 형성이 가능했던 요인은 교사의 교육에 대한 관심과 의지였으며, 교사가 인식 개선을 위해 노력하는 과정에서 나타난 헌신이었다. 그 결과 협동과 참여의 가능성이 생겨날 수 있었다.

지역사회는 초기 교육공동체 형성과정에서 학교의 파트너가 아닌 외부자로 인식되었고, 학교의 관리와 방향에 따라야 했으며, 프로그램 운영에 대한 선택권이 많지 않았던 것으로 나타났다. 초기 학교와 교사는 학교·지역사회·가정 간 연계에 대한 인식 수준이 낮았다. 반면에 지역사회에서는 교육을 둘러싼 변화와 요구를 적극적으로 수용하는 활동이 이루어지고 있었다. 따라서 초기 학교·지역사회·가정 간에는 연계에 대한 인식 수준에서 큰 차이를 보였다. 지역사회는 교육공동체를 통해 운영한 자유학기(년)제 활동 프로그램에 대한 만족도와 다양성이 높게 나타나면서 수업 시수가 확대되기도 했다. 이 과정에서 다양한 활동 프로그램에 대한 요구와 많은 학생이 참여할 수 있는 수용력에 대한 고민을 했다. 이러한 관점에서 교육공동체 형성이 가능했던 요인은 지역사회 구성원의 교육에 대한 특별한 관심, 의지, 그리고 헌신적인 태도라고 할 수 있다. 이 요인들은 지역사회의 적극적인 협동과 참여를 도모하는 원동력으로 나타났다.

　가정은 초기 교육공동체 형성과정에서 가장 부정적이었다. 하지만 학교·지역사회·가정 간 연계를 통한 활동 프로그램이 점차 확대 운영될 수 있었던 이유는 학부모이면서 마을활동가인 가정의 직접적인 참여와 역할이 컸기 때문이다. 문제는 집 안에 있는 학부모였다. 이들은 자녀가 자유학기(년)제 활동 프로그램을 경험하고 있지만 이에 대한 정보가 부족했으며, 참여는 생각도 하지 못하는 상황이었다. 그 결과 학부모들은 자녀 교육에 대한 불안감이 높아졌고 인식의 한계를 경험했다.

　앞서 제시한 학교와 지역사회 간 소통의 부재는 학교와 가정에서도 그대로 나타났다. 가정은 자유학기(년)제 활동 프로그램에 대한 정보를 제공받을 수 있는 방법이 부족했기 때문에 주로 관심이 있는 학부모끼리만 모여서 공유가 이루어진 것으로 나타났다. 대부분의 공유 내용은 교육에 대한 부정적인 생각과 정보였다. 따라서 자유학기(년)제 활동 프로그램이 학교·지역사회·가정이 연계해서 운영된다고 하지만, 학부모들은 이에 대한 부정적인 인식을 앞서 가지고 있었으며, 그 결과 교육에 대한 믿음의 부족을 야기했다. 또한 학부모들은 자유학기(년)제에 대한 이중적인 태도를 보였다. 학생들이 학교·지역사회·가정 간 연계를 통해서 다양한 체험활동을 지역에서 할 수 있어 좋다는 반응과 공부는 언제 하느냐며 학력에 대해 불안해하는 반응을 보였다. 이 같은 인식의 간극은 학부모의 준비되지 않은 참여, 참여 방법의 부재, 그리고 참여를 위한 정보의 부재 등이 원인으로 나타났다. 이러한 관점에서 교육공동체 형성이 가능했던 요인은 자녀 교육에 대한 학부모의 관심에서부터 출발한다. 관심은 학부모의 협동 및 참여 가능성을 높인다. 하지만 정작 학부모는 제대로 된 정보를 제공받지 못하면서 가능성을 실현하지 못한다. 이후 가정의 교육에 대한 관심이 학교와 지역사회의 활동과 맞닿으면서, 결국 학교·지역사회·가정 간 연계를 통한 교육공동체 형성이 시작될 수 있는 것이다.

이와 같이 학교·지역사회·가정을 구성하고 있는 각 개인을 통해 교육공동체 형성이 초기에 가능할 수 있었던 요인은, 이들이 암묵적으로 가지고 있었던 교육에 대한 공통의 가치, 규범, 신념, 그리고 감정이다. 이는 라온중 자유학기(년)제 운영과정에서 나타난 교육공동체 형성이 지속되는 근본적인 힘으로 작용했다. 후술하겠지만, 근본적인 힘(공통의 가치, 규범, 신념, 감정)은 나아가 언어로 정리된 힘으로 공유되어, 교육공동체 각 주체의 인식 변화와 실천적 노력을 일으키는 중요한 영향요인이 된다.

2. 영향요인 2: 관계의 상호성, 신뢰성, 의존성, 의사소통

라온중 자유학기(년)제 운영과정에서 나타난 교육공동체 형성과정 중기에는 학교·지역사회·가정 간 관계의 상호성, 신뢰성, 의존성, 의사소통이 중요한 영향요인으로 나타났다. 이를 위해 주체별 변화와 노력이 있었으며, 교육공동체 형성의 결실을 가져오는 원동력이 되었다. 사례를 통해 구체적으로 살펴보면 다음과 같다.

교육공동체 형성과정 중기에 나타난 학교의 변화와 노력은 크게 '교사 인식의 변화', '활동 프로그램을 경험한 학생들의 변화', '학교장 인식의 변화' 등으로 살펴볼 수 있었다.

먼저, 교사 인식의 변화는 교사가 학생들을 통해 지역사회(센터, 마을 활동가)를 알게 되었으며, 이를 계기로 교사도 학교 밖 마을 활동을 경험했다. 이후 학교·지역사회·가정 간 연계에 대한 교사의 부정적이었던 인식은 서서히 긍정적으로 변화했다. 나아가 교사는 지역사회에 대한 인식과 이해가 높아지면서, 자유학기(년)제 활동 프로그램과 교과 연계에 대한 고민, 지역사회에서 교사의 역할에 대한 고민 등을 한 것으로 나타났다.

다음으로 활동 프로그램을 경험한 학생들의 변화는 지역사회 어른들을 학교 안에서 만나는 신선한 충격과 학교 수업을 통해서 지역사회를 알게 되는 과정에서의 즐거움, 그리고 지역사회 활동 프로그램을 통해 얻게 된 성장(성취감) 등으로 나타났다. 학교장 인식의 변화는 학교·지역사회·가정 간 연계에서 학교장 마인드의 중요성과 교사 역할에 대한 인식의 변화에도 영향을 주었다. 특히 학교장이 지역사회 회의에 참석하는 모습은 가정으로부터 학교에 대한 신뢰를 불러일으켰다. 이러한 관점에서 교육공동체 형성이 가능했던 요인은 학교·지역사회·가정 간 연계를 통해 운영된 활동 프로그램이 학생 및 교사들에게 교육적 효과를 보여 줌으로써 나타난 학교의 적극적인 태도였다.

학교가 의사소통 과정에 적극적으로 참여하면서 지역사회와 가정에 상호성, 신뢰성의 영향을 준 것이다. 이러한 관계는 학교가 교육을 주도하는 관점을 넘어, 지역사회 및 가정에 의존할 수도 있다는 것을 함의하는 학교의 변화와 노력의 필요성을 보여 준다.

중기 교육공동체 형성과정에서 지역사회의 변화와 노력은 크게 '지역사회가 학교와의 연계를 통해 경험한 긍정적 변화', '학교와 연계를 위한 지역사회의 노력', '학교와 연계를 위한 마을활동가의 노력' 등으로 살펴볼 수 있었다.

먼저, 지역사회가 학교와 연계를 통해 경험한 긍정적 변화는 학교 수업 참여 경험과 학교 및 교사에 대한 이해의 기회가 되었으며, 교육 전문성의 강화, 학생들의 높은 만족도 피드백을 통한 자신감으로 나타났다. 특히 지역사회는 연계를 통해 더 많은 학생을 만날 수 있는 경험, 학교 수업 참여 경험, 학교와 교사에 대한 이해의 기회를 가질 수 있었다. 이러한 연계과정에서 지역사회 각 구성원은 활동 프로그램 참여를 통해 학습하고 경험하면서 개인적 성장과 교육 전문성을 높일 수 있었다.

다음으로 학교와 연계를 위한 지역사회의 노력은 정보 공유의 노력, 연계과정에 대한 노력, 그리고 활동 프로그램 질 개선을 위한 노력 등이 있었다. 지역사회는 2018학년도 자유학기(년)제 활동 프로그램 내용을 담은 책자를 자체 제작하여 학교에 배포했다. 또한 마을활동가의 참여를 적극적으로 독려하여, 그들의 교육 역량을 바탕으로 활동 프로그램을 운영하는 등 학교와 연계를 위한 다양한 노력을 한 것으로 나타났다.

　학교와 연계를 위한 마을활동가의 노력은 활동 프로그램을 위한 교육 전문성 강화, 경험을 통한 성장, 교육 활동 내용 공유, 교사에 대한 이해, 예산 지원 등 다양하게 나타났다. 마을활동가는 일반 주민도 있지만, 학부모이면서 마을활동가라는 두 가지 역할을 하기 때문에, 학교·지역사회·가정 간 연계과정에 모두 관계되어 있었다. 이에 마을활동가의 역할에 대한 중요성과 필요성은 매우 강조되는 흐름을 보였다.

　이러한 관점에서 교육공동체 형성이 가능했던 요인은 의사소통을 통해 지역사회와 학교 간 관계가 이루어진 상호성이다. 나아가 이 경험은 지역사회가 학교에 대한 이해를 바탕으로 한 신뢰성을 구축하는 데 중요하게 작용한다. 즉 이전에는 학교교육에 대한 경험의 부족으로 이해되지 못했던 점이 있었기 때문에 가깝고도 먼 학교였다면, 이제 지역사회도 교육 전문성을 지닌 파트너로서의 변화와 노력을 하고 있으며, 그 결과 관계의 신뢰성이 구축될 수 있었던 것이다.

　특히 지역사회는 센터 공간과 활동의 가치를 언어로 정리하여 공유하는 역할을 했다. 지역사회의 역할은 공통의 가치, 규범, 신념, 감정을 바탕으로 관계의 상호성과 의사소통이 이루어지는 데 중요한 영향을 주었다. 이는 필사가 교육공동체 주체들과 진행한 인터뷰 과정에서 그들이 사용한 언어 및 표현 등을 통해서도 확인되었다.

중기 교육공동체 형성과정에서 가정의 변화와 노력은, 크게 '학부모 인식의 변화', '학부모 참여를 통한 변화' 등으로 살펴볼 수 있었다. 학부모 인식의 변화는 학교·지역사회·가정 간 연계를 통해 운영된 자유학기(년)제에 대한 긍정적인 피드백과 인식의 전환 등이 있었다. 학부모가 직접 자유학기(년)제 활동에 참여한 경우에는 또 다른 차원의 학부모 인식의 변화와 노력이 나타났다.

학부모 인식의 변화는 학부모가 참여를 통해 학교를 바꿀 수 있다는 인식, 학교·지역사회·가정이 연계한 교육 활동 프로그램에 대해 긍정적으로 생각하고 있다는 인식 등이다. 이러한 인식의 변화를 바탕으로 학부모는 학교교육에 대한 믿음을 가지기 시작했다. 학부모 참여의 변화는 학부모가 자녀를 통해 지역사회를 알게 되고, 자유학기(년)제 활동 프로그램에 직간접적으로 참여하는 등으로 나타났다. 또한 학부모 참여를 위한 다양한 방법이 시도되고 있었다. 이는 학부모가 참여의 중요성을 스스로 인식하는 과정에서 나타난 참여이며, 참여를 바탕으로 다양한 변화가 이루어졌다고 할 수 있다.

이러한 관점에서 교육공동체 형성이 가능했던 요인은 가정·학교·지역사회와의 상호성과 학교교육에 대한 신뢰성을 바탕으로 한 가정의 참여이다. 초기에 가정은 학교교육에 대한 부정적인 인식을 바탕으로 낮은 신뢰 수준에서 참여를 했다면, 중기에는 상호성과 신뢰성을 바탕으로 학교·지역사회·가정 간 연계로 운영되는 자유학기(년)제 활동 프로그램을 통해 인식이 긍정적으로 전환되기 시작했다. 나아가 가정은 의사소통에 적극적인 참여를 하는 모습을 보여 주었다.

이렇듯 학교·지역사회·가정 간 연계에서 가정이 얻은 상호성, 신뢰성, 의존성, 의사소통 요인은 가정의 적극적인 참여에 영향을 주었다. 그 결과 라온중 자유학기(년)제 운영과정에서 나타난 교육공동체 형성과정에서 가정 주체의 역할과 중요성을 발견할 수 있었다.

3. 영향요인 3: 연계의 유대 및 결속

라온중 자유학기(년)제 운영과정에서 나타난 교육공동체 형성과정 후기에는 학교·지역사회·가정 간 연계의 유대 및 결속이 중요한 영향요인으로 나타났다. 이러한 유대 및 결속 요인은 행·재정적 지원을 통해 단기간에 이루어지는 것이 아니다. 앞서 교육공동체 형성과정 초기 및 중기에 나타난 공통의 '가치, 규범, 신념, 감정', 개인의 '관심, 의지, 헌신, 협동, 참여', 관계의 '상호성, 신뢰성, 의존성, 의사소통' 등이 축적된 결과라고 할 수 있다. 사례를 통해 구체적으로 살펴보면 다음과 같다.

교육공동체 형성과정 후기에는 학교를 구성하는 교장, 교사, 학생 등의 구성원들이 학교·지역사회·가정 간 연계를 통해 운영된 활동 프로그램을 경험하면서, 교육공동체에 대한 인식이 점차 변화한 것을 자각하는 것으로 나타났다. 이는 지역사회와 가정도 마찬가지였다.

학교는 학생들이 원하는 교육을 구체적으로 물어보고 이를 실천할 수 있는 방법을 찾기 위해, 학교가 지역사회에 찾아가 연결해야 한다고 인식하고 있었다. 즉 학교가 지역사회를 동등한 관계로 보면서 학교의 역할도 변화한 것이다. 라온중 교장은 교육이 3주체를 '교사, 학생, 학부모'에서 '교사, 학생, 지역사회'로 넓게 보는 인식의 전환이 필요하다고 말했다. 이렇듯 학교는 자유학기(년)제 운영과정을 통해 지역사회와 가정 간 연계 운영을 경험하면서 다양한 인식을 할 수 있었다.

또한 학교·지역사회·가정 간 연계에서 교육을 중심으로 한 교육공동체는 학교가 주축이 되어 지역사회와 가정의 참여를 확대하고 확산 가능성을 높여야 한다는 인식의 변화가 나타났다. 지역사회에서 학교의 존재 가치를 발견하자는 의견이 강조된 것이다. 이는 학교의 역할에 대한 필요와 요구를 반영한 변화로 볼 수 있다.

이렇듯 학교는 자유학기(년)제 운영과정에서 스스로 해결할 수 없는 부분을 지역사회 및 가정과 함께 해결해 나가고 있었다. 이러한 관점에서 교육공동체 형성이 가능했던 요인은 앞서 제시한 공통적·개인적·관계적 요인을 바탕으로 한 학교의 지역사회와 가정에 대한 유대 및 결속력이다. 특히 학교에서는 교장 및 교사 인식의 변화, 지역사회에서 역할을 탐색하고자 하는 태도의 변화, 그리고 교육 3주체에 대한 인식의 전환 등을 통해, 과거 '학교조직만을 보는 관점'에서 학교·지역사회·가정 간 유대를 중심으로 한 결속을 통해 '교육을 보는 관점'으로 전환하는 변화의 암묵지를 발견할 수 있는 지점이다.

후기 교육공동체 형성과정에서 지역사회는 학교에 대한 인식이 확장되었음을 알 수 있다. 지역사회는 그동안 학교 밖에서 안으로 개방과 참여를 요구한 차원을 넘어, 학교 안팎으로 지역사회에 문을 열어야 한다는 인식으로 변화했다. 지역사회 구성원들은 자유학기(년)제 운영과정을 경험하면서 학교 안으로 들어갈 가능성이 높다는 인식을 하게 되었다.

이와 같이 교육공동체 형성과정에서 지역사회는 지역교육력을 바탕으로 학교 안으로 들어가 부족한 교육자원을 제공하여 학생들의 배움을 이루어 낼 수 있었던 경험을 했다. 그 힘이 되었던 지역사회의 교육력은 크게 '사람'과 '문화'로 구분하여 살펴볼 수 있다. 라온동 지역사회가 가진 교육력의 사람 측면을 보면, 그동안 참여를 통해 협력적인 관계를 형성하고 있는 주민 개인과 마을활동가들로 구성된 조직 및 단체가 큰 힘이 되는 것으로 나타났다. 문화적 측면에서는 학교·지역사회·가정 간 연계 및 협력 과정에서 자연스럽게 형성된 소통, 공유 등의 경험이 쌓여서, 문화로 형성되었음을 알 수 있다. 또한 지역사회는 학교 및 가정과의 협력적 관계 형성을 통해 활동 프로그램과 관련한 홍보, 모집, 진행 등의 과정에 도움을 받고 있었다.

이러한 관점에서 교육공동체 형성이 가능했던 요인은 학교교육 참여 경험과 지역교육력(사람, 문화)을 바탕으로 한 학교·지역사회·가정 간 연계의 유대 및 결속이라고 할 수 있다. 즉 지역사회는 혁신학교를 통해 운영되었던 단기적인 학교교육 참여 경험에서 나아가, 자유학기(년)제를 통해 장기간 참여를 할 수 있었으며, 지역교육력이 가진 사람과 문화의 힘이 학교교육과 함께 융합할 기회가 되었다. 이러한 융합은 학교·지역사회·가정을 하나로 보는 유대 및 결속의 인식이 자리 잡고, 교육공동체를 참여자 스스로 인식하게 되는 결과를 낳았다.

후기 교육공동체 형성과정에서 가정은 학교·지역사회·가정 간 연계를 통해 운영된 활동 프로그램을 경험하면서 교육공동체에 대한 인식이 점차 변화한 것을 자각하고 있었다. 한 학부모는 라온동 교육공동체 모습을 보기 위해 외부에서 탐방을 오고 상도 받았지만, 이 환경 자체가 생활이 있기 때문에 좋은지 모르면서 살았다는 말을 했으며, 다른 학부모들도 동의하는 모습을 보였다. 또한 가정은 자녀 교육에 대한 관심과 걱정으로 생긴 불안감을 참여를 통해 해소하고 그 과정에서 자아실현도 이루고 있었다. 그 결과 학부모는 지역과 학교교육에 대한 만족도가 높았으며, 지역사회에 대한 정주성과 소속감이 높아지고 있는 것으로 나타났다. 이러한 관점에서 교육공동체 형성이 가능했던 요인은 공통적·개인적·관계적 측면에서의 영향요인을 바탕으로 높아진 가정의 인식 변화와 참여 가능성이다. 이는 학교·지역사회·가정 간 연계가 유대 및 결속되고, 교육공동체가 형성되는 데 중요한 영향을 주었음을 의미한다. 반면에 관련 선행연구에서는 학교와 지역사회 간 연계를 빈번하게 다루면서도 가정을 제외하는 것으로 분석되었다. 이는 실제 교육 현상에서 가정이 암묵적으로 가지고 있는 교육의 역할과 중요성이 접근되지 못한 결과이다.

이 책에서는 학교·지역사회·가정, 3주체를 통해 유대 및 결속이 이루어졌다는 점과 유대 및 결속이 교육공동체가 형성되고 지속되는 데 중요한 영향요인으로 나타났다는 점에서 의미가 있다.

이상의 논의를 바탕으로 라온중 자유학기(년)제 운영과정에서 나타난 교육공동체 형성과정의 시기별 중요 영향요인을 종합하면, 그림과 같다.

[그림 4-1]의 특징은 앞서 제시한 바와 같이 교육공동체 형성과정에 영향을 준 요인이 단절적으로 이루어진 것이 아니라는 점이다. 특히 교육공동체 형성과정 초기에는 공통의 '가치, 규범, 신념, 감정', 개인의 '관심, 의지, 헌신, 협동, 참여'를 바탕으로, 중기에는 관계의 '상호성, 신뢰성, 의존성, 의사소통'이 중요하게 영향을 주었다. 초기와 중기에 나타난 영향요인을 바탕으로 후기에는 조직의 '유대, 결속'이 이루어진 것이다.

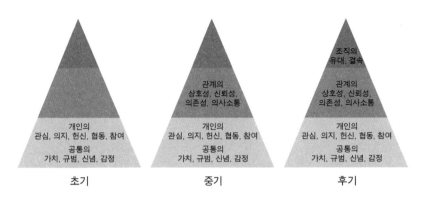

[그림 4-1] 교육공동체 형성과정에 따른 영향요인

차이점으로는 시기의 흐름에 따라 개인적 차원에서 점차 조직적 차원으로 확대되었다는 것이다. 공통점으로는 교육이라는 관심사를 바탕으로 공통의 '가치, 규범, 신념, 감정'의 영향요인이 교육공동체가 형성되는 과정 전반에 바탕이 되었다는 것이다.

5장
교육공동체 형성의 의미는 무엇일까

1. 라온중·지역사회·가정 간 연계에서
교육공동체 형성의 의미

라온중 자유학기(년)제 운영과정에서 나타난 교육공동체 형성이 학교·지역사회·가정 간 연계에서 지니는 의미를 밝히기에 앞서, 맥락을 살펴보면 다음과 같다.

교육개혁, 학교혁신 등과 같은 용어의 빈번한 등장은 교육 변화에 대한 대중의 요구를 의미한다. 즉 관료적이고 폐쇄적이며 개인주의화된 기존의 학교문화에서 벗어나, 열린 공동체적 학교문화를 통해 자율적이고 다양한 학교교육과정과 운영 등이 실현되는 변화 모습을 바라는 것이다.

이러한 바람과 함께 시작된 5·31 교육개혁은 '열린교육체제'와 '평생학습사회'를 지향하면서, 교육정책의 방안으로 학교, 가정, 지역사회 간 파트너십 형성의 필요성을 제시했다.안병영·하연섭, 2015 하지만 5·31 교육개혁은 초·중등교육의 자율적 운영을 위한 학교공동체 구축 방안으로 학교운영위원회 설치와 학교장 및 교사초빙제의 시범 실시만을 제시했을 뿐, 학교현장에서 나타나고 있는 문제의식과 개혁 의지는 반영되지 않아 한계로 지적되었다.노종희, 1996 즉 5·31 교육개혁은 학교혁신을 도모하고자 했지만 정책 중심의 하향식top-down 통제 및 관리 방식 운영을 야기하면서 정책과 현장 간 괴리로 이어졌다.

교육정책과 현장 간 괴리에 관한 연구는 지속적으로 보고되고 있다.변기용, 2018; 신현석, 2009; 신현석 외, 2019; 홍지오, 2018; 황준성 외, 2017 노종희1996는 교육개혁이 이루어지기 위한 토대로 교육공동체를 제시했다. 교육공동체 구성원들 간의 돌봄, 신뢰, 협동, 헌신 등을 바탕으로 한 결속과 연대를 특징으로 하는 공동체의 구축은 교육개혁의 핵심이자, 모든 교육개혁에서 요구되는 토대가 되고 있다. 이는 교육공동체가 '공교육 위기의 극복 대안', '교육행정학의 도전적 과제', '교육 갈등 해소와 바람직한 교육의 모습을 회복하는 교육운동의 일환', '학교 평가 방안 모색', '학교 분쟁 해결' 등 다양한 측면에서 활발하게 논의되고 있는 경향과 맥락을 같이 한다.신현석, 2004

이와 같은 흐름은 한국 교육개혁에서뿐만 아니라, 세계의 교육개혁 과정에서도 유사하게 보고되고 있다.성성보 외, 2019 이렇듯 교육개혁이 이루어지기 위해서는 교육공동체의 기반이 필요하며, 이를 바탕으로 학교교육의 변화뿐만 아니라, 학교와 지역사회를 연계한 평생교육체제로 나아가는 변화의 방향을 시사한다.

교육개혁의 흐름은 학교의 변화를 요구하는 것이 특징이다. 즉 학교가 바뀌어야 교육개혁, 학교혁신이 이루어질 수 있다는 것이다. 따라서 학교에 대한 사회적 요구의 목소리는 더욱 높아지고 있지만, 학교현장에서 이러한 요구를 수용하는 데에는 한계가 있으며, 학교현장의 과부하 현상이 나타나고 있는 것이 현실이다. 이와 같은 상황에서 이 책에서 다룬 라온중 자유학기(년)제 운영과정 이야기는 학교·지역사회·가정 간 연계를 통해 나타난 교육공동체의 형성이 학교 안과 밖을 넘나들며 교육이 성공적으로 이루어진 특별한 사례라는 측면에서 가치가 있다.

종합하여, 라온중 자유학기(년)제 운영과정에서 나타난 교육공동체 형성이 학교·지역사회·가정 간 연계에서 가지는 의미를 밝히면 다음과 같다.

첫째, 라온중 자유학기(년)제 운영과정에서 나타난 교육공동체 형성은 학교·지역사회·가정 간 연계를 위한 협력적 관계가 형성되는 과정에서, 교육공동체의 특성[15]이 발견되었다는 점에서 의미가 있다. 라온중은 2014년 자유학기(년)제 연구학교로 지정되어 운영되기 시작해, 약 7년여 동안 2명의 담당 교사를 중심으로 운영되었다. 이 기간에 학교는 자유학기(년)제 운영을 위해 지역사회 및 가정 간 연계를 통한 교육자원이 필요했으며, 그 과정에서 협력적 관계가 형성될 수 있었다.

한편 지역사회에서는 라온센터를 중심으로 이미 다양한 교육활동이 이루어지고 있었다. 그 과정에서 '라온동 꿈마을 공동체'를 통해 지역사회와 가정 간 연계가 활발하게 이루어지면서, 탄탄한 주민조직이 생겨

---

15. 이 책에서 교육공동체는 "교육이라는 공통의 관심사를 기반으로 개인들 간의 관계가 점차 유기적으로 조직화되면서 형성된 공동체 문화 속, 학교·지역사회·가정을 구성하는 개인들의 집합"이다. 이러한 개인들의 집합은, 공통의 '가치, 규범, 신념, 감정', 개인의 '관심, 의지, 헌신, 협동, 참여', 관계의 '상호성, 신뢰성, 의존성, 의사소통', 조직의 '유대, 결속' 등의 작용을 통해 촉발하고 지속할 수 있다고 조작적으로 정의했다.

나 운영되기 시작했다. 그 결과 학교교육에 참여를 의도하지는 않았지만, 자유학기(년)제 운영을 계기로 학교와의 연계가 자연스럽게 형성될 수 있었다. 이러한 주민조직은 자유학기(년)제가 원활하게 운영될 수 있었던 요인으로 '준비된 주민조직'이라는 평가를 받았다. 라온중은 자유학기(년)제를 처음 운영할 때 학교와 지역사회를 연계한 자유학기(년)제 활동 프로그램에 대한 준비가 되어 있지 않은 상황에서도, 주민조직의 참여를 통해서 어렵지 않게 진행했다. 나아가 현재 지역사회 주민조직에는 교육팀이 만들어져서 더욱 체계적으로 운영되고 있다.

학교·지역사회·가정 간 협력적 관계가 형성되는 과정에서 주목할 만한 점은 자유학기(년)제 운영과정에 직접적으로 참여하는 교육공동체 주체들의 긍정적인 경험을 통해 교육공동체 특성이 발견되었다는 것이다. 구체적으로 살펴보면, 자유학기(년)제 운영 초기에 교장과 교사는 학교교육에 대한 지역사회와 가정의 참여를 부정적으로 인식하고 있었다. 하지만 자유학기(년)제 활동 프로그램 운영과정에서 지역사회와의 연계는 피할 수 없는 대안이었기에 시도되었다. 이 과정에서 학교는 지역사회 및 가정 간 연계에서 긍정적인 경험을 했다. 긍정적인 경험은 교장 및 교사 개인의 관심과 의지, 헌신, 협동, 참여를 도모했으며, 학교 안과 밖에서의 상호성과 의사소통이 이루어졌다. 또한 라온센터의 센터장·센터 선생님·마을활동가는 지역사회를 기반으로 한 교육공동체에서 학교교육의 직접적인 참여를 통해 공통의 가치와 신념이 강화되고, 관계의 상호성과 의사소통 등이 이루어지고 있었다. 또한 가정은 관심과 참여의 의미를 지니게 되었으며, 학교와 지역사회와의 상호성, 그리고 학교교육에 대한 신뢰성 등 다양한 교육공동체 특성을 경험한 것으로 나타났다.

특히 학교·지역사회·가정이 공통적으로 보여 준 교육공동체 특성은 가치, 헌신, 참여, 의사소통, 유대 등이다. 참여자들은 자유학기(년)제를 통해 교육을 중심으로 이루어지는 활동의 가치에 대해 명확하게 인식하고 있었으며, 그러한 가치가 기반이 되어 헌신과 참여가 가능했던 것이다. 또한 이 과정에서 이루어지는 각 주체 간 의사소통은 문제와 한계를 해결하는 데 중요한 특성으로 나타났다. 교육공동체 주체들은 이와 같은 특별한 사례가 가능했던 이유에 대해서 "우리 라온동이었기 때문에 가능했다"라는 자부심과 함께 유대감을 보여 주었다.

이 책에서 이야기하고 있는 라온중 자유학기(년)제 운영과정에서 나타난 교육공동체 형성은 각 주체들의 실제 경험을 통해 체화되고 표현되고 있지만, 겉으로 드러나지 않았던 암묵지(교육공동체성)를 발견했다는 점에서 의미가 있다.

둘째, 라온중 자유학기(년)제 운영과정에서 나타난 교육공동체 형성은 학교·지역사회·가정의 움직임으로부터 일어났으며, 자유학기(년)제 운영과정에서 정책을 통한 지원은 최대한이 아닌, 최소한으로 이루어진 것이 효과적이었다는 점에서 의미가 있다.

라온중은 자유학기(년)제를 운영하는 학교만이 아니라, 학교·지역사회·가정 간 연계의 움직임을 통해 이루어졌다. 움직임은 작은 계기들에 의해서 만들어졌다. 예를 들어, 교사는 학생 면담 과정에서 지역사회에 있는 라온센터의 존재와 역할을 알게 되었다. 교사는 학교에서 공부를 잘하는 학생만이 아니라, 공부에 관심 없는 학생도 센터를 자주 방문한다는 것을 알게 되었다. 그 과정에서 자유학기(년)제 운영을 담당한 교사는 자연스럽게 라온센터에 접근하게 되었으며 지역사회를 알게 된 것이다.

한편 라온센터는 '경험이 최고의 학습이다, 최고의 경험은 마을 안에서, 일상 속에서 일어나다'라는 활동 철학을 바탕으로 청소년 교육에 대한 관심이 컸다. 라온센터는 청소년을 대상으로 '시작된 변화', '너도 꽃' 등과 같은 다양한 활동 프로그램과 마을 축제 등을 운영하고 있었으며, 이미 학교와 연계하여 단기적인 활동 프로그램을 운영하기도 했다. 그러던 중 2018년에 라온중에서 자유학기(년)제가 본격적으로 운영되면서, 라온센터는 자유학기(년)제를 통해 학교와 연계하여 1학기 이상 지속적인 프로그램을 운영할 수 있었다.

마지막으로 가정은 학부모, 학부모이면서 마을활동가로서 지역사회센터 또는 개인 활동을 하고 있었다. 특히 이 책에서 등장하는 지역사회 구성원들은 자녀가 자유학기(년)제를 경험하면서 학업에 소홀해질 수 있다는 우려와 고민이 많았던 시기에 청소년 교육활동에 관심이 커져서 참여를 했다고 한다. 이러한 참여 경험은 자녀가 학교를 졸업한 후에도 지속된 것으로 나타났다. 이러한 작은 움직임들이 자유학기(년)제 운영을 계기로 모이게 된 것이다.

한편 자유학기(년)제 예산은 프로그램을 진행하기 위해 강사를 섭외하고 운영하는 데 현실적인 어려움으로 나타났다. 따라서 최소한의 지원으로 이루어질 수밖에 없었다. 그럼에도 라온중 자유학기(년)제 활동 프로그램은 다른 학교의 프로그램과 비교하면, 상대적으로 매우 효과적이었다는 평가를 받았으며, 모범 사례로 알려져 있다. 모범 사례가 되기까지, 교육공동체이 가 주체들은 십시일반 예산 지원 방안을 모색하여 투자하고, 마을활동가 조직 및 단체의 헌신과 희생을 바탕으로 최대한 질 높은 자유학기(년)제 활동 프로그램이 운영될 수 있도록 한 노력의 과정이 있었다. 이러한 과정은 오늘날까지도 교육공동체가 형성되고 지속되는 데 중요한 힘이 되고 있다.

이렇듯 최소한의 지원으로 교육공동체의 특성을 더욱 강화하는 계기가 마련되었다. 다만, 자유학기(년)제 운영과정을 통해 나타난 행정의 역할은 헌신과 희생을 통한 참여, 눈에 보이지 않는 가치와 유대 등에 의존하기보다는, 더욱 적절한 지원을 고민하고 실천을 도모할 수 있는 현실적인 지원 역할에 대한 고민이 필요하다.

셋째, 라온중 자유학기(년)제 운영과정에서 나타난 교육공동체 형성은 학교·지역사회·가정 중 특정한 주체(지역사회 라온센터)가 주도하는 역할을 했지만, 다른 주체가 운영과정에서 제외 또는 소외되는 것은 아니라는 점에서 의미가 있다.

라온중 자유학기(년)제 운영과정에서 나타난 교육공동체 형성은 라온센터와 같은 플랫폼(네트워크의 중심) 역할을 하는 주체가 시작점이 되었다. 이 책에서 이야기한 '담에 생긴 틈'이 만들어지는 과정에서도 센터가 보여 준 역할과 센터장의 역할이 보여 준 교육력이 강조되었다.

중요한 점은 학교·지역사회·가정 간 연계에서 센터가 주도하는 모습이 나타났지만, 학교·지역사회·가정이 동등한 역할과 중요성을 가지고 있다는 것이다. 한 지역사회 구성원이 언급했듯이, 센터장을 '유비劉備'와 같은 존재라고 표현한다. 센터장은 사람들이 모여서 어떻게 해야 할지 고민하고 있으면 나타나서 길을 만들어 주고 연결을 시켜 주는 역할을 하기 때문이다.

센터는 중요한 역할을 하고 있지만 구성원이 바뀔 수 있는 조직이다. 따라서 교육공동체가 지속하기 위해서는 주민 개별적이든 조직 및 단체 그리고 기관을 통해서든 스스로 성장할 수 있어야 한다. 라온동에서는 이러한 노력으로 '라온 꿈마을 협동조합', '주민자치회(교육분과)' 등을 만들어 운영하고 있다.

한편 학교·지역사회·가정의 참여는 필요에 따라 이루어졌다는 점에서 생각해 보아야 한다. 학교(라온중)는 자유학기(년)제 운영과정에서 학교가 가진 교육자원의 한계를 해소하기 위해 연계 및 참여가 필요했다. 지역사회(라온센터)는 학교교육 참여와 센터 프로그램 운영에서 청소년 참여를 위한 홍보 방안이 필요한 상황이었다. 그리고 가정(학부모)은 자녀 교육에 대한 관심과 함께 자유학기(년)제 기간 동안 자녀가 시험을 보지 않고 체험활동을 하면서, '시험을 보지 않는 학기', '노는 학기' 등과 같은 부정적 인식을 하게 되었으며 자녀의 학업에 대한 걱정이 더해지면서, 가정의 교육 참여 동기와 계기가 형성될 수 있었던 상황이었다. 즉 학교·지역사회·가정 각각이 지닌 환경에서, 각 주체는 필요에 따라 참여가 이루어졌다.

이렇듯 세 주체가 가진 교육이라는 관심사는 세 주체를 묶는 학생 교육이라는 연결고리를 만들어 더욱 끈끈하게 연계되는 힘이 되었다. 그러므로 그 관심사가 교육이기 때문에, 세 주체 중 어느 한 주체를 빼고는 교육공동체 형성과 지속에 대한 논의는 어렵다고 볼 수 있다.

넷째, 라온중 자유학기(년)제 운영과정에서 나타난 교육공동체 형성은 네트워크(관계)와 정보의 힘이 학교·지역사회·가정 간 연계를 강화했다는 짐에서 의미가 있다.

라온중 자유학기(년)제 운영과정에서 교육공동체가 형성되는 과정에는 연계가 중요하게 나타났다. 이 책에서 살펴본 라온중 자유학기(년)제 운영 사례에서 연계는 크게 네트워크(관계)와 정보를 통해 이루어졌다. 네트워크(관계)는 주로 지역사회(라온센터)가 플랫폼 역할을 하면서 중심이 되었다. 사례에서 라온중 자유학기(년)제 담당 교사가 지역 교육자원을 찾는 과정에서 센터가 중요한 연결고리가 되어, 지역사회 및 교육활동 프로그램에 대한 정보를 얻을 수 있었다. 이후 학교는 운영과정에서 필요한 교육자원 및 정보가 있는 경우, 바로 협의하고 논의할 수 있는 파트너로서 지역사회(라온센터)를 찾았다. 지역사회(라온센터)는 네트워크 및 정보의 플랫폼 역할을 하고 있었다.

가정은 네트워크(관계)의 부재와 자유학기(년)제 관련 정보의 부재로 인한 고립을 경험하고 있었다. 이러한 문제점은 가정의 지역사회(라온센터) 참여를 통해 서서히 풀리기 시작하면서, 학부모 인식의 변화, 학부모 참여를 통한 변화 등으로 나타났다.

변화의 힘은 네트워크(관계)와 정보로부터 만들어졌다. 그 결과 라온중 자유학기(년)제 운영과정에서 학교·지역사회·가정 간 연계가 이루어지면서, 가정의 참여는 중요한 요인이 되었다. 따라서 가정이 갖게 되는 네트워크(관계)와 정보는 교육공동체 형성에 더욱 긍정적인 영향을 줄 것으로 보인다.

앞서 제시한 바와 같이, 라온센터의 역할은 네트워크와 정보력을 갖춘 플랫폼 역할이라고 할 수 있다. 즉 실제 라온중 자유학기(년)제 운영 과정에서 교육공동체가 형성될 수 있었던 중요한 요인 중 하나는 라온센터와 같은 네트워크와 정보력을 갖춘 플랫폼이었다. 교육공동체 주체들도 한목소리로 언급했듯이, 라온센터와 같은 플랫폼은 반드시 필요하며, 센터를 통해 학교·지역사회·가정 간 연계를 강화할 수 있었다는 점에서 의미가 있다.

다섯째, 라온중 자유학기(년)제 운영과정에서 나타난 교육공동체 형성은 학교·지역사회·가정 간 연계를 돕는 '정리된 언어의 힘'을 보여 주었다는 점에서 의미가 있다.

정리된 언어의 힘은 자신들의 활동과 경험을 돌아보는 데 적절하게 작용하여, 교육공동체를 형성하고 지속하는 데 실제적인 영향을 주었던 것으로 나타났다. 특히 라온센터에서는 설립 초기에 운영을 위한 비전, 활동 콘셉트, 원칙, 다짐 등 언어로 정리하는 일이 우선적으로 이루어졌다. 라온센터는 '자주적이면서 더불어 사는 행복한 청소년! 지식과 함께 더불어 사는 삶을 배우는 청소년 센터! 꿈·열정·희망이 넘치는 살맛 나는 지역공동체 라온동!'을 비전으로 설정했다. 라온센터의 활동 철학으로는 '경험이 최고의 학습이다, 최고의 경험은 마을 안에서, 일상 속에서 일어나다'를 제시하는 등 언어로 정리된 다양한 비전, 철학, 활동 콘셉트, 원칙, 다짐 등을 제시했다. 언어로 정리하는 작업은 센터가 지역사회에서 다양한 교육 활동을 진행하면서 활동 참여자들에게 학습될 수 있는 요인이 되었다. 나아가 라온중 자유학기(년)제 운영과정에서 나타난 교육공동체 형성이 이루어지고 지속되는 데 영향을 미치고 있었다.

필자는 라온동 교육공동체 주체들과의 인터뷰 과정에서 정리된 언어의 힘을 포착할 수 있었다. 교육공동체 주체들과의 인터뷰 과정에서 그들이 사용하는 언어를 통해 현장에 기반한 교육공동체의 의미와 특징이 표현되있다. 그들이 사용한 언어는 이 책에 그대로 사용될 정도로 의미가 있고 매력적이었다. 이는 센터가 중심으로 직간접적으로 진행한 교육의 참여와 경험의 효과라고 할 수 있다. 또한 학교 교사의 경우, 7년여의 자유학기(년)제 운영 경험과 지역사회와의 연계 경험 과정에서 정리된 언어를 사용하게 되었으며, 자유학기(년)제 운영 계획 수립 및 보고 등의 과정을 통해 학습이 이루어졌다. 이렇듯 교육공동체 형성 사례에서는 언어로 정리된 철학, 비전 등이 대중에게 제시되고 실제 사용되면서 나타나는 힘이 발견되었다.

특히 교육공동체 주체들은 정리된 언어를 통해, 자신들이 속한 교육공동체에서 나타나고 있는 현상을 어떻게 바라보고, 또 스스로 정리하고 있는지 표현했다. 정리된 언어의 힘은 교육공동체 주체의 암묵지를 드러내는 데 매우 효과적인 전달 도구가 되었다. 이렇듯 정리된 언어는 학교·지역사회·가정 간 연계가 단단하게 이루어지고, 나아가 교육공동체를 형성하고 지속하는 데 중요한 영향을 주었다는 점에서 의미가 있다.

2. 학교조직에서 교육공동체 형성의 의미

라온중 자유학기(년)제 운영과정에서 나타난 교육공동체 형성이 학교조직에서 가지는 실제적 의미를 밝히기에 앞서, 맥락을 살펴보면 다음과 같다.

오늘날 대표적인 교육정책인 혁신학교, 혁신교육지구, 마을교육공동체, 고교학점제, 자유학기(년)제 등의 운영과정에서, 교육공동체는 중요한 방안으로 제시되고 있으며 구체적인 사례도 지속적으로 보고되고 있다.

자유학기(년)제는 학교와 지역사회 간 연계를 통해 교육과정이 운영되고 있는 대표적인 교육정책이다.[홍지오, 2019] 교육부(중앙교육행정) 차원에서 시작된 자유학기(년)제는 8여 년 동안 꾸준히 효과와 성과가 연구를 통해 보고되고 있다. 현재 자유학기(년)제와 관련된 교육부의 권한이 점차 지역 교육청으로 이양되면서[박균열·홍지오 외, 2019], 향후 자유학기(년)제 정책은 각 지역의 특성을 바탕으로 한 교육과정의 혁신이 이루어질 가능성이 높아졌으며, 그 과정에서 학교혁신을 위한 성과가 나타날 것으로 기대된다. 또한 자유학기(년)제는 교육과정의 재구성을 통해 학교 안팎의 다양한 교육자원의 활용이 이루어지고 있으며, 그 과정에서 학교교육의 한계가 해소되고 있다. 따라서 자유학기(년)제는 교육과정 및 운영을 통해 교육공동체의 다양한 현상이 발견될 가능성이 높다.

자유학기(년)제 운영과정에서 나타난 교육공동체 형성의 발견은 학교교육에 대한 공통의 목표와 일차적인 책임을 가지고 있는 학교·지역사회·가정을 통한 탐구의 필요성을 제시한다[신현석, 2006; Sergiovanni, 1994]는 점에서 의의가 있다. 또한 자유학기(년)제는 교육부(중앙교육행정) 차원에서 추진되고 있는 정책임에도, 실제 운영되는 과정에서 단위학교가 위치한 지역사회의 교육공동체를 기반으로 '하향식top-down'이 아닌, '상향식bottom-up'으로 이루어지는 현상이 발견되고 있다는 점에서 의의가 있다. 이는 지역 교육청 차원에서 시작된 정책(혁신학교, 혁신교육지구, 마을교육공동체 등)이 강조하는 교육공동체가 교육부 정책인 자유학기(년)제에도 그대로 적용되고 있는 것을 보여 준다. 즉 오늘날 교육정책은 중앙과 지방의 범위를 넘어 공통적으로 단위학교 차원에서 실제 교육정책이 운영되는 과정에서 요구 및 필요로 하는 교육공동체를 지향하는 경향을 보여 준다.

이와 같은 흐름은 학교조직에 대한 접근이 '학교 중심'에서 '학교·지역사회·가정 간 연계 중심'으로 전환되어 교육공동체적 접근의 필요성을 함의한다. 그 맥락에는 학교조직이 가진 문제와 한계를 해결하기 위해, 기존 학교조직의 관료적, 폐쇄적, 그리고 개인주의적인 문화 특성에 균열과 변화의 출현을 볼 수 있다.

특히 학교조직 특성의 균열과 변화 현상은 학교 안팎에서 나타나는 상향식 방식의 운영과정을 통해 살펴볼 수 있다. 학교 안에서는 교사가 자율성을 가지고 학습을 계획하고, 그 과정에 학생들이 참여하는 사례가 나타난다. 학교 밖에서는 수업 운영에 참여할 수 있는 지역사회와 가정의 교육자원이 학교 안으로 들어와 함께하는 것이다. 즉 학교 안팎을 넘나들며 자유학기(년)제가 운영되는 것이다.

이렇듯 기존의 학교조직은 빠른 환경의 변화와 다양한 사회적 요구에 대한 대응의 한계 및 문제점을 가지고 있으며, 이를 지역사회 및 가정과의 연계를 통한 교육공동체적 접근을 통해 해결할 것을 지향하고 있다. 이는 8여 년이라는 긴 시간 동안 자유학기(년)제가 운영되면서 학교조직의 특성을 변화시킨 효과가 축적된 결과라고 할 수 있다. 앞으로 학교조직의 특성과 자유학기(년)제 운영과정에서 중요한 전환이 되는 지점이다. 이러한 맥락에서 자유학기(년)제가 실제 운영되고 있는 단위학교 차원의 교육공동체 형성과 의미를 밝히는 것은 가치가 있다.

따라서 라온중 자유학기(년)제 운영과정에서 나타난 교육공동체 형성이 학교조직에서 가지는 의미를 밝히면 다음과 같다.

첫째, 라온중 자유학기(년)제 운영과정에서 나타난 교육공동체를 통해 학교가 가진 교육자원의 한계가 해소되고, 실제 자유학기(년)제 활동 프로그램이 풍부해졌다는 점에서 의미가 있다.

라온중은 자유학기(년)제 시행과 함께 학교 내에서 활동 프로그램을 운영하는 과정에서 교육자원의 한계가 있었다. 학교는 교육자원의 한계를 개선해야 하는 상황에 직면한 것이다. 학교는 한계에 따라 교육청과 지역사회 기관을 통해 강사 인프라, 교육 장소 등의 교육자원을 공유받았다. 하지만 외부 업체와의 연계는 운영과정 전반에서 교육의 낮은 질과 학생 만족도 등의 측면에서 문제점이 발생했다.

학교는 교육자원의 부족 문제를 해결하는 과정에서 한계에 직면하여 다양한 방안을 강구했지만, 자유학기(년)제 활동 프로그램을 운영하기에는 역부족이었다. 이 상황에서 라온중 자유학기(년)제 운영 담당 교사는 학생·학부모·동료 교사 등을 통해 지역사회(라온센터)를 알게 되었다. 교사는 주변인들로부터 자연스럽게 라온센터를 접하게 되었고, 연계하여 자유학기(년)제 활동 프로그램을 운영하면서 긍정적인 경험을 한다.

그 결과 지역사회를 기반으로 진행된 자유학기(년)제 활동 프로그램은 다양한 교육자원의 활용과 지역사회에 관한 내용 등을 바탕으로 풍부하게 구성되었다. 학교는 지난 자유학기(년)제 운영과 비교했을 때, 상대적으로 높은 학생 만족도와 교사 만족도를 받게 되었다. 결국 라온중 자유학기(년)제 운영과정의 실제에서 학교가 직면한 어려움이 지역사회와 가정 간 연계로 이루어진 교육공동체를 통해 채워진 것이다.

둘째, 라온중 자유학기(년)제 운영과정에서 나타난 교육공동체를 통해 학교조직의 관료적, 폐쇄적, 개인주의적 문화가, 학교·지역사회·가정 간 상호성과 역동성을 바탕으로 한 교육공동체 관점의 학교조직으로 변화하기 시작했다는 점에서 의미가 있다.

라온중은 자유학기(년)제 연구학교 지정을 시작으로 약 7년여 동안 운영되고 있다. 자유학기(년)제는 단위학교에서 장기간의 정책 운영이 이루어진 흔치 않은 사례이며, 오늘날 교육정책의 장기적 시행에 대한 대중의 요구가 강한 시기에 부합하는 정책이라는 점에서 의미가 있다.

라온중에서 장기간 운영된 자유학기(년)제는 학교조직문화에도 영향을 미쳤다. 앞서 이야기한 바와 같이, 자유학기(년)제 시행 전 및 초기 상황에는 학교의 협력적 관계 형성의 문제, 학교 지원 시스템의 부재, 학교와 지역사회 및 가정 간 인식의 차이 등의 문제가 나타났다. 문제는 기존의 학교조직에 팽배해 있던 관료적·폐쇄적·개인주의적 문화가 여전히 지배적인 가운데 나타난 특징에 따른 것이었다. 이후 라온중은 지역사회 및 가정 간 연계를 통해 교육공동체가 형성되는 과정에서 상호성과 역동성이라는 변화를 가질 수 있었다.

이러한 맥락에서 호이와 미스켈Hoy & Miskel, 1996: 21이 제시한 개방체제 관점open system perspective은 오늘날 학교조직을 둘러싼 환경과 상호성 및 역동성을 설명하기 어렵다는 한계가 있다. 따라서 호이와 미스켈이 제시한 '학교 차원에서의 개방체제 관점'을 보완하여, '교육 차원에서의 교육공동체 관점'인 교육생태계 모형educational community model에 대한 접근이 필요하다. 교육생태계 모형에 대한 접근은 앞서 제시한 [그림 1-3]과 같이 학교조직 차원에서 교육자원(교직원, 학생, 재정 등)이 투입되고 학교 내의 교육적 변환과정transformational process을 거쳐 교육받은 학생을 산출하는 것과는 차이가 있다.

따라서 이 책에서는 라온중 자유학기(년)제 운영과정에서 나타난 교육공동체 형성 사례에 기반하여, 학교교육 운영을 통한 학교·지역사회·가정의 공생과 공존을 목표로 하는 교육생태계 모형educational ecosystem model을 [그림 5-1]과 같이 도출했다.

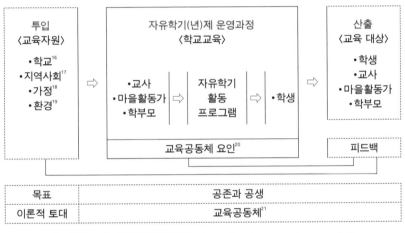

[그림 5-1] 교육생태계 모형(educational ecosystem model)

[그림 5-1]은 기존의 호이와 미스켈이 개방체제 관점에서 제시한 '학교'와 '환경'을, '투입(학교·환경)'에 적용했으며, 투입에는 지역사회와 가정이 포함되었다. 즉 교육을 중심으로 한 투입요인(교육자원)을 환경을 포함한 학교·지역사회·가정으로 설정한 것이다.

또한 그림에서 제시한 환경은 학교가 인식하고 통제할 수 있는 환경이 아니라는 점과 학교교육에 대한 공통의 관심사를 바탕으로 학교·지역사회·가정이 동등하게 역할과 중요성이 제시되었다는 점에서, 호이와 미스켈의 개방체제 관점과는 차이가 있다.

더불어 호이와 미스켈의 개방체제 관점에는 피드백 고리가 있다. 이는 학교 관점에서 본 피드백 고리로, 낮은 학업성취(성적)도, 졸업생들 진로 등의 문제를 파악하여 개선하는 정도의 수준을 의미한다. 반면에 그림에서 제시한 피드백 고리의 대상은 학생·교사·마을활동가·학부모 등으로 대상의 범위가 확대되었다는 점에서 차이가 있다. 이들은 산출(교육대상)이자, 다시 '투입'과 '자유학기(년)제 운영과정'에 피드백되는 교육자원으로서 학교교육으로 순환되는 것이다. 예를 들어, 라온중 자유학기(년)제 운영과정을 통해 투입된 교사·마을활동가·학부모는 다시 교육자원과 학교교육에 피드백된다. 학습한 학생(산출·교육 대상)은 졸업 후 성장하여 교육자원으로서 투입되고, 학생 참여를 통해 자유학기(년)제 운영과정이 이루어지는 것이다. 즉 교육생태계 모형에서 본다면, 교육받은 학생은 산출되는 것에서 끝나는 것이 아니라 자유학기(년)제 운영과정에 직접 참여하거나, 또는 학교를 졸업한 학생이 지역사회에서 직업인, 마을활동가, 학부모 등으로 성장하여 학교교육에 참여 및 기여하는 등의 선순환 과정이 이루어지는 모습이다.

----

16. 학교: 교장, 교사, 공간, 교육 지원 시스템 등.
17. 지역사회: 센터(구성원), 마을활동가, 지역 네트워크, 지역 정보 등.
18. 가정: 학부모, 학부모이면서 마을활동가 등.
19. 환경: 교육정책, 사회적 요구, 교육 이슈 등.
20. 교육공동체 요인: 공통의 가치·규범·신념·감정 등, 개인의 관심·의지·헌신·협동·참여 등, 관계의 상호성·신뢰성·의존성·의사소통 등, 조직의 유대·결속 등.
21. 교육공동체: 교육이라는 공통의 관심사를 기반으로 개인들 간의 관계가 점차 유기적으로 조직화되면서 형성된 공동체 문화 속, 학교·지역사회·가정을 구성하는 개인들의 집합.

이와 같이 기존에 호이와 미스켈이 제시한 개방체제 관점open-system perspective과 이 책에서 제시한 교육생태계 모형educational ecosystem model 간에는 차이가 있다. 이는 호이와 미스켈이 제시한 개방체제 관점이 가진 한계를 보완하기 위해 재구성한 결과이다. 이러한 접근은 오늘날 복잡다단한 사회 환경의 변화와 함께 교육에 대한 다양한 사회적 요구가 표출되는 상황에 대응하기 위해 필요한 접근의 결과라고 할 수 있다. 즉 학교현장에서는 더 이상 학교 중심의 조직체제로는 설명되지 않는 복잡한 현상이 나타나고 있으며, 이를 설명하고 이해하기 위해서는 조직체제도 학교 중심이 아닌, 교육을 중심으로 학교 안팎을 넘나드는 의미에서의 접근이 필요하다.

따라서 이 책에서 제시한 '교육생태계 모형'은 학교·지역사회·가정 간 연계를 통해 학교교육이 운영되며, 그 과정은 교육공동체를 토대로 각 주체 간 공존과 공생을 목표로 한다.

셋째, 라온중 자유학기(년)제 운영과정에서 나타난 교육공동체를 통해 학교 교사의 인식에 변화가 나타났으며, 이러한 변화를 구성원 스스로 인식하기 시작했다는 점에서 의미가 있다.

앞서 언급한 바와 같이 장기간의 자유학기(년)제 운영은 학교조직 차원에서뿐만 아니라, 교사 개인의 인식 변화에도 영향을 주었다. 자유학기(년)제는 학생들이 학교교육과정에서 1학년 1학기부터 2학년 1학기 중, 한 학기 동안 중간·기말고사 등의 시험을 보지 않고 다양한 체험활동을 중심으로 교육과정을 운영하도록 유연화를 주려는 취지가 있다. 학교는 정책의 취지와 함께 장기간 교사의 교육과정 운영에 대한 자율성과 유연화를 확대하는 기회가 되면서, 교사 스스로 교육과정 운영을 위한 고민과 지역사회 및 가정 간 연계에 대한 시도가 정착되기 시작했다. 이는 교사의 교수·학습에 대한 고민의 기회가 정책 시행으로 인한 단기적 과정 및 결과물 산출이 아닌, 장기적인 관점에서 이루어지면서 나타난 효과이다.

그 결과 라온중 자유학기(년)제 운영과정에서는 교사 인식에 변화가 생겼다. 라온중 교사는 학교·지역사회·가정 간 연계를 통해 활동 프로그램 운영을 경험한 후, 과거 자신은 지역사회에 대한 관심과 학교·지역사회·가정 간 연계의 중요성에 대한 인식 수준이 높지 않았다고 말했다. 교사는 자유학기(년)제 활동 프로그램 운영을 위해 학교·지역사회·가정 간 연계가 필요했고 프로그램이 종료되면 연계도 끝나는 것이 아니라, 그 과정에서 교사 스스로 학습하고 인지하게 되는 인식의 변화를 경험한 것이다. 이렇듯 라온중 자유학기(년)제 운영과정에서 나타난 교육공동체 형성에서 학교 교사의 교육공동체에 대한 인식의 변화가 나타났다는 점은 의미가 있다.

넷째, 라온중 자유학기(년)제 운영과정에서 나타난 교육공동체를 통해 학교·지역사회·가정이 함께 교육 문제를 해결하고 있다는 점에서 의미가 있다.

라온중은 자유학기(년)제 운영과정을 통해 교육이 학교에서만 이루어져야 하고 학교를 중심으로 운영되어야 한다는 인식에서, 교육공동체를 통한 교육이 필요하고 가능하다는 인식으로 전환되었다. 학교장은 교육의 3주체를 '교사, 학생, 학부모'에서 '교사, 학생, 지역사회'로 넓게 보는 인식의 전환이 필요하다는 말을 하기도 했다.

한편 학교는 자유학기(년)제 운영과정에서도 학생의 학업, 진학, 사교육 등의 문제를 지속적으로 직면할 수밖에 없는 상황이다. 다양한 교육공동체 주체가 자유학기(년)제를 통해 학교교육에 참여 및 협력하고 있는 반면에, 불편한 관계를 형성하기도 하는 것이 학교현장의 실제이다. 라온중 학교장은 학교에서 지역사회와 가정을 대상으로 교육을 진행하여, 학교와 교육정책에 대한 이해와 참여를 도모해야 한다는 의견을 말하면서 실질적인 계획을 세우기도 했다. 이러한 노력은 단순히 학교교육의 한계 또는 자유학기(년)제의 한계를 설명하고 공유하기 위한 것이 아니라, 학교·지역사회·가정이 함께 교육 문제에 접근하고 해결해야 한다는 접근이다.

교육공동체 주체가 함께 교육 문제에 접근하는 것은 라온중 자유학기(년)제 운영과정에 중요한 의미를 제시한다. 앞서 제시한 바와 같이, 자유학기(년)제는 오늘날 교사, 학부모 등의 어른들은 경험하지 못한 정책이다. 따라서 교사·마을활동가·학부모는 본인들이 경험하지 못한 교육을 학생들에게 제공해야 했기 때문에, 참여를 통해 더 좋은 방향으로 운영될 수 있도록 협력적 관계를 형성할 필요가 있었다.

또한 라온중의 자유학기(년)제 운영과정은 자유학기(년)제를 운영한 지 7년여 동안 이루어진 의미 있는 여정이다. 앞으로 라온중은 학교·지역사회·가정이 함께 이루어 나갈 교육을 장기적인 관점으로 접근하기 시작했다는 점에서도 의미가 있다.

다섯째, 라온중 자유학기(년)제 운영과정에서 나타난 교육공동체를 통해 학교는 지역사회를 이해하고 역할과 중요성을 인식하기 시작했다는 점에서 의미가 있다.

라온중은 자유학기(년)제 운영과정을 통해 지역사회를 자세히 들여다

보고, 지역사회에서 학교의 역할과 중요성을 인식하기 시작했다. 이미 지역사회와 가정은 학교의 역할과 중요성에 대해 목소리를 내고 있었지만, 정작 학교는 담을 쌓고 듣지 못했던 것이다.

학교는 자유학기(년)제 운영과정에서 부족한 교육자원의 문제를 해결하는 과정을 통해, 지역사회와 가정 간 연계의 필요성을 인식하고, 나아가 지역사회에서 학교의 역할과 중요성을 자각하기 시작했다. 학교 인식의 변화는 자유학기(년)제의 목적이자 학교교육의 목적을 달성하기 위한 것이었으며, 학생들에게 더 나은 교육 환경과 서비스를 제공할 수 있는 계기가 되었다. 또한 학교는 지역사회에서 학교의 역할을 확립하고, 학교교육의 질을 높이기 위한 방향성을 가지게 되었다는 점에서 의미가 있다.

라온중은 자유학기(년)제 운영과정에서 학교의 한계를 인식하고 지역사회를 보기 시작하면서 지역교육력 차원에서 의미 있는 발견을 할 수 있었다. 이는 학교장과 교사 노력의 결과이며, 학생들에 의한-학생들을 위한-학생들을 통한 과정과 결과라는 점에서 의미가 있다. 학교장과 교사는 지역사회에 실질적으로 정주하는 학생들로부터 지역사회 정보를 알 수 있었고, 활동 프로그램을 운영할 수 있었다. 학교는 지역사회 자원에 대한 정보를 교육청이나 기관에서 제공한 자료에만 의존하지 않고, 학생들과 지역사회에 위치한 기관과 단체에 직접 찾아가는 노력을 통해 정보를 얻었던 것이다. 특히 학교장의 지역사회 행사 참여는 지역사회에 대한 정보를 얻는 데 효과적으로 나타났다.

이러한 학교의 노력은 자유학기(년)제 운영과정에서 필요한 교육자원을 원활하게 활용할 수 있는 방안을 찾는 것이 중요했다. 특히 교사는 운영과정의 최일선最一線에서 직면하는 어려움에 대해, 지역사회, 지역 기관과 단체 등으로부터 다양한 해결 방안을 제공받을 수 있었다.

교육은 학교의 노력도 중요하지만, 학교만의 노력으로는 이루어 낼 수 없다. 또한 학교만의 노력으로 오늘날 학생들이 요구하고 필요로 하는 자유학기(년)제 활동 프로그램이 운영되는 것은 역부족이다. 따라서 학교는 지역사회에서 학교의 역할과 중요성을 인식해야 할 필요성을 갖게 되었으며, 이는 라온중을 포함한 많은 학교에서 교육공동체를 형성하는 데 중요한 원동력이 될 것이다.

3부

교육공동체는 어떻게 발견할 수 있을까?

6장 교육공동체를 발견하기 위해 알아야 할 20가지 원리

6장
교육공동체를 발견하기 위해
알아야 할 20가지 원리

　오늘날 수많은 공동체 사업(마을공동체, 마을교육공동체 등)이 운영되고 있지만, 대부분의 마을에서는 소멸되었거나 지속성에 대한 고민과 한계에 직면하고 있다. 그나마 성공 사례라고 소개되는 마을은 충분한 행·재정적 지원, 교육공동체 주체들의 사회적 역량, 리더의 높은 관심 등의 요인이 이끌어 가는 중이지만 이마저도 지속성을 담보할 수는 없다. 오히려 사업 자체가 마을의 갈등을 일으키고 와해시키는 결과를 초래한다. 그럼에도 공동체 관련 정책 및 사업은 학교·지역사회·가정 간 연계를 바탕으로 한 운영을 지향하고 있다.

　특히 교육 분야에서는 오늘날 대표적인 교육정책인 혁신학교, 혁신교육지구, 마을교육공동체, 자유학기(년)제, 고교학점제 등으로 학교·지역사회·가정 간 연계를 통한 교육공동체가 강조되고 있다. 과거에도 교육공동체는 교육의 문제점 및 한계점을 해결하기 위한 대안으로 대두된 적이 있다. 다만, 정권에 따라 교육 기조가 변화했던 한국 교육의 특성상, 교육공동체에 대한 접근은 김영삼 정부의 5·31 교육개혁 이후에는 미비했으며, 학교 중심의 공동체 수준에 머물렀던 것이 사실이다.

이러한 흐름 속에서 2009년 경기도교육청을 시작으로 전국적으로 확대된 혁신학교 정책과 박근혜 정부를 시작으로 정권 교체 이후에도 시행 중인 자유학기(년)제는 지속적이고 장기적으로 추진되고 있다. 두 정책은 학교·지역사회·가정 간 연계를 통한 교육공동체를 기반으로 한 운영을 지향한다는 점에서, 앞으로 교육정책의 지속적이고 장기적인 접근의 가능성을 시사한다. 2025년부터 전면 도입되는 고교학점제 역시 교육공동체를 기반으로 하는 운영 원리를 제시하고 있다는 점에서, 교육공동체의 중요성은 더욱 강조될 전망이다. 이렇듯 학교교육은 교육공동체를 통한 변화를 요구받고 있으며, 교육정책은 이를 반영해 지속적으로 추진되고 있다.

한편 자유학기(년)제 시행 초기를 상기해 보면, 학교는 변화 요구를 수용하기보다는 거부하는 쪽에 가까웠다. 현재까지도 지역사회 구성원들은 학교의 변화 속도가 사회의 변화 속도를 따라가지 못한다고 말한다. 그 결과 교육정책은 교문을 지나는 순간 다소 변질되기도 한다.

이러한 현상은 학교뿐만 아니라 교육지원청·교육청·교육부 등 교육행정기관에서도 나타난다. 예를 들어 지자체는 학교교육, 방과후학교, 돌봄 서비스 등에 관심을 가지고 교육청 및 학교와의 연계를 시도하는 반면에, 교육청과 학교는 지자체의 교육에 대한 관심이 불편하다는 목소리가 들린다. 현장에서 만난 전문가와 활동가들은 결국 지자체-교육청(학교) 간 상생이 쉽지 않다고 입을 모아 말한다. 교육의 상위 조직에서도 이러하니 교실의 변화가 만들어지는 데에는 정말 많은 시간과 시행착오가 필요할 것으로 보인다.

그래도 학교교육은 조금씩 변화하고 있다. 그것은 지자체-교육청(학교) 간 상생의 필요성 때문이다. 폐쇄적인 학교교육을 변화시킨 것은 오늘날 대표적인 교육정책들이 지닌 일치된 방향성과 열정적인 교사의 요구와 참여 등이라고 볼 수 있다.

하지만 학교교육에 대한 사회적 요구는 교육정책과 교사에게만 의존하기에는 한계가 있다. 학교는 교육정책을 시행하기 위해서 지역사회와 가정과 손을 잡아야만 하는 상황으로 몰리고 있다. 즉 학교는 실제적인 지원도 없이, 지역사회와 가정 간 연계를 통해 교육과정을 운영해야만 하는 상황에 직면한 것이다. 이 책에서 소개하는 라온동의 교육공동체 이야기도 학교가 직면한 자유학기(년)제의 실행이 계기가 되었다.

라온중은 현재 성공적인 자유학기(년)제를 운영하는 대표적인 학교 중 한 곳이다. 라온동 지역사회는 타 지역에 교육공동체 우수 모델의 모습을 보여 주고 있다. 하지만 라온중과 라온동 지역사회의 초기 모습을 상기해 보면, 처음에는 그들도 서로 간의 경계와 담에 '어떻게?' 틈을 내고 문을 만들어 내야 할지 의문을 품고 함께 어려움을 경험했다. 대부분 학교는 이 단계에서 방법을 찾지 못하고 담당 교사 개인의 희생에 의존하게 되는 경우가 많다. 또한 지역사회는 단발적인 활동의 반복 속에서 구성원이 소모되고, 오히려 기존에 존재했던 교육공동체마저 와해되는 결과가 발생하기도 한다.

교육공동체 주체들이 인터뷰에서 한 말처럼 "라온동 교육공동체는 라온동이었기 때문에 가능했다". 라온동에는 마침 지역사회 센터가 학교에 인접해 있었고, 마침 센터는 다양한 청소년 교육 프로그램을 운영하고 있었으며, 마침 그곳에는 중심이 되어 고민하는 센터장, 지역사회

활동가 등의 사람이 있었고, 마침 지역사회 활동가 중에 학부모가 있었으며, 마침 혁신학교를 통해 짧게나마 학교·지역사회·가정 간 연계가 이루어지고 있었고, 마침 자유학기(년)제가 시행되면서 연계가 장기적으로 이루어질 수 있었던 것이다. 즉 '마침' 사람이 있었고, 조직 및 단체가 활동하고 있었으며, 연계를 필요로 하는 교육정책이 시행되는 등 많은 우연이 발생했다.

이렇듯 라온동에는 지역사회에 많은 우연을 이끌어 낼 수 있는 힘이 존재했다. 당시 상황을 상기해 보면, 이 '마침'으로 대표되는 요인들은 단순한 우연이 아니었다. 이미 지역사회에는 교육공동체의 원리들이 작용하고 있었다. 다만 교육공동체 주체들은 알지 못해 발견할 수 없었기 때문에 어려움을 겪은 것이다.

다시 말해서 지금 독자가 위치한 지역에서 어려움을 경험하고 있다면, 나중에는 "우리 동네였기 때문에 가능했다"라는 말을 하는 날도 올 수 있다는 것이다. 물론 독자가 이 책을 통해 교육공동체 원리를 볼 수 있는 앎(관점)을 지니게 되면 말이다.

이제 필자가 참여했던 교육공동체 관련 연구와 신문 칼럼에서 이야기한 몇 가지 사례를 살펴보면서 원리에 접근해 보자.

1. 교육공동체의 실제

사례 1: 서종면의 문제 해결사, 교육주민자치

경기도 양평군 서종면에는 교육주민자치 주도의 변화를 실감할 수 있는 움직임이 있다.

"마을 예술인 단체가 계절학기 강사를 하고 있습니다. 작년에 화가들이 전시회를 열었을 때 수입초 학생들이 참여해 양수리에 관한 프로젝트를 진행했습니다. 작품을 만들어 화가들이 전시할 때 함께한 것입니다. 또 박물관에서 하는 여름 계절 학교 프로그램을 같이 진행했습니다. 지금은 중미산과 함께 여름학기 숲 체험을 통해 야행을 계획하고 있습니다."

지역의 초등학교에 근무하는 교사의 말이다. 이 지역에서는 학교교육을 중심으로 지역사회 구성원들과의 연계 및 협력이 잘 이루어진다. 서종면 사람들은 자녀 교육에서 나아가 지역사회 아이들을 위한 교육에 책임감을 느끼고 있으며, 교육에 대한 자신들의 책임감이 곧 지역사회 발전에도 긍정적인 영향을 미친다는 것을 알고 있다.

서종면은 골프 연습장 건립으로 인한 지역 주민 간 갈등, 학생 수 부족으로 인한 폐교 위기, 고등학교 부재로 인한 주민(학부모) 전출 등의 문제가 있었다. 하지만 이 문제들은 지역사회 구성원들을 이끌고 소통의 기회를 도모하는 주민 리더와 다양한 직업군을 가진 주민 전문가 등을 통해 추진, 해결되는 과정을 거쳤다.

이러한 움직임은 마을교육공동체 구축과정에서 나타나고 있는 교육을 중심으로 한 주민 개인 및 단체의 참여 행위 또는 과정을 지칭하는 교육주민자치홍지오, 김용련, 2018로 정의된다.

앞으로 서종면에서는 생활권 단위(읍·면·동)에서 지역 커뮤니티의 역할을 하는 교육주민자치를 통해 지자체와 교육청 등의 기관과 연계 및 협력하는 조직적 역할이 이루어질 것으로 기대된다. 이는 풀뿌리에서 시작된 움직임이 보여 줄 수 있는 운동성과 지속가능성의 대표적인 사례다.

사례 2: 강원도 마을공동체는 안녕하십니까홍지오, 2015

경기도의 세월초등학교는 전형적인 농촌 학교다. 학교는 접근성이 나쁘다는 이유로 학생뿐만 아니라 교사도 선호하지 않았다. 2007년 세월초는 학생 수 급감으로 학교 통폐합 위기를 맞았다. 100명 이하의 학교는 통폐합한다는 교육부의 원칙 때문에 작은 학교가 사라질 위기에 처한 것이다. 이를 극복하기 위해 당시 학교 동문회는 십시일반 사비를 모아 통학버스를 마련했다. 또 작은 학교에 관심 있는 일부 교사들이 세월초로 지원해 오면서 학교와 마을에는 활기가 넘치기 시작했다. 그 결과 세월초는 전교생 104명으로 통폐합 위기 당시 학생 수보다 두 배 가까이 늘었다. 타 시·도에서 학교를 보고 전입해 올 정도로 학교와 마을은 상생의 길을 걷고 있다.

2015년 정부는 지방교육재정교부금 배분 기준 변경을 두고 농어촌 지역의 반발을 사고 있다. 정부는 그동안 교부금 액수를 정할 때 그 비중을 학교 수 50%, 학급 수 14%, 학생 수 36%를 원칙으로 예산을 편성했다. 변경안에는 현행 36%인 학생 수 비중 비율이 최대 50%까지 높아질 것으로 전망하는 내용이 담겨 있다.

강원도는 이농과 저출산 현상으로 학교 학생 수가 적어 학생 1인당 재정 55만 6,000원이 감소될 전망이다. 또 교육부 기준 60명 이하 학교 통폐합 시 학교 10곳 중 4곳이 문을 닫는다. 민병희 교육감은 지방교육자치의 근간을 흔들고 도내 작은 학교를 말살시키려는 정책이라며 강하게 비판했다.

교육부의 교부금 배분 기준 변경은 시대 흐름에 역행하는 것이다. 전국적으로 마을공동체, 마을교육공동체 사업을 통해 작은 학교 살리기, 마을 살리기 운동 등이 일어나고 있다. 특히 도 교육청이 추진 중인 작은 학교 희망 만들기 사업, 도가 추진 중인 마을공동체 사업은 긍정적인 결과를 낳고 있다. 만약 정부가 교부금 기준 변경을 강행한다면 도에서는 이에 맞서 대응해야 하는데, 그것은 지자체나 교육청보다 마을 주민으로부터 시작되는 흐름이어야 한다.

경기도의 세월초가 통폐합 위기에 처했을 때 지자체, 교육청, 교장, 교사는 모두 손을 놓았다. 학교에서 희망을 보지 못한 것이다. 그런 학교를 지역 주민과 관심 있는 교사가 일으켜 세웠다. 그 과정에서 마을 축제를 통해 학교와 지역 간 자연스러운 마을공동체가 형성됐다.

"아이들이 존중받는 삶을 살고 있어요." 세월초에서 만난 학부모의 말이다. 강원도의 어려움을 이겨 낼 방법이 무엇이냐는 질문에 도민은 '공동체'라 대답하는 모습을 찾아볼 수 있을 것이다. 그것이 우리 아이들이 존중받는 삶을 사는 방법이기 때문이다.

사례 3: 교육공동체 기반의 교육정책, 고교학점제

2025년부터 고교학점제가 전면 도입된다. 현재 초등학교 6학년은 모두 고교학점제를 경험하게 되는 것이다(2021년 기준). 하지만 교육현장에는 이에 대한 이해와 대비가 미비한 수준이다. 한 학부모는 "이게 가능할까요? 시행되면 정책이 의도한 내로 살널까요?"라면서 걱정을 쏟아

낸다. 이것을 교육기관도 모르지는 않는다. 교육기관 내부에서도 같은 걱정을 하고 있으며, 이에 대한 대안과 해결책을 강구하고 실천하는 움직임이 나타나고 있다.

대표적인 움직임은 고교학점제에 대한 교육공동체 주체들의 이해도 제고와 공감대를 형성하고 참여를 도모하는 것이다. 최근 세종시교육청은 비오케이아트센터에서 '초·중학교 학교운영위원회 위원 대상 고교학점제 이해도 제고 연수'를 실시했다.^{충청뉴스, 2021. 7. 1.} 진천교육청은 고교학점제 도입 기반 구축을 위해 초·중학교 학부모를 대상으로 역량강화 연수를 실시했다.^{국제뉴스, 2021. 6. 30.} 특히 충북에서는 고교학점제 운영을 위한 공동체 기반 지역 교육생태계, 즉 교육공동체 구축 필요성에 대한 논의도 활발하게 나타나고 있다.^{노컷뉴스, 2021. 4. 23.} 이는 충북뿐만 아니라 서울, 경기, 인천, 부산, 제주 등 전국적으로 확산되고 공감이 이루어지는 상황이다.

이렇듯 고교학점제는 2025년 전면 도입에 앞서 다양한 방식으로 기반이 조성되고 있다. 일반적으로 교육정책은 연구학교, 선도학교 운영을 통해 문제점을 파악하고 모델을 도출하며, 다양한 사례를 발굴 및 확산하는 과정으로 추진된다.

고교학점제는 초기 추진 과정에서 교육공동체를 기반으로 한 연계 및 협력에 한계가 있는 것으로 나타났다. 고교학점제는 학생들이 자신의 적성과 희망 진로에 따라 필요한 과목을 선택할 수 있도록 한다. 따라서 학교는 다양한 선택 과목을 개설하기 위해 지역 내 교육자원과의 연계 및 협력이 필수적이다. 학교가 기존의 관행처럼 운영되었던 형식적이고 표면적인 측면으로 연계한다면 한계에 직면할 것이 뻔하다. 단순

연구학교	선도학교	일반학교
학점제 도입에 필요한 제도 개선 사항 발굴 및 인프라 소요 파악, 공·사립별, 지역별 운영 모델 도출	고교학점제 관련 시·도 자율 특색 사업과 연계하여 교육과정 다양화 및 학교혁신 사례 발굴·확산	학점제 도입에 대비한 고교 전반의 역량 제고 및 저변 확대를 위해 일반고 지원 사업 등 강화 (온오프라인 공동교육과정, 교과중점학교 등)
•연구학교 현황 1차: 2018~2020 연구학교 54개교 (일반고 31, 직업계고 23) 2차: 2019~2021 연구학교 102개교 (일반고 64, 직업계고 38)	•선도학교 현황 1차: 2018 선도학교 51개교 (일반고) 2차: 2019~2021 선도학교 252개교 (일반고 178, 직업계고 74)	•학점제 도입 대비 지원 학점제 관련 요소를 사업 과제에 반영, 미리 경험 고교 교육력 제고 사업을 통해 행정·재정 지원

[그림 6-1] 학교현장 고교학점제 정책 추진 현황

출처: 대한민국 정책브리핑 홈페이지(우선영·임종헌·홍지오·황은희, 2021: 9에서 재인용).

히 기관 간 연계가 아니라 교실 안 교육과정 운영을 위한 실질적인 연계가 필요하기 때문이다. 따라서 교육지원청, 교육청, 지자체, 대학, 기업체 등 간 연계에 기반을 둔 형식적 교육 거버넌스의 상징이라 할 수 있는 MOU 체결은 학교현장에서 정책의 운영을 담보하지 못한다.

물론 MOU 체결을 통해 합의 사항이 문서로 명시되고 행·재정적 지원이 이루어지는 것은 필요하다. 다만, 하나의 정책이 교육 현장에서 실질적으로 실행되려면 교육공동체 주체들의 참여와 협력이 중요하다는 점이 강조되어야 한다. 고교학점제가 잘 운영된다고 알려진 C 교육청 담당자와 이야기를 나누었다. 그는 교육청, 지자체, 대학, 공공기관, 기업체 등 지역사회 기관과 함께 협력하여 공동체에 기반한 지역 교육생태계 조성에 대한 공감대를 형성하고 공동협력을 위한 선포식을 진행했지만, 협력은 그 자리에서 이루어진 게 전부라고 말한다. 진행 과정에서 협력

주체들은 자신들에게 필요하지 않으면 실행도 미비하게 할 뿐이고, 역할은 해당 업무를 담당하는 실무자에게만 돌아간다는 것이다. 이마저도 실무자가 순환배치와 전근 등의 이유로 교체되면 업무의 연속성과 지속성은 한계를 드러내며 단절되고 만다.

필자는 한 대학이 지역 고교학점제 선포식에 참여한 기관임에도 불구하고 그동안 교육청의 연계 및 협력 요구에 담당자 부재 등의 이유로 대응하지 못하다가, 기관평가 과정에 고교학점제 기여를 묻는 항목이 생기자 부랴부랴 팀을 만들어 대응하는 과정을 보았다. 즉 지역사회 개인 및 조직(단체)은 니즈needs가 있어야 움직이기 시작하며, 교육공동체 발견의 시작은 그 지점임을 엿볼 수 있었다.

앞서 제시한 첫 번째 사례에서는 작은 마을에서 발생하는 문제의 해결 과정에 나타난 교육공동체의 움직임을 살펴볼 수 있다. 두 번째 사례는 강원도 농촌지역에서 나타나는 학교 통폐합 및 작은 학교 폐교와 관련하여 마을공동체(지자체)와 마을교육공동체(교육청) 간 상생 움직임의 필요성을 보여 준다. 세 번째 사례에서는 최근 가장 높은 관심을 모으고 있는 고교학점제가 취지에 맞게 운영되려면 교육공동체가 기반이 되어야 하는데, 잘못된 관행으로 인해 어려움을 겪고 있으며, 이를 해결하려면 교육공동체의 발견이 필요함을 이야기한다. 이렇듯 교육공동체는 작은 마을에서, 지역 기관에서, 중앙정부의 교육정책 추진 과정에서 나타나기 때문에 다양한 특징이 있다.

교육공동체의 특성과 요인은 지역사회마다 다르게 나타나므로 일반화하기에는 논리적으로 무리가 있다. 다만 사례를 통해 공통된 교육공동체의 원리를 찾아낼 수 있다. 그것이 연구자인 필자의 몫이자 이 장을 쓰려는 목적이다. 필자는 이 책에서 제시하는 공통된 교육공동체의 원리를 바탕으로, 타 지역에서도 "○○동이었기 때문에 가능했다"라는 말이 나오게 될 가능성을 기대한다.

지금도 학교에서 교사는, 지역사회에서 활동가는, 가정에서 학부모는 교육공동체를 필요로 한다. 그들은 서로 다른 이유로 교육공동체를 기대하지만, 아이들의 교육이라는 접점이 있는 것은 분명하다.

이 장에서는 그들이 교육공동체를 발견하고 실천할 수 있는 시작점이자 지속가능성을 돕기 위한 몇 가지 원리를 안내한다. 원리는 선행 사례를 바탕으로 학교, 지역사회, 가정 구성원이 가졌던 의문('어떻게')을 중심으로 제시했는데, 이는 자연스럽게 교육공동체를 발견하고자 할 때 손쉬운 길way이 되어 줄 것이다.

어떻게 학교는 지역사회·가정과 함께 프로그램을 운영할 수 있을까?

어떻게 지역사회는 학교에서 운영하는 프로그램에 참여할 수 있을까?

어떻게 가정은 학교교육에 참여하고, 지역사회 활동에 참여할 수 있을까?

교육공동체 원리가 지금도 정보와 경험 부족에 답답함을 느끼며 꾸역꾸역해 나가고 있는 교사, 소모되고 지쳐 가는 가운데 답을 찾지 못하는 마을활동가, 자녀 교육이 걱정되는데 어떻게 해야 할지 몰라 결국 학원으로 눈길을 돌리는 학부모에게 빠르게 교육공동체를 발견하고 잠여할 수 있는 좋은 도구가 되기를 바란다.

'교육공동체를 발견하기 위해 알아야 할 20가지 원리'는 교육현장에서 다음과 같이 활용할 수 있다.

첫째, 교육공동체에 대한 이해이다. 교육공동체에는 공통된 원리가 있다. 물론 해당 원리는 다양한 사례를 기반으로 하므로 모든 지역사회에서 100% 나타날 것이라고는 장담할 수 없다. 하지만 독자가 위치한 학교·지역사회·가정에서 때로는 똑같이, 때로는 제법 유사하게 원리가 발견될 것이라고 백 퍼센트 장담할 수 있다. 물론 교육공동체를 발견하기 위해서는 여기에서 제시한 교육공동체 원리를 명확하게 이해해야 한다. 아는knowledge 만큼 볼seeing 수 있기 때문이다.

둘째, 교육공동체에의 적용이다. 앞서 원리를 통해 교육공동체를 이해했다면, 해당 원리를 하나씩 본인이 위치한 학교·지역사회·가정에 적용하고 참여해 보는 활동이 필요하다. 행동act한 만큼 경험experience할 수 있기 때문이다.

2. 교육공동체를 발견하기 위해 알아야 할 20가지 원리

필자는 그동안 광역 단위 지자체에서 운영하고 있는 마을공동체 사업 및 연구, 대학 단위 연구소에서 진행한 마을교육공동체 연구, 정부 단위 교육연구기관에서 진행한 교육정책 연구, 석·박사 논문에서 다룬 교육 공동체 연구 등을 통해 20여 곳 이상의 사례를 직간접적으로 경험했다. 다음은 그러한 직간접적인 연구 참여 경험을 바탕으로 제시한 내용이다.

교육공동체를 발견하기 위해 알아야 할 20가지 원리

하나. 학교에는 스스로 해결하기 어려운 문제가 있다.

둘. 학교에는 열정을 지닌 교원(교사, 교장)이 있다.

셋. 학부모는 학교·지역사회·가정을 연결하는 중요한 주체이다.

넷. '나의' 아이 교육에서 '마을의' 아이 교육으로 생각이 전환되는 지점이 있다.

다섯. 지역사회에는 교육과 관련된 문제의식이 있다.

여섯. 지역사회에는 교육에 관심 있는 사람(활동가)이 있다.

일곱. 지역사회에는 전문성 있는 교육자원이 있다.

여덟. 지역사회에는 정보가 집합되고 공유되는 장소, 매체, 사람 등이 있다.

아홉. 준비된 지역사회에서는 이미 교육 활동이 이루어지고 있다.

열. 교육이라는 공통의 관심사를 지닌 개인 또는 집단이 있다.

열하나. 교육공동체 주체는 크고 작은 니즈needs가 있다.

열둘. 작은 단위에서의 활동이 중요하다.

열셋. 민간 중심의 조직 및 단체의 활동이 중요하다.

열넷. 민과 관의 중간역할(조정)이 필요하다: 중간지원조직

열다섯. 누구나 넘나드는 만만한 공간이 필요하다.

열여섯. 개인의 희생은 선택이고, 보상은 필수이다.

열일곱. 교육을 중심으로 한 지역사회 내 선순환 구조가 필요하다.

열여덟. 교육은 더 이상 학교의 책임이 아니라, 우리 모두의 책임이라는 인식이 필요하다.

열아홉. 언어로 정리된 비전과 철학이 필요하다.

스물. 누구나 교육과 아이들에 대한 보편적이고 특별한 마인드가 있다.

하나.
학교에는 스스로 해결하기 어려운 문제가 있다

학교는 다양한 교육정책이 실행되는 현장이다. 따라서 오늘날 혁신적인 교육정책으로 대표되는 혁신학교, 혁신교육지구, 마을교육공동체, 자유학기(년)제, 고교학점제 등은 학교에 다양한 요구를 제시한다. 대표적인 요구가 학교와 지역사회 간 연계라는 점에는 의심의 여지가 없다. 하지만 학교 공간의 한계, 학교 교육자원의 한계, 교사의 업무 과부하 등의 문제가 연구를 통해 보고되고 있다.

교육정책은 학교 혼자서만 정책을 실행하고 교육과정을 운영하며 책임과 역할을 부여하지는 않는다. 그럼에도 불구하고 학교는 교육 영역에서 절대적인 역할과 책임을 가지고 꾸역꾸역 실행하고 있다. 그 결과 학교는 과부하 상태가 되었다. 교사는 피로도와 정책의 불신이 높으며, 정책은 학교에 들어오는 순간 반갑지 않은 일거리로 여겨진다는 것이 현장의 이야기다.

이렇듯 교육정책은 실행과정에서 학교의 한계성을 툭툭 건드리고 있다. 근본적으로 학교에는 스스로 해결하기 어려운 문제가 있기 때문이다. 하지만 일부 학교에서는 문제를 적극적으로 해결하려고 하지 않고 문제 자체가 학교조직의 문화로 굳어지는 모습을 볼 수 있다. 이는 학교현장을 지원하는 교육행정기관인 교육부, 교육청, 교육지원청의 문제이기도 하다.

최근 고교학점제 시행과 관련해 학교현장의 어려움이 다양하게 드러나고 있다. 특히 학생들이 다양한 선택과목을 이수하고 졸업하기 위해서는 다양한 교육과정이 운영되어야 하는데, 현재 학교가 지닌 교육자원으로는 현실적으로 어렵다.

급격한 사회 변화 속에서 교육에 대한 다양한 사회적 요구는 학교의 역할과 교육과정 운영의 혁신을 요구한다. 자유학년제와 고교학점제는 이러한 사회적 요구를 반영한 교육정책이다. 이 상황에서 학교는 모든 것을 스스로 해결하려고 하다 보니 교육적 한계에 부딪치고, 결국 지역사회에서 외로운 섬과 같은 존재가 되기도 한다.

이렇듯 학교는 교육적 문제에 직면했다. 더욱이 2025년도에는 고교학점제가 전면 시행될 예정이기에 시간이 넉넉하지 못한 상황이다. 학교는 지역사회, 가정과의 연계를 통해서 문제를 해소할 것을 요구받고 있다.

교실 안에 학부모, 활동가, 지역 주민이 들어와서 함께 수업을 운영하는 것은 쉽지 않다. 학교 교실에서 가르치는 사람은 오직 교사여야 한다는 인식이 아직도 팽배하다. 지역사회 구성원이나 학부모가 학교 문턱을 높게 보듯이, 학교 구성원 또한 지역사회 구성원 및 학부모와의 연계가 낯설고 어려운 것이 사실이다.

하지만 학교는 교육정책 수행과정에서 스스로 해결하기 어려운 문제에 직면했다. 이제 학교는 지역사회 및 가정과의 연계를 통해 다양한 교육자원을 활용하기 위한 노력을 미룰 수 없다. 학교가 먼저 손을 내밀어야 하는 시기가 온 것이다. 즉 학교는 스스로 해결하기 어려운 교육적 한계 때문에 스스로 문턱을 낮추고 개방적이고 평등한 관계 형성을 해야만 한다. 실제로 일부 학교에서는 이러한 변화를 수용해 교육정책이 성공적으로 수행되고 있는 사례도 알려졌다.

따라서 독자가 사는 지역사회에서 교육공동체를 발견하기 위해서는 학교에 교육적 문제와 한계가 있다는 것을 인식하고, 이에 대해 섭근하면 문제 해결 가능성이 커질 것이다. 학교 경계를 허무는 첫걸음은 학교가 지닌 교육적 문제와 한계를 발견하는 것이다.

교육이 학교만의 문제라는 생각은 우리의 상호성, 연결성, 관계성을 거부한 폐쇄적인 학교 및 교육행정 조직의 문화와 관행에 따른 결과이다. 이런 오랜 관행을 깨고 문화를 개선해야 한다.

둘.
학교에는 열정을 지닌 교원(교사, 교장)이 있다

"교육의 질은 교사의 질을 넘을 수 없다"라는 말을 많이 들었을 것이다. 교사의 질이 중요한 이유는 학교가 결국 교원에 의해 변화하고, 학생에게 교원은 곧 교육정책이기 때문이다. 따라서 교원을 지원하기 위한 '교원치유지원센터', '교원 심리방역 및 마음치유 프로그램', '교원 힐링캠프', '교원 업무 경감' 등의 정책 및 사업을 통한 노력도 계속되고 있다. 해당 정책과 사업의 실제적인 효과성에 대해서는 의문이 제기되기도 하지만, 필요성과 중요성에는 누구나 공감한다. 그만큼 교육에서 교원은 중요한 존재이다.

학교에 열정을 지닌 교원이 있다면 변화할 가능성이 크다. 필자는 A 지역에서 한 달에 한 번씩 열리는 마을 회의에 이따금 참석했다. 한번은 해당 지역의 중학교 교장 선생님과 함께 회의에 참석했다. 지역사회에서 일어나고 있는 교육공동체 활동 내용을 보여 드리고, 활동가들을 소개하고 싶은 마음에서였다. 현장에서 교장 선생님에 대한 관심은 생각보다 높았다. 특히 교육 활동 과정에서 학교 연계의 필요성을 누구보다 잘 알았던 활동가들과 학부모들은 교장 선생님의 참석에 반가움과 기대감을 안고 참석했을 것이다. 교장 선생님 또한 본인이 근무하는 학교가 위치한 지역사회에서 생각보다 많은 사람이 다양한 활동을 하고 있음에 반갑고 놀라운 눈치였다. 그날의 마을 회의에는 교장 선생님의 참여로 새로운 분위기와 공기가 흘렀다.

또 다른 사례는 필자가 연구하고 있는 자유학기(년)제와 고교학점제 정책을 담당하는 교사들의 이야기다. 교사는 정책이 실행되는 과정에서 명확하게 무엇을 해야 하는지도 모른 채 많은 역할과 업무를 도맡아 하고 있다. 교사의 업무는 기존의 업무에 추가적으로 과업이 생기는 형태를 띠곤 한다. 따라서 교사는 정책이 이루어지는 과정에서 많은 희생을 요구받기 때문에 적절한 보상이 없다면 지속적인 실행을 기대하기 어렵다.

하지만 그 가운데 열정을 지닌 교사가 있다는 것을 우수 사례를 통해 알게 되었다. 교사는 정책의 취지와 방향성을 이해하고, 필요하다는 인식을 통해 동기motivation가 생기면서, 누구보다 열정적인 교사가 된다. 다만 그 열정에 희생이 요구되는 것이 학교현장의 현실이다. 따라서 교사의 피로도 증가, 보상의 부재 등은 실행의 지속성을 담보하는 데 여전히 한계로 지적된다. 하지만 열정을 지닌 교원(교사, 교장)으로 인해 학교의 변화가 나타날 수 있고, 그 효과성이 매우 높다는 것은 연구를 통해서도 보고되고 있다. 따라서 이에 대한 현실적인 지원 방안은 매우 중요하다.

독자가 학교에서 열정을 지닌 교원(교사, 교장)을 찾았다면, 교육공동체를 발견할 가능성이 크다. 그들은 당신의 훌륭한 파트너가 되어 줄 것이다.

온라인을 통해 진행된 '2021 충북마을교육포럼(2021. 8. 20.)'에서 단양중의 김병두 선생은 소설가 윌리엄 깁슨의 "미래는 이미 여기 와 있다. 아직 널리 퍼지지 않았을 뿐이다"라는 말을 인용해 이렇게 말한다.

"마을교육은 이미 여기 와 있다.
이미 널리 퍼지고 있다. 나만 모르고 있을 뿐이다."

생각보다 많은 교원이 마을교육을 인식하기 시작했다는 반가운 이야기다. 열정을 지닌 교원들이 많아지고 있다는 것은 우리나라 교육의 질이 높아지고 있다는 것을 증명한다.

셋.

학부모는 학교·지역사회·가정을 연결하는 중요한 주체이다

교육공동체는 학교, 지역사회, 가정 간 연계를 통해 이루어진다. 그런데 이 세 대상에 모두 포함되는 주체는 누구일까? 바로 학부모이다. 학부모는 학교, 지역사회, 가정을 연결하고 지속성을 담보할 수 있는 중요한 주체이다. 따라서 학부모의 움직임을 발견하는 것은 중요하다.

교육정책은 학교혁신과 다양한 사업 운영을 통해 학교의 기존 문제와 한계를 해결하는 것을 목표로 한다. 이 과정에서 지역사회와의 연계가 이루어진다. 지역사회는 교육을 통해 지역 문제를 해결하고 발전을 모색한다. 즉 교육을 중심으로 하는 학교와 지역사회 발전을 중심으로 하는 지역은 '교육'을 공통분모로 방향을 모색하는 것이다. 그 과정에서 학부모로서 자녀 교육의 문제를 해결하기 위한 접근과 학부모이자 지역 주민으로서 지역 문제를 해결하고자 하는 공통된 방향과 목적이 만난다.

한편 교육공동체는 지속성을 담보하기 어려운 한계가 있다. 교육공동체를 발견 혹은 구축한다고 해도 이를 지속하는 것은 어렵다. 경기도 시흥시가 교육공동체 구축을 위해 교육청과 지자체 간 협력체제를 구축하고 지금까지 운영하고 있는 상황과 비교적 5~6년 정도 늦은 충북지역의 교육공동체 사업 내용은 크게 다르지 않다. 시간의 차이가 있음에도 크게 다르지 않게 나타나는 이유는 지속성을 담보할 수 있는 법·제도적 장치 및 지원이 아직 확보되지 않았기 때문이다. 다만 시흥은 그동안의 노하우를 바탕으로 지속성 측면에서 타 지역에 비해 가능성이 크다. 나아가 후속하는 지역에서는 선행한 지역의 노하우를 바탕으로 기반을 다지는 시간과 노력을 단축할 수 있다는 긍정적인 영향요인을 발견할 수 있다.

특히 교육공동체는 지자체의 마을공동체와 교육청의 마을교육공동체 사업 간의 연계와 관련해 많이 논의되고 있다. 마을공동체 사업에는 자녀 교육 및 돌봄과 관련한 내용이 있으며, 학부모이자 주민이 활동하고 있다. 또한 마을교육공동체 사업은 교육이 중심이 되어 운영되는 사업으로 학부모이자 마을의 다양한 교육자원(인적·물적)이 포함된다. 즉 두 사업의 중심에는 앞서 이야기한 것처럼 공통적으로 '학부모'가 있다. 이러한 현상을 홍지오·김용련[2018: 145]은 '교육주민자치'라는 개념으로 제시했다. 교육주민자치는 "교육을 중심으로 한 주민 개인 및 단체의 참여 행위 또는 과정"으로 정의한다.

하지만 대부분의 학부모는 중요한 역할에도 불구하고 자녀의 졸업과 동시에 단절되는 경우가 많다. 즉 학교운영위원회, 마을교육공동체 사업 등을 통해 활발한 활동을 했던 학부모도 자녀의 졸업과 함께 참여가 끊어지는 것이다. 그들의 목적은 오로지 자녀 교육에 있다는 점에서 당연한 결과이다. 학부모는 참여를 하고 싶어도 학교 활동이 지역사회 활동과 구조적·환경적 차원에서 제한되어 이어지지 못하는 것이 현실이라고 말한다.

일부 학부모는 학교 활동 참여로 시작해 현재는 주민으로서 지역사회에서 왕성한 활동을 하는 경우도 있다. 활동의 필요성은 느끼고 있지만 참여 가능성이 부재한 상황에서, 마침 참여를 지원하고 독려하는 지역사회 센터가 있었기 때문에 학부모는 자녀가 학교를 졸업한 후에도 활동을 하고 있으며, 주도적인 활동 참여를 통해 중요한 역할을 하고 있다.

이렇듯 학부모는 훌륭한 교육자원이자 지역사회 발전을 도모할 수 있는 충분한 역량이 있는 주민이기 때문에 지속적인 참여가 중요하다. 따라서 학부모의 참여가 자녀의 학교 졸업과 동시에 지역사회로 이어지지 못하고 단절되는 문제를 해결해 나가야 한다.

한편 마을공동체 및 마을교육공동체 사업의 운영, 지자체-교육청 연계, 학교(학운위)-지역사회(주민자치) 연계는 대부분 각 행정 주체를 중심으로 이루어져 단절적이라는 한계가 있다. 예를 들어 주민자치는 지역의 기득권 세력의 참여를 통해 주도되는 측면이 있고, 학운위는 학부모 참여를 통해 형식적 의사결정 참여 등의 문제가 나타난다. 이미 매체를 통해서 교육 활동가가 주민자치에 참여하는 과정에서 기회조차 얻지 못했다는 이야기, 학운위에 참여하는 학부모가 허수아비와 같은 역할로 '허울뿐인 학운위'라는 이야기를 접했을 것이다.

교육공동체를 발견하기 위해서는 근본적으로 아래로부터의 개혁과 변화가 필요하다. 즉 지역사회 주민자치의 범위 확장과 기득권 세력의 유연함, 학운위의 적극적이고 실제적인 의사결정 참여가 요구된다. 나아가 학교와 지역사회의 협력은 주민자치위원회-학운위 간 연계로 확대되어, 작은 단위에서의 연계의 출발점이 될 수 있을 것이다. 특히 두 위원회의 교집합에는 '학부모'가 있기 때문에 학부모의 지속적인 참여도 보장할 수 있다.

물론 주민자치위원회-학운위 간 연계는 주민자치의 기득권 세력의 완고함과 학운위의 비적극적 참여 등으로 인해 문제점이 나타날 가능성도 있다. 하지만 그 원인이 서로 간 이해와 정보의 부족이라는 점도 고려할 필요가 있다. 서로 간의 이해관계가 다르듯이 서로 간에 공유된 정보도 지극히 제한적이므로, 지역사회에서 왜 교육에 관심을 가져야 하는지, 또는 학교에서 왜 지역사회에 관심을 가져야 하는지에 대한 공감대 형성이 필요하다.

경기도에서 혁신교육지구, 마을교육공동체가 운영되는 초기 사례에서 "교육은 교육청이 책임져야지 우리(지자체)의 역할이 아니다"라는 인식과 "교육은 우리(교육청)가 책임지는 것이지 지자체는 상관없는 일이다"라는 인식 간 차이를 경험했다는 보고가 나타났다. 필자는 그러한 인식 차이가 현실이라는 생각을 지울 수 없다. 다만 시간이 지나면서 인식이 점차 개선되는 과정과 결과도 동시에 보고되고 있는 것은 희망적이다. 물론 아직 갈 길이 멀다.

주민자치위원회-학운위 간 연계 전에 선행되어야 하는 것은 학교(학운위)와 지역사회(주민자치) 간의 이해·공감 등을 위한 장場의 마련이다. 이 역할을 지자체 또는 교육청에서 해야 한다. 그런데 현수막을 걸더라도 누가 주최이고, 누가 주관인지, 누구의 이름이 앞서 제시되어야 하는지, 제목에는 지자체가 요구하는 '마을공동체'가 들어가야 하고, 교육청이 요구하는 '혁신학교', '마을교육공동체' 등이 반드시 들어가야 하는 등의 사소한 것에서부터 문제가 발생하면 답이 없다. 즉 지나치게 성과 위주, 행정 위주로 실행되어서는 안 된다.

답은 간단하다. 학교, 지역사회, 가정을 연결할 수 있는 학부모를 중심으로 운영을 계획할 필요가 있다. 행정은 학부모가 연결고리가 될 수 있도록 지원하는 본연의 역할을 해야 한다. 행정이 관리·감독의 역할에 중점을 두거나 주도를 해서는 안 된다. 즉 지속성의 주체인 학부모를 중심으로, 학부모가 주도해서 진행할 수 있도록 지원해야 한다.

교육공동체의 연속성, 지속성 측면에서 학부모는 학교, 지역사회, 가정을 연결하는 중요한 주체이기 때문이다.

넷.
'나의' 아이 교육에서 '마을의' 아이 교육으로
생각이 전환되는 지점이 있다

교육공동체가 발견되는 과정에는 나의 아이 교육에 대한 관심에서 시작해 마을에 사는 아이들의 교육으로 생각이 전환되는 지점이 있다. 그것은 교육공동체 활동에 참여하면서 만나게 되는 아이들과의 경험을 통해서 자연스럽게 형성된다.

학보모는 자녀의 교육적 필요에 따라 참여가 시작되지만, 교육은 아이가 처한 환경, 사람 등 종합적인 요인에 영향을 받는다. 따라서 한 아이만 잘 키우는 방법은 없다. 한 아이가 성장하는 데는 마을의 다양한 교육자원이 영향을 주기 때문이다. 결국 한 아이가 성장하기 위해서는 환경을 갖춘 마을이 필요하며, 환경을 갖춘 마을은 한 아이만이 아니라 모든 아이의 성장을 돕는 곳이 된다. 그 결과 자기 자녀를 위해 교육공동체를 발견하고 참여한 학부모가 자연스럽게 모든 아이를 위한 생각으로 전환되는 것이다.

예를 들어, A 학교에서 운영하는 자유학기(년)제 활동에 참여한 한 학부모는 그 과정에서 자녀의 친구들을 알게 되었다고 한다. 친구들을 통해서 자녀를 더욱 잘 이해하게 되었으며, 마을 어른의 역할에 대해 다시 생각하게 되었다고 이야기한다. 한 주민은 자녀가 졸업한 후에도 교육공동체 활동에 참여하고 있었다. 자녀 교육에 관심이 높아 참여를 시작했는데, 참여의 필요성과 중요성을 알게 되었기 때문이다.

자녀 교육에 관심 없는 학부모는 없고 아이들에게 관심 없는 어른도 없다. 이늘은 나의 자녀 교육에 관심을 갖기 시작하면서 마을 아이늘의 교육으로 생각이 전환된다. 교육의 중요성을 알고 있고, 교육공동체를 발견하고 경험했기 때문이다.

이제 지역사회에서 내 아이 교육에 관심이 많은 학부모를 만난다면, 자신이 혹은 그들이 마을 아이 교육으로 생각이 전환되는 지점을 인식하고 관계를 형성해 보자. 그러면 교육공동체를 발견할 가능성은 더욱 커질 것이다.

다섯.
지역사회에는 교육과 관련된 문제의식이 있다

지역사회에서는 교육과 관련된 문제점을 찾아서 적극적으로 해결하려는 모습이 눈에 띈다. 이는 광역 단위의 지자체를 중심으로 나타나기도 하고, 읍·면·동 단위의 생활권에서 나타나기도 한다. 때로는 개인들이 모인 활동을 통해서 나타나는 등 다양한 형태로 발견된다.

교육과 관련된 문제의식은 아이들을 위한 작은 도서관 설립, 돌봄 공간 구축, 유해 환경 보호 등 지역사회에서 학부모가 자녀를 키우는 과정에서 인식하게 되는 필요와 요구에 따른 문제점이며, 이에 대한 적극적인 해결의 필요성에 의해서 형성된다.

이렇듯 지역사회에서는 다양한 교육 문제가 발견된다. 특히 시골에는 원주민과 이주민 간 갈등, 학교 통폐합으로 인한 작은 학교 폐교 위기, 인구 전출 문제 등이 있다. 도시에는 학부모 간 갈등, 지역 내 혐오시설 건립, 지역 내 혁신학교 지정 등 다양하고 예상치 못한 문제가 있다. 대표적으로 오산시는 인구 전출 문제에 대한 대안으로 지자체가 교육에 관심을 갖게 되었으며, 그 결과 오늘날 교육도시로 알려져 있다.

교육공동체는 지역사회의 교육 문제에 대한 인식에서 출발하여 해결 방안 마련을 위한 자발적이고 적극적인 참여와 협력의 모습에서 살펴볼 수 있다. 한 아이가 성장하는 과정에서 요구되는 교육적 필요에 의해 소위 말하는 '교육주민자치'가 형성된다. 주민들은 지역사회에서 학교가 차지하는 위치적·환경적·기능적 중요성을 통해 학교의 역할과 지역사회 발전을 위한 교육의 중요성을 인지한다. 그 결과 교육청과 지자체는 교육 관련 예산 투자를 늘리고 있으며, 공동체를 바탕으로 한 주민 조직 및 마을교사 양성 등 다양한 행정적·재정적 지원을 하고 있다. 이렇듯 교육주민자치의 참여를 도모하는 사회적·환경적 맥락 속에서 자발적 참여와 협력의 필요성은 더욱 강조되고 있다.

따라서 독자가 자신이 살고 있는 지역사회에서 교육과 관련된 문제의식을 느끼고 현재 이루어지고 있는 활동을 찾아본다면, 자신의 활동에 적합한 교육공동체를 발견할 수 있을 것이다.

여섯.

지역사회에는 교육에 관심 있는 사람(활동가)이 있다

교육공동체에서 중요한 것은 사람이다. 사람이 없는 지역사회는 없고 사람이 없는 학교도 없다. 그러므로 사람이 없는 지역사회와 학교는 존재할 수 없다. 특히 지역사회에는 지역을 아끼고 사랑하는 사람들이 있다. 그들은 공통적으로 교육에 관심이 많고 크고 작은 단체와 활동에서 리더를 맡고 있다. 사람들의 참여와 기여가 축적되면서 교육공동체가 구축되고 발견된다. 교육공동체 구축에는 오랜 시간이 걸린다. 다만 교육공동체를 발견하는 순간 발전 가능성은 매우 커진다. 따라서 지역사회 교육에 관심 있는 사람을 찾는 것은 매우 중요하다.

홍지오[2017]는 이를 리더 또는 키맨Key Man이라고 불렀다. 리더는 교육공동체가 형성되는 과정에서 주도적인 역할을 하는 사람(활동가)을 의미한다. 리더에는 주민, 지역 활동가, 지역 센터 구성원, 학부모, 교사, 교장 등이 있다. 이러한 리더는 실천 과정에서 나타날 수 있는 한계를 극복하고, 지속성을 확보하기 위한 동력이 되는 요소로 교육공동체의 가장 기본 단위이면서 가장 중요한 요소이다.

리더는 지역사회를 기반으로 교육공동체 실천 활동의 필요성을 인식하고 공감대를 형성하며, 교육공동체와 관련된 다양한 정책과 제도의 필요성을 각 주체를 대상으로 설득하는 데 수월할 수 있다.[서용선 외, 2015] 이러한 리더의 역량은 교육공동체가 발견되기 위해 필요한 주민자치의 기본적인 역량 수준을 판단하는 데 영향을 미친다.

리더를 발견하는 또 다른 방법에는 지역사회에서 진행되는 다양한 마을 회의가 있다. 회의에 적극적이고 꾸준히 참여하는 사람, 이의 제기를 하는 사람을 관심 있게 볼 필요가 있다. 많은 마을 회의가 별다른 의견 제시 없이 정해진 내용에 따라 진행되고, 또 대부분의 안건이 예정된 대로 이미 정해진 결론이 과정상·형식상 동의를 거쳐 결정된다. 이러한 프로세스는 마을 회의뿐만 아니라 학교에서 운영되는 회의에서도 비슷하다. 이러한 참여자를 흔히 '허수아비'라고 표현하는데, 그렇다고 전부 허수아비라고 표현하는 것은 무리가 있다. 그중에는 '샤이shy 참여자'가 있기 때문이다. 이는 당장 드러나지 않지만, 잠재된 내공으로 결정적일 때 중요한 역할을 할 가능성 있는 주체를 의미한다.

마을 회의에서도 다양한 의견이 제기되고 철저한 의논 과정을 거쳐서 이루어지는 경우가 있다. 여기서 그 과정을 이끌고 적극적으로 참여하는 사람을 발견해야 한다. 그 사람은 교육공동체를 발견하는 과정에 직접적으로 연관되어 있을 가능성이 크며, 교육공동체를 가장 원하는 사람이다. 또한 지역사회의 일을 자기 일처럼 생각하는 사람이다. 그는 교육공동체의 필요와 요구에 이미 동기부여가 되어 있으므로 앞으로 가장 든든한 파트너가 되어 줄 것이다.

"미친 한 사람이 필요하다. 마을교육공동체를 만드는 일에 관심을 가진 한 사람이 필요하다. 속된 표현으로 '미친 한 사람'이 필요하다. 마을교육공동체를 일구는 일을 전담하는 사람이 있다면 좋겠지만, 이 일을 꼭 전담하지 않아도 좋다. 학교에서 일하는 지역사회 교육 전문가, 진로교사, 청소년기관 실무자, 복지관 사회복지사, 시민사회활동가, 지역 주민 누구라도 '네트워커'가 될 수 있다. 한 달에 한 번 열리는 재미있는 마을 회의에 참석할 사람들을 불러 모으고, 함께 생각해야 할 이야깃거리를 찾아 나서다 보면 어느새 공동체 속에서 함께 자라고 있는 자신과 이웃들, 그리고 청소년들을 만나게 될 것이다. 시작은 한 사람이지만 곧 혼자가 아님을 알 수 있을 것이다."이승훈, 공릉청소년문화정보센터, 2017: 238

일곱.

지역사회에는 전문성 있는 교육자원이 있다

　지역사회에는 다양한 분야 직업군의 전문가가 있다. 전문가는 훌륭한 교육자원이다. 특히 전문가의 필요성은 교육공동체의 내용 측면에서 두드러지게 나타난다. 그 이유는 학교교육이 가지지 못한 교육 콘텐츠를 확보하도록 돕기 때문이다.

　관련 사례를 살펴보면, 경기도 양평군 서종면이 있다.[홍지오·김용련, 2018] 해당 지역사회에는 방송인, 문화예술인, 대학교수, 한의사, 바리스타 등 다양한 직업군의 주민들이 정주한다. 주민들은 학교교육에 참여하여 자신의 전문성을 활용한 강의를 하기도 한다. 또한 고학력 사회를 증명하듯 지역 곳곳에는 정년을 마친 학자, 교사, 기업인 등이 있으며, 은퇴한 운동선수, 예술가 등 다양한 분야의 전문가들이 은퇴를 전후해 지역사회에서 교육 활동을 하고 있다. 이들의 전문성은 학교가 가지지 못한 콘텐츠를 통해 학교교육의 질을 향상시키고, 진로직업체험 학습을 강의식이 아닌 도제식으로도 이루어질 수 있게 하는 기반이 된다.

　지역사회 교육자원은 지역교육력Regional Education Power의 콘텐츠이다. 지역교육력 요소는 지역사회를 바탕으로 이루어지는 학생들의 사회화와 주민자치의 실천적 활동을 돕는 교육력을 의미한다.[홍지오, 2017] 지역교육력은 지역 애愛, 인프라 구축, 교육 거버넌스, 사회적 자본의 축적, 교육공동체 문화 형성, 복잡성 과학을 통해 형성되며, 교육공동체의 기반이 되는 핵심 요소이다. 또한 교육력에 따라 지역마다 교육공동체 구축의 비전과 목표, 방향성이 다양하게 나타난다.

　따라서 자신이 있는 곳에서 전문성 있는 교육자원을 찾아 질 높고 다양한 교육 콘텐츠를 만든다면, 그 과정과 결과를 통해 교육공동체를 발견할 수 있다.

여덟.
지역사회에는 정보가 집합되고 공유되는 장소, 매체, 사람 등이 있다

지역사회에는 정보가 가장 잘 공유되고 있는 기관 장소, 매체(도구), 사람 등이 있다. 이를 흔히 네트워크, 플랫폼, 센터 등이라고 부른다. 네트워크Network는 마을교육공동체가 형성되는 과정에서 개인 간, 조직 간, 주민자치와 기관 간 연계 등을 의미한다.홍지오, 2017 상향식 네트워크는 지역사회의 기본 단위인 주민자치가 기관의 지원을 통해 성장할 수 있는 계기를 마련할 수 있다. 기관은 하향식 네트워크를 통해 실천 활동이 보다 현장 중심으로 실시되어 상호 간의 인적·물적 네트워킹이 원활히 이루어질 수 있는 순기능을 기대할 수 있다.김길용, 2012

한편 행정 중심적인 하향식 네트워크의 문제점을 지적하고, 풀뿌리를 중심으로 한 상향식 네트워크의 필요성을 강조한다.서용선 외, 2015; 최창의 외, 2016 그 이유를 구체적으로 살펴보면, 하향식 구조는 지시적이고 관료적인 형태가 나타나기 때문에 협력적 관계가 이루어지지 못하는 역기능을 지적하는 것이다.

네트워크의 역기능과 순기능을 넘어서는 데에는 정보를 가장 잘 공유하는 기관 장소, 매체(도구), 사람 등이 있다. 특징은 많은 제약이 없고 어느 정도 자율성이 보장된다는 측면이다. 특히 자연스럽게 사람들이 모여든다는 특징이 있는데, 이를 느슨한 결합이라고 표현한다. 또한 정보 공유의 차원에서는 지역 신문이 있으면 좋다. 생활권 단위(읍·면·동) 신문이면 더욱 좋다. 지역 신문을 통해 정보 공유가 잘 이루어지는 지역은 많은 사람이 관계하는 곳임을 증명해 주기 때문이다.

따라서 자신이 있는 곳에서 정보가 집합되고 공유되는 장소, 매체, 사람 등을 찾았다면, 교육공동체를 발견할 가능성이 크다.

"사람은 가능성이 있는 곳에 모인다." 간다 세이지, 2020: 178

아홉.
준비된 지역사회에서는 이미 교육 활동이 이루어지고 있다

'내가 사는 지역은 교육공동체의 발견이 가능한 곳일까?'라는 의문이 생겼다면, 지역사회에서 이루어지고 있는 교육 활동을 살펴보면 된다. 준비된 지역사회에서는 이미 교육 활동이 이루어지고 있기 때문이다.

교육 활동은 대개 지역에 있는 센터나 조직과 단체의 홈페이지, 브로슈어 등을 통해 쉽게 접할 수 있다. 나아가 지역사회 프로그램이 학교와 연계하여 운영되고 있다면, 교육공동체의 발견 가능성은 더욱 크다. 그 안에는 다양한 교육공동체 주체들이 참여하고 있으며, 지역의 특징을 알 수 있는 콘텐츠가 있기 때문이다.

교육 활동은 교육공동체가 형성되는 과정에서 나타나는 지역의 특징과 교육적 요구를 반영한 내용을 보여 준다.홍지오, 2017 운영 대상은 교육청, 지자체, 지역아동센터, 문화센터, 민간 기관과 단체 등이 있다. 각 프로그램은 지역사회에서 교육을 중심으로 환경적·사회적 요구와 필요를 반영한 실천 활동의 내용을 담고 있으며, 지역의 교육 인프라를 분석하는 데 중요한 자료가 된다. 또한 지역사회 행사(발표회, 공청회, 포럼 등) 참여가 중요하다. 지역사회 행사 참여를 통해 다양한 교육 활동을 살펴볼 수 있으며, 지속적으로 참여 및 연계할 방법을 자연스럽게 찾을 수 있다.

따라서 자신이 있는 곳에서 교육 활동을 찾았다면, 그 안에서 준비된 지역사회의 교육 콘텐츠와 구성원 등을 만날 수 있으며, 그 결과 교육공동체를 발견할 가능성이 커졌다고 할 수 있다.

열.

교육이라는 공통의 관심사를 지닌 개인 또는 집단이 있다

교육에 관심이 없는 어른은 흔치 않다. 지역사회의 많은 사람이 자기 자녀를 위해서, 자신이 성장한 지역의 이웃이나 졸업한 학교의 후배들에 대한 연대連帶 등의 이유로 교육에 대한 이야기를 나누곤 한다. 반면에 말이 행동으로 이어지는 사례는 흔치 않다. 방관자적 역할은 "내가 어떻게?"라는 차원에서의 방법과 정보 부족 등으로 인해 자연스럽게 정립된다. 또한 자신의 교육 참여가 학교에 방해가 될 것 같다는 인식과 여전히 학교 문턱은 높다는 인식이 학부모에게 크게 작용한다. 그렇지만 공통의 관심사(교육)를 가진 개인 또는 집단의 적극적인 참여와 활동은 지속적으로 등장하고 있다. 앞서 언급한 것처럼 이들을 '교육주민자치' 또는 '주민교육자치' 등이라 부르기도 한다.

교육공동체 구축과정에서 나타난 교육주민자치는 조직화 과정을 통해 집단성을 띤다. 즉 주민들이 교육이라는 공통의 관심사를 바탕으로 모여서 연구 및 실천 활동을 하며, 주민들과 학생들이 주체가 되어 교육 프로그램을 함께 진행한다. 이러한 과정을 통해 주민들은 지역사회에서의 정체성과 애착을 형성하고, 지역 문제를 해결하기 위해 적극적인 참여와 협력을 한다.곽현근, 2015 그 결과 개인 수준이 아니라 집단 수준의 행위와 의미를 지니게 된다. 또한 교육공동체에서 나타난 교육주민자치는 자발적이고 적극적인 참여와 협력, 교육 전문성, 집단성 등을 통해 조직화되는 특징을 보인다.

"기존 마을 조직들과 함께해 보세요.""마을 사람들이 함께 모이는 것만큼 마을의 학교, 복지관, 청소년센터, 도서관, 보건소, 시민사회단체, 주민자치조직 등 서로 다른 기관과 조직이 모여서 소통하고 이해를 넓혀 가는 일은 매우 중요하다. 함께하는 시간을 가지다 보면 함께해야 할 일이 보인다. 지역 주민과 기관의 일꾼들이 함께 모이는 회의를 정례화하고, 공동 학습을 하는 시간도 필요하다. 너무 예의를 차리지 말고, 가끔 불쑥 찾아가서 인사를 나누는 것도 좋다. 교육공동체는 수많은 관계의 노동을 통해 만들어진다. 함께 아파하고, 함께 궁리하는 시간은 마을교육공동체를 튼튼하게 한다."이승훈, 공릉청소년문화정보센터, 2017: 232

지역사회에는 교육이라는 공통의 관심사를 지닌 개인 또는 집단이 있다. 그들을 찾아서 함께해야 한다. 그 과정에서 교육공동체를 발견하고 지속할 수 있는 원동력을 얻게 될 것이다. 따라서 자신이 있는 곳에서 교육이라는 공통의 관심사를 지닌 개인 또는 집단을 찾았다면, 교육공동체를 발견할 가능성은 무척 크다.

열하나.
교육공동체 주체는 크고 작은 니즈needs가 있다

교육공동체 주체들은 부족한 부분 또는 문제를 해결하기 위해 필요로 하는 분명한 욕구가 있다. 욕구는 그들의 참여 및 활동의 원동력이 된다. 원동력을 바탕으로 현재의 불완전한 상황과 미래의 희망하는 상황 간의 격차를 줄이기 위해 행동한다. 따라서 자신이 교육공동체를 발견하고자 한다면 그 이유가 있을 것이다.

학부모는 자녀가 자유학기(년)제나 고교학점제 정책을 통해 지역사회에서 학습이 이루어진다고 하는데, "내가 사는 곳에서 이게 어떻게 가능한가?"라는 궁금증에 따른 것일 수도 있다. 또는 자신이 직접 교육에 참여해서 도움을 주고 싶어서일 수도 있다.

교원(교사, 교장)은 교육정책을 실행하기 위해서일 것이다. 특히 최근에는 2025년 고교학점제의 전면적인 시행에 대한 대비 때문일 것이다. "정책의 취지는 좋은데 우리 학교에서 이게 가능할까?"라는 의문이 들 것이다. 엎친 데 덮친 격으로 고교학점제 담당자가 된다면, 정책이 학교에서 시행될 수 있도록 어떻게 해서든 준비하고 운영을 해내야만 한다. 그런데 "학생들에게 과목 선택권을 주기 위해서 지역사회 교육 콘텐츠와 연계하라고 하는데, 대체 어떻게 해야 하지?"

지역사회 주민은 "내가 졸업한 학교가 폐교 위기라고 하는데, 내가 도울 방법은 없을까?", "내 직업 전문성을 학교교육에 접목시켜서 도울 수 있는 방법은 없을까?"를 생각한다.

이제 지역사회 발전에서 교육은 빼놓을 수 없는 요인이다. "지역사회 발전을 위해 교육이 중요하다고 하는데, 교육 활동을 지원하고 질 제고를 도모할 방법에는 무엇이 있을까?" 더욱이 지자체 공무원이 혁신교육지구나 마을교육공동체 등의 학교-지역사회 연계를 통한 사업 운영 담당자가 된다면, 대체 어떻게 해야 하는지 답답함을 느낄 것이다.

앞서 제시한 각 주체의 입장을 생각해 보면, 지역사회에서의 교육공동체의 발견이 더욱 절실하게 다가올 것이다.

이렇듯 교육공동체 주체들은 직간접적으로 분명한 욕구가 있다. 이 욕구를 발견하고, 관련된 사람과 정책을 찾는 것이 중요하다. 또한 교육공동체 주체들은 욕구가 있지만 이를 적극적으로 표현하지 못하는 경우가 있으므로, 이들에 대한 접근이 필요하다.

자신이 있는 곳에서 각 주체가 지닌 교육에 대한 크고 작은 욕구를 발견했다면, 다양한 교육공동체를 발견할 수 있을 것이다.

열둘.
작은 단위에서의 활동이 중요하다

최근 지자체의 마을공동체와 교육청의 마을교육공동체 사업을 통해 다양한 사례가 지속적으로 발굴되고 있다. 중요한 것은 단순히 지자체나 교육청 차원의 지원에 대한 접근이 아니라, 다양하고 작은 사례들에 대한 접근이다. 이 지점을 행정기관이나 규모가 큰 단위의 기관과 단체가 놓치는 경우가 많다. 그 결과 지원이 끊어지면 사업이 단절되는 경우도 발생한다. 작은 단위의 활동에는 자생력과 지속가능성을 가질 수 있는 요인이 있다. 그것이 작은 단위에서의 활동이 중요한 이유다. 여기서 작은 단위는 마을공동체나 마을교육공동체 사업에 참여하는 개인과 단체, 학교의 교사 모임, 지역사회 센터 동아리 등 다양하다. 한편 생활권(읍·면·동)에서 실천되는 작은 단위의 활동을 기반으로 교육공동체를 살펴볼 수 있는 사례가 꾸준히 나타나고 있다. 교육공동체는 구성원들의 인식, 가치, 문화적 측면에서의 접근이 요구되며, 이러한 접근이 가능한 규모에서 발견될 가능성이 높다. 규모가 커지면 교육공동체보다는 교육 거버넌스 차원에서의 접근이 적절하다. 일부 연구나 사업에서는 교육공동체라고 쓰고 교육 거버넌스에 대해서 이야기하는 오류를 범하기도 한다.

오늘날 교육은 지식 중심에서 경험 중심으로 전환되는 경향이 강하다. 이것은 어제오늘의 이야기가 아니다. 다만 대표적인 교육정책인 혁신학교, 혁신교육지구, 마을교육공동체, 자유학기(년)제, 고교학점제 등이 경험 중심 교육을 지향하고 있다는 점에서 이전과는 분명한 차이를 보인다. 교육정책은 시행되어야 하고, 운영과정을 통해 학교현장의 변화가 실제로 나타나야 하기 때문이다. 최고의 교육은 경험을 바탕으로 이루어진다. 이러한 경험은 마을에서 일어나는 것이 현실적이고 가능성이 크다.

"그렇다면 학교와 지역사회는 준비가 되었을까?"

교육공동체는 행정기관 간의 '책상에서 만들어진', '종이(협약서) 위에 쓰인' 상향식의 협력을 통해서는 이루어지기 어렵다. 협력은 아래의 작은 단위에서 시작되기 때문이다. 따라서 아래에서의 움직임에 참여하고 활동하는 사람과 행·재정적 지원이 필요하다. 자신이 있는 곳의 작은 단위에서의 활동을 찾았다면, 그 속에서 교육공동체를 발견할 가능성의 신호에 가까워질 수 있다.

"인간의 경험은 작은 단위와 보다 단순한 조직으로 집중되어 있을 때 집단의 삶이 더 쾌적하고 다양하며 생산적이라는 사실을 증명한다. 오직 작은 단위들만이 가장 강렬한 생명을 가졌다. 거대한 지역에 퍼져 있는 집단은 응집력과 생산성이 부족할 것이다."마하트마 간디, 2007: 11

열셋.
민간 중심의 조직 및 단체의 활동이 중요하다

교육공동체는 민간이 중심이 되어 운영되는 조직 및 단체의 활동이 중요하다. 기관 중심의 조직과 단체의 활동은 행·재정적 지원이 원동력이 되지만, 그와 동시에 제약이 많고 구체적·실제적이지 못하며, 지속성의 한계가 있다. 반면에 민간 중심의 조직과 단체의 활동은 실제적인 필요에 따라 구체적으로 이루어진다. 즉 실제를 위한 운영이 가능한 것이다. 그 이유는 우리의 삶과 아이들의 교육과 직접적으로 연관되기 때문이다. 다시 말해, 민간이 중심이 된 활동은 말 그대로 피부로 와닿는 일을 할 수 있다는 장점이 있다. 다만 운영과정은 지나치게 행정의 예산 지원에 의존하거나, 의사결정을 하는 구성원으로 지자체와 교육청 공무원이 사업 운영 목적으로 참여하는 등의 예외를 제외한, 순수한 민간 중심의 운영이면 더욱 좋다.

민간 중심의 조직과 단체는 자립 및 자생할 수 있는 잠재력이 높다. 교육공동체가 이루어지는 활동은 대부분 유기체적인 현장의 움직임이 중요하다. 따라서 유연한 발상과 방식을 가지고 있다. 다만 이들은 재정적인 어려움이 있어, 행정적·재정적 지원이 요구되는 현실적인 어려움도 있다. 예산이 활동에 동기부여를 하는 데 효과적인 도구는 아니지만, 활동을 지속하고 보상을 주는 적절하고 유용한 자원임은 분명하다. 그럼에도 불구하고 민간 중심의 조직과 단체는 사업을 통한 예산 지원을 원하지 않는 경우도 있다. 그것은 행정기관의 행정 절차와 규제에 대한 지나친 요구 때문이다.

반면에 일부 민간 단체 및 조직은 마을공동체, 마을교육공동체 사업이 활성화되면서 나타난 예산 지원의 증가로 공동체 활동에 흔히 "예산 따먹기"로 접근을 하기도 한다. 행정기관은 심사를 통해 예산 따먹기 활동을 하는 민간 조직 및 단체를 최대한 걸러 내려는 노력을 하지만, 여러 이유로 한계가 있다. 그 결과 민간 중심의 조직과 단체 활동에 대한 우려와 오해가 있는 것도 사실이다. 물론 그 안에서 진짜를 찾는 것은 매우 중요하다. 그리고 그 진짜는 마을공동체 또는 마을교육공동체 사업을 통해 부각되거나 혹은 나타나지 않았을 가능성도 있다. 우리가 교육공동체를 위해 조개 속에 숨겨진 진주를 발견해야 하는 이유다.

자신이 살고 있는 지역에 어떠한 지원도 받지 않고, 또는 정말 최소한의 지원으로 운영되는 민간 중심의 조직 및 단체가 있다면 행운이다. 그 행운을 발견하고 함께하면, 교육공동체를 발견할 수 있을 것이다.

열넷.

민과 관의 중간역할(조정)이 필요하다: 중간지원조직

교육공동체 관련 내용 중 학교와 지역사회 간 연계에 대해 이야기를 하다 보면, 가장 빈번하게 등장하는 주제 중 하나가 '중간지원조직'이다. 교육공동체가 가진 방향, 취지, 철학 등에 대해서는 대부분 공감한다. 하지만 "어떻게?"라는 물음에는 누구도 구체적인 대안을 쉽게 제시하지 못하는 것이 현실이다. 그럴 때 누구나 제시할 법한 대안이 중간지원조직이다. 마치 중간지원조직이 지자체의 한계, 교육청의 한계, 지역사회의 한계, 학교의 한계 등을 모두 해소할 것 같은 인식을 주기도 한다. 하지만 중간지원조직도 구체적으로 "어떻게?"라는 물음을 던지면 행정적 한계, 인식의 한계 등 다양한 한계가 등장한다.

중간지원조직에 대한 논의는 제자리걸음을 하고 있다. 물론 일부 지역에서는 지자체를 중심으로 중간지원조직을 설립하고 운영하는 사례가 보고되고 있지만, 선도적인 지역도 내부에서는 많은 문제와 어려움이 제기된다.

세상에 나쁜 교육정책은 없다. 중학교에서 수행되고 있는 자유학기(년)제 정책, 고등학교에 도입되는 고교학점제 정책의 취지와 방향성 또한 높은 공감대를 형성하고 있다. 문제는 학교현장이다. 학교는 해당 정책들을 실행할 수 있는 여력이 없다. 학교 교육자원의 한계가 분명하기 때문이다. 그럼에도 불구하고 그동안 학교현장에서는 대부분의 교육정책을 온전히 학교가 감당하고, 책임을 지려는 경향이 강하게 나타나고 있다. 학교가 지역사회와 함께 교육정책을 실행하는 것은 여전히 폐쇄적인 학교조식 및 분화에서는 수용하기 어려운 것이 사실이나. 물론 최근에는 서서히 학교 문턱이 낮아지고 있으며, 교사도 변화의 바람에 어느 정도 적응하는 모습을 보이기도 한다.

한편 교사들은 그간 많은 교육정책이 학교현장에서 본래의 취지대로 운영되지 못했다고 말한다. 각 학교의 상황과 맥락이 고려되지 못한 채 운영 및 지원되기 때문이다. 그 결과 교사는 교육정책에 대해 부정적으로 인식하고 있으며 새로운 일거리로 생각하는 경우가 있다. 하지만 교사도 교육정책의 취지에 공감하고, 또 학교 공간의 변화 모습을 보면서 혁신의 흐름 속에 있음을 알고 있다. 다만 교사는 학교현장에 필요한 적절한 지원이 이루어지지 못해 교육정책을 실행하기가 어렵다는 것이다.

이러한 상황에서 교육공동체 주체는 중간지원조직의 필요성을 강조한다. 특히 학교는 지역사회와 연계하는 것이 어렵다. 누가, 어떻게 해야 하는지도 분명하지 않고, 행정 절차도 어려운 과업으로 느껴지는 것이 현실이다. 먼저 중간지원조직을 지역교육 거버넌스 차원에서 살펴보면 다음과 같다.

지역교육 거버넌스는 시·도교육청과 시·도청(광역권), 교육지원청과 시·군·구청(기초권), 학교와 지역사회 그리고 마을교육센터(생활권) 등 각 기관 및 조직 간 연계를 통해 구축된 협의체(교육공동체행정협의회(광역권), 지역교육협의회(기초권), 마을교육자치회(생활권))를 통해 운영된다. 또한 단위(권)별 기관 및 조직은 실무 운영 주체인 지역 교육사업단(재단)과 중간지원조직에 인력 및 재정을 지원한다. 생활권에서는 학교, 지역사회 그리고 마을교육센터 간 연계를 통해 인력이 발굴 및 지원되고 기초권으로부터의 재정 지원을 통해 사업 및 프로그램이 운영

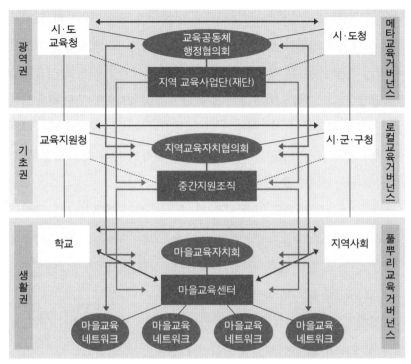

[그림 6-2] 지역교육 거버넌스 모형 속 중간지원조직

출처: 김용련·양병찬·정바울·김성천·황준성·유경훈·홍지오(2021: 51).

된다.

지역교육 거버넌스 모형에서 중간지원조직은 기초권을 중심으로 광역권과 생활권을 연계하는 중요한 조정 역할을 한다. 중간지원조직은 행정적·재정적 집행을 돕고, 각 조직의 행정적 특성을 조율하는 등의 조정을 한다.

중간지원조직에 대한 요구는 교육지원청의 역할과 기능 개편에 대한 측면에서도 논의되고 있다. 최근 더불어민주당 의원 10명은 교육지원청에 부교육장 직위를 신설하는 내용의 '지방교육자치에 관한 법률' 개정안을 발의했다.^{뉴스1, 2021. 8. 13.} 부교육장 신설은 학교와 지역사회 연계를 위한 교육협력 사업이 원활하게 추진되기 위해서 지자체장과 교육지원청 간의 적정 지위 간 협력을 지원하기 위한 시도이다. 반면에 서울교사노동조합(2021년 8월 9일)과 일부 교육단체는 교육지원청 부교육장 신설 입법안을 철회하라는 성명서를 냈다. 성명서의 요지는 고위직을 늘리기에 앞서, 먼저 교육지원청의 역할과 비전을 명확히 해서 학교 업무를 지원할 수 있는 방향으로 가야 한다는 것이다.

행정은 자리를 먼저 늘려야 일을 할 수 있다는 오래된 방식과 관행으로 교육 거버넌스와 교육공동체에 접근하고 있다. 따라서 중간지원조직이 구축되어도 민과 관의 중간역할을 하는 것에는 한계가 드러날 가능성이 있음은 부정할 수 없는 사실이다.

중간지원조직은 지역의 교육공동체를 구축하고 안정화시키는 등의 역할을 완수하고 없어지는 것이 역할이다. 하지만 실제 중간지원조직에는 기득권 세력이 많다. 기득권 세력의 욕구에 더 이상 공동체에서 요구하는 역할과 기능을 기대하기는 어렵다.

일부 운영되고 있는 중간지원조직은 역할 정립도 되지 않은 경우가 있다. 이러한 상황에서 광역 단위의 중간지원조직은 더욱 필요가 없다. 오히려 지역 생태계를 파괴하는 황소개구리와 같을 수 있다. 그들은 교육청과 지자체에서 요구하는 실적을 만들어 내는 역할이고, 이미 지역에서 하고 있는 동일한 활동을 몸집(예산, 규모 등)만 부풀려 운영할 가능성이 있다. 그 조직의 비전과 사업 내용을 보면, 마을 단위에서의 비전 및 사업 내용과 구분이 어렵다. 오히려 마을에서 일어나고 있는 사업의 생태계를 교란시키는 경우도 발생한다.

이러한 현실적인 어려움에도 불구하고 앞서 [그림 6-2]에서 제시한 것처럼, 각 조직 및 단체 간 조정 역할을 하는 중간지원조직은 필요하며, 사례도 보고되고 있다. 특히 민과 관의 중간역할(중간)은 필수적이다. 물론 반드시 "왜", "어떻게"라는 물음에 대해 매우 구체적이고 실질적인 준비가 이루어진 후에 운영되어야 한다.

중간지원조직과 중간역할(조정)에 대해 이해하고 관련 조직 및 역할의 모습을 찾았다면, 그곳에서는 교육공동체가 안정적이고 지속적으로 운영될 수 있을 것이다.

열다섯.
누구나 넘나드는 만만한 공간이 필요하다

　　교육공동체는 누구나 넘나드는 만만한 공간이 필요하다. 교육공동체
는 사람이 중요한데, 그런 사람들은 좋아하는 일을 할 수 있는 공간일
수록 자연스럽게 모여든다. 특히 교육에서는 아이들이 좋아하는 공간이
어야 하고, 지역 주민이 부담 없이 생활권에서 쉽게 넘나들 수 있는 공
간이어야 한다.

　　오늘날 그런 공간을 찾는 것은 더욱 힘들어졌다. 언제부터인가 서울
시내에서는 화장실을 이용하기도 쉽지 않다. 건물은 높고 많지만 화장
실은 비밀번호로 다 잠겨 있다. 어쩌면 공공기관의 공간도 서울 거리의
화장실과 같다는 생각이 든다. 불편하고, 잠겨 있을 것이고, 관리자로부
터 환영받지 못할 것이라는 인식 때문이다.

　　이러한 공간의 부재는 단순히 생활권에서의 불편으로 끝나지 않는다.
세대 간의 소통을 단절시키고, 아이와 마을 간의 연결을 단절시키며, 나
아가 사회 속에서 나의 존재감을 분리한다. 이러한 단절과 분리는 점점
더 강화되고 있다.

　　누구나 넘나들 수 있는 만만한 공간이 학교가 되면 더할 나위 없이
좋다. 꼭 학교가 아니어도 된다. 지역사회에는 청소년센터, 도서관, 복지
관, 주민자치센터 등의 많은 공간이 그 가능성을 지니고 있기 때문이다.
그러한 공간들은 문턱을 낮추고 행정 지향이 아니라 지원과 관계 지향
으로 운영될 필요가 있다.

　　만약 자신이 살고 있는 곳에서 아무 때나 마음 편히 넘나들 수 있는
만만한 공간을 찾았다면, 그곳에서 교육공동체를 발견할 가능성에 한

걸음 다가갈 수 있을 것이다.

"마을의 우물터를 찾아보아요. 사람들이 편안하게 둘러앉아 이야
기를 나눌 마을의 우물터를 찾아야 합니다."^{이승훈, 공릉청소년문화정보센터,}
2017: 237

열여섯.
개인의 희생은 선택이고, 보상은 필수이다

교육공동체 사례는 개인의 희생을 통해 이루어지는 경우가 많다. 이 과정에서 개인의 희생은 선택이지만, 이를 지속하려면 보상이 필수적이다. 보상은 단순하게 예산 지원이라고 생각되는 경우가 많다. 그동안 지자체와 교육청에서 시행한 지원 방안을 보면, 예산 지원이 높은 비중을 차지하고 있다. 하지만 교육공동체 차원에서 필요한 보상은 장기적 관점에서의 지원이다. 따라서 개인의 희생에 대한 보상은 예산뿐만 아니라 다양한 차원에서의 접근이 요구된다.

보상은 참여하는 개인에게 이로운 것이 무엇인지에 대한 접근으로 이루어져야 한다. 학부모는 참여 활동을 통해 자녀의 교육 문제가 해결되고, 교원은 학교 교육자원의 한계가 해결되며, 지자체는 지역사회 발전의 실마리를 교육에서 찾는 등 각 교육공동체 주체의 문제를 해결할 수 있는 보상이 이루어져야 한다. 특히 주민은 적극적이고 현실적인 활동을 하는 반면에, 권리도 없이 스스로 부여한 의무만을 갖게 되는 경우가 많다. 주민은 자신의 참여를 통해 지역사회가 변화될 수 있다는 가능성을 인식할 만한 보상이 필요하다. 이러한 보상은 눈에 보이지 않지만 중요한 내적 보상을 준다.

또한 기관은 교육공동체 관련 사업 수행을 통해 실적을 쌓지만 적절한 평가를 받지 못하는 경우가 있다. 학교에서는, 담당 교사가 희생을 요구받으며 업무를 당연히 수행해야 하는 역할로 인식되는 경우가 많다. 지역 센터는 기존의 센터에 부여된 기능과 역할 외에 추가적인 업무에 대해 행정 차원에서 환영받지 못한다. 그것은 교육공동체 활동의 특성상 효율성을 바탕으로 한 예산 투입 대비 성과가 확실하지 않아 증명하기가 어렵다는 한계 때문이다.

　그렇지만 자신이 있는 곳에서 개인의 참여와 희생에 대한 다양한 차원에서의 보상이 이루어지고 있는 현상을 목격한다면, 그곳에서는 교육공동체를 발견할 수 있을 것이다.

열일곱.

교육을 중심으로 한 지역사회 내 선순환 구조가 필요하다

교육공동체는 지역을 바탕으로 다양한 개인 및 기관 간 연계를 통해 이루어진다. 그리고 개인 및 기관은 각자의 문제를 해결하고 도움이 될 만한 요인과 동기를 가지고 참여한다. 그 결과 지역사회에서는 다양한 주체와 각 주체가 필요로 하는 유익을 바탕으로 선순환 구조가 형성된다.

예를 들어, 아이가 자라서 지역에 있는 학교를 나와 지역사회에 진출한다. 지역사회에 진출한 아이는 성장하여 지역에 노동력을 제공한다. 이러한 노동력은 지역사회 발전에 기여하고, 지역 주민으로서의 다양한 참여로 나타난다. 또한 지역사회에서의 교육 환경 개선은 정주 여건 개선으로 이어지는 흐름이다.

[그림 6-3]은 학교를 중심으로 하는 교육생태계의 선순환 모습이다. 이렇듯 지역사회 내 선순환 구조는 교육공동체 주체들의 욕구가 모여 형성되고, 지역 발전과 교육혁신의 측면에서 긍정적인 결과를 가져온다.

따라서 지역사회 내에 다양한 교육공동체 주체가 있고, 이들 간의 선순환 구조를 파악할 수 있는 흐름이나 상狀을 보게 된다면, 교육공동체를 발견할 가능성은 더욱 커질 것이다.

"학교의 힘만으로 이루기는 쉽지 않다. 지자체를 포함한 지역사회의 적극적인 지원이 필요하다. 지역이 학교를 실질적으로 지원하고, 학교는 수업과 생활교육, 진로교육 등 본질에 집중할 수 있어야 한다. 지역이 방과후학교 및 돌봄, 직업체험, 문화예술, 지역사회 이해 교육 등을 전담하고, 학교는 교육과정과 수업, 생활교육에 매진

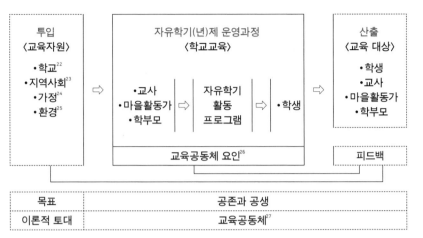

[그림 6-3] 교육생태계 모형(educational ecosystem model)

하면 학교와 지역이 상생하는 지역교육의 새로운 모델을 만들 수 있다."추창훈, 2017: 333

---

22. 학교: 교장, 교사, 공간, 교육 지원 시스템 등.

23. 지역사회: 센터(구성원), 마을활동가, 지역 네트워크, 지역 정보 등.

24. 가정: 학부모, 학부모이면서 마을활동가 등.

25. 환경: 교육정책, 사회적 요구, 교육 이슈 등.

26. 교육공동체 요인: 공통의 가치·규범·신념·감정 등, 개인의 관심·의지·헌신·협동·참여 등, 관계의 상호성·신뢰성·의존성·의사소통 등, 조직의 유대·결속 등.

27. 교육공동체: 교육이라는 공통의 관심사를 기반으로 개인들 간의 관계가 점차 유기적으로 조직화되면서 형성된 공동체 문화 속, 학교·지역사회·가정을 구성하는 개인들의 집합.

열여덟.
교육은 더 이상 학교의 책임이 아니라,
우리 모두의 책임이라는 인식이 필요하다

교육공동체에 대한 접근에서 구성원의 인식은 중요한 영향을 미친다. 그중에서도 교육은 더 이상 학교의 책임이 아니라 우리 모두의 책임이라는 인식이 매우 중요하다. 그동안 우리나라 교육은 학교 중심으로 이루어지면서, 교육과 삶이 분리되는 경향이 있다. 오늘날 우리나라 교육은 교육 자체가 삶 속에서 이루어져야 한다는 것을 깨닫기 시작했다. 최근 자유학기(년)제나 마을교육공동체 등으로 대표되는 교육정책이 지향하는 방향성이 이를 증명한다. 이제는 "한 아이를 키우려면 온 마을이 필요하다"라는 아프리카 속담이 일상화된 시대가 도래했다.

한편 여전히 교육은 학교에서 이루어져야 한다는 인식, 교육 예산은 교육청에서 집행해야 한다는 인식이 팽배하다. 학교현장에서 교사는 왜 우리가 지역사회와 연계를 해야 하는지, 마을 활동가가 교실 안으로 들어와서 수업하는 것에 대한 부정적인 인식이 있다. 반대로 지자체에서 공무원은 왜 우리가 학교도 아닌데 교육 업무도 해야 하는지에 대한 의문과 어려움을 토로하곤 한다. 인식의 전환은 많은 시간과 경험이 요구된다는 것을 보여 주는 지점이다.

오늘날 사회는 복잡계로 설명된다. 복잡다단한 사회는 교육에 대해 다양한 요구를 한다. 사회가 복잡한 만큼 예측하기 어렵고 매우 도전적인 과제가 나타나고 있기 때문이다. 그 해결책으로 가장 시급하고 중요하게 대두되는 분야가 바로 교육이다. 교육은 급격한 사회 변화에 적응하고 발맞추어 나가기 위해서 중요한 역할이 요구되는 분야이다. 하지만 교육 분야라고 해서, 학교만이 해낼 수는 없다.

미래 사회의 교육과 삶은 더욱 긴밀하게 연결될 수밖에 없다. 학교는 교육이 이루어지는 전문적 공간과 지원의 환경적 역할이 더욱 강화된다. 지역사회는 학습이 이루어지는 총체적인 공간이 있고 지원이 이루어진다. 그 결과 교육은 시간과 공간의 제약 없이 개인의 삶 속에서 항시 일어날 수 있다.

독자는 교육이 학교에서만 이루어져야 한다는 낡은 인식에서 벗어나 우리 모두의 책임이라는 인식의 전환을 발견했다면, 교육공동체를 발견할 가능성이 커진 것이다. 그곳에는 교육공동체 활동을 도모할 수 있는 공간과 환경이 마련되어 있을 것이다.

"한 아이를 키우려면 온 마을이 필요하다. 하물며 마을의 아이들을 올바르게 키우기 위해서라면, 온 마을이 나서야 한다. 마을의 모든 사람이 아이들을 위한 교사가 되고, 친구가 되고 관찰자가 되어, '모든 아이들의 교육'을 위해 공동으로 권한을 나누고 책임을 져야 한다. 마을이 학교였다. 학교가 다시 마을로 돌아오고 있다."[이인회, 2020: 215]

열아홉.
언어로 정리된 비전과 철학이 필요하다

교육공동체 운영과정과 지속성 측면에서 언어로 정리된 비전과 철학은 중요한 영향을 미친다.^{홍지오, 2018} 공동체가 구축되기 위해서는 '공유지의 비극' 현상을 통해 살펴보았을 100년 이상의 시간이 필요하다.^{EBS 지식채널, 2015} 하지만 개인이 100년 이상 살면서 공동체가 이루어지는 변화를 경험하는 것은 현실적으로 불가능하다. 즉 개인은 교육공동체가 구축되는 과정의 부분이지 전체가 될 수 없다. 따라서 세대 간에 연속적이고 지속될 수 있는 요인이 필요하다. 그 요인은 언어로 정리된 비전과 철학이다.

비전과 철학의 제시는 교육공동체에 소속된 구성원 간 유대감과 연대를 형성하는 데에도 효과가 나타나는 것으로 보고된다. 나아가 언어로 정리된 비전과 철학에 대한 구성원들의 인식은 신념이자 신뢰로 확장되어 교육공동체의 지속성을 강화한다. 교육공동체는 다양한 구성원의 참여를 통해 이루어진다. 그만큼 상호 간 이해관계가 나타날 가능성이 크다. 따라서 상호관계에 대한 이해가 이루어질 수 있는 명확한 비전과 내적 기준이 될 수 있는 철학은 구성원들을 이끌고 동기를 자극할 수 있는 원동력이 된다. 원동력은 구성원들이 교육공동체 활동을 통해 이타적이고 소모적인 차원에서의 공허함을 느끼는 것을 경계하고, 눈에 보이지는 않지만 명확한 이유와 명분, 그리고 역할과 책임감을 준다.

필자는 서울시 노원구 A 지역 센터의 홈페이지와 책자, 경기도 양평군 B 지역 주민 조직의 책자에서 그들의 비전과 철학을 제시하는 공통된 언어를 발견할 수 있었다. 또한 세종시를 비롯해 다양한 지역에서는 해당 지역의 특수성과 환경을 반영한 교육 비전을 수립하고 달성하기 위한 목표를 세우는 등 철학과 비전을 언어로 정리하기 위해 다양한 노력을 하고 있다.

따라서 자신이 살고 있는 곳에서 언어로 정리된 비전과 철학이 제시되고 이를 사람들이 인식하고 있음을 알게 된다면, 교육공동체를 발견할 가능성에 한 걸음 더 다가갈 수 있을 것이다.

"공부의 시작은 머리에서 가슴으로 가는 것이라는 말이 있듯이, 교육은 더 나아가 머리에서 가슴을 거쳐 발까지 이어져야 한다. 즉 앎을 통해 성찰하고 더 나아가 실천과 변화까지 이루어져야 한다는 것이다. 이것이 진천군의 기조와 교육철학이다. 그러기에 학교와 마을에 지속적으로 지원하는 것이다."이영희 평생교육사(진천군), 2021 충북마을교육포럼(2021. 8. 20.)

스물.
누구나 교육과 아이들에 대한 보편적이고 특별한 마인드가 있다

"누구나 교육과 아이들에 대한 보편적이고 특별한 마인드mind가 있는 것 같아요. 아파하는 사람들을 만나세요."

공릉청소년문화정보센터 이승훈 센터장의 말이다.

필자는 이승훈 센터장과의 대화를 좋아한다. 교육행정 학자나 공무원, 교사 등의 전문가와는 다른 따뜻한 이야기가 마음속에 있음을 느끼게 해 주기 때문이다. 타 전문가와의 대화를 통해서도 마음을 움직이는 이야기를 접할 수 있지만, 개인적으로 이승훈 센터장과의 대화는 특별하다.

그가 여러 번 강조했던 말이 오래도록 기억에 남는다. 특히 "누구나 교육과 아이들에 대한 보편적이고 특별한 마인드가 있는 것 같아요"라는 말은 어느 지역에서나 교육공동체가 가능하다는 확신을 준다. 물론 지역마다 지니고 있는 환경과 자원 그리고 사람에 따라 차이는 있지만, 교육공동체가 가능하다는 희망을 준다. 우리 사회에서 약자와 함께 고민하고 아파하는 어른들의 역할이 중요한데, 그러한 어른들이 반드시 있을 거라는 확신을 주기 때문이다.

어른들의 참여 활동이 문화가 된 곳에는 공동체성이 있고, 아이들을 중심에 두는 곳에는 교육이 있으며, 이를 통해 자연스럽게 교육공동체를 발견할 수 있다.

따라서 자신이 있는 곳에서 교육과 아이들에 대한 보편적이고 특별한

마인드를 지닌 사람들을 만난다면, 교육공동체를 발견할 가능성은 더욱
더 커진다.

"더 나은 교육에 대해 상상하는 사람들은 분명히 존재한다. 이들
은 학교와 서비스 기관에 모든 책임을 떠넘기는 해법이 아닌 다른
해법을 궁리하는 사람들이다. 하지만 모두 파편화되어서 어디에 있
는지 찾기가 쉽지 않다. 많은 사람들이 '우리 마을에 설마 나와 같
은 생각을 가진 사람들이 있겠어?'라는 의문을 품고 있다. 하지만
생각보다 더 많은 사람들이 우리 교육의 문제, 청소년들의 문제에
대해서 아파하며 새로운 해법을 갈망하고 있다. 아픔을 함께하는
사람들이 모이는 일부터 시작해야 한다.

　우리 센터의 경우 마을 인문학 강좌를 통해서 아파하는 사람들
을 만났고, 그 사람들을 연결했다. 인문학 강좌는 단지 초청장이었
다. 우리 마을에서 아픔을 공유하고, 뜻이 같은 사람들을 불러 모
을 멋진 초청장을 구상해 보자."^{이승훈·공릉청소년문화정보센터, 2017: 231}

간다 세이지(2018). 神山進化論 人口減少を可能性に變えるまちづくり. 류석진, 윤
　　정구, 조희정 옮김(2020). 마을의 진화. 반비.

강민규·라온청소년문화정보센터(2016). 우리가 사는 마을: 라온동 꿈마을에서
　　함께 놀고, 일하고, 가르치고, 배우다. 학교도서관저널.

강영택(2009). 우리나라 두 고등학교에서의 공동체적 경험과 갈등. 교육학연구,
　　47(2), 79-104.

경기도교육청(2018). 2019 혁신학교 운영 기본 계획.

교육부(2013a). 중학교 자유학기제 시범 계획 운영(안).

교육부(2013b). 학생의 꿈과 끼를 살려 행복교육을 실현하는 중학교 자유학기제
　　시범 운영 계획(안).

교육부(2015). 중학교 자유학기제 시행 계획.

교육부(2017c). 중학교 자유학기제 확대·발전 계획.

교육부(2018). 교육부·시·도교육청 간 소통과 협력을 위한 전국 교육과정·자유
　　학기 담당 전문직 워크숍.

김경애·선혜연·조은주·임종헌·이상은·안해정·한은정(2016). 중학생의 성장과
　　정 분석: 학교, 가정, 지역사회를 중심으로(I). 한국교육개발원 연구보고 RR
　　2016-10.

김경애·최원석·김나현(2017a). 2016년도 1학기 자유학기제 운영 만족도 조사 결
　　과. 한국교육개발원 연구자료 CRM 2017-51-01.

김경애·최원석·김나현(2017b). 2016년도 2학기 자유학기제 운영 만족도 조사 결
　　과. 한국교육개발원 연구자료 CRM 2017-51-02.

김경애·최원석·이항섭(2018a). 2017년도 1학기 자유학기제 운영 만족도 조사 결
　　과. 한국교육개발원 연구자료 CRM 2018-103.

김경애·최원석·이항섭(2018b). 2017년도 2학기 자유학기제 운영 만족도 조사 결
　　과. 한국교육개발원 연구자료 CRM 2018-104.

김경애·임종헌·김갑성·김정민·김진숙(2018c). 자유학년제 모델 개발. 한국교육개
　　발원 수탁연구 CR 2018-09.

김민채·김영환(2019). 자유학기제 관련 연구에서 나타난 활동 프로그램 경향 분

석. 교육문화연구, 25(1), 359-378.

김선구(1999). 공동체주의와 교육. 학지사.

김성아·송경오(2019). 교사공동체 기반 교사 리더십 개발과정에 관한 연구. 한국
교원교육연구, 36(3), 153-181.

김성열(2001). 학교분쟁의 해결 전략: 교육공동체적 관점. 교육행정학연구, 19(3),
125-147.

김성천(2009). 학교혁신의 핵심원리: 교장공모제를 실시한 D중학교를 중심으로.
한국교육사회학연구, 19(2), 59-89.

김영화(2005). 공동체로서의 학교: 그 구성 요건. 한국교육, 32(2), 3-29.

김용련(2015). 지역사회 기반 교육공동체 구축 원리에 대한 탐색적 접근. 교육행정
학연구, 33(2), 259-287.

김용련(2019). 마을교육공동체: 생태적 의미와 실천. 살림터.

김용련·양병찬·정바울·김성천·황준성·유경훈·홍지오(2021). 지속가능한 교육
청-지자체 협력체제 구축을 위한 제도적 지원 방안 연구. 교육부-한국외국어대
학교.

김위정·김성식·이은정(2016). 자유학기제와 마을교육공동체 연계 방안. 경기도교
육연구원 수시연구 2016-03.

김위정(2017). 경기도 자유학기제 성과 분석. 경기도교육연구원 이슈페이퍼
2017-01.

김은경(2019). 소규모 학교의 '자유학기 활동' 기획 및 운영에 관한 사례 연구. 교
육문화연구, 25(1), 379-402.

김인희(2012). 교육복지 역량 강화 기제로서 학교의 실천공동체 운영 실태 연구.
교육정치학연구, 19(4), 1-33.

김지선·김도기·권순형·윤소희·문영빛(2018). 학교 안 교사학습공동체가 교사효
능감에 미치는 효과. 한국교원교육연구, 35(3), 55-81.

김희경·이근호·정영근·변희현(2018). 자유학기제의 학교교육과정 경영 실태 및
인식 분석. 교육과정평가연구, 21(1), 1-30.

김희삼(2010). 학업성취도, 진학 및 노동시장 성과에 대한 사교육의 효과 분석. 한
국개발원연구원 연구보고서 2010-05.

남정걸·김남순·김재웅·정진환(2003). 평생교육행정. 한국교육행정학회 발행, 도
서출판 하우.

남정걸·김창걸·왕기항·윤종건·이군현·이형행(1995). 교육조직론. 한국교육행정
학회 발행, 도서출판 하우.

노종희(1996). 교육개혁을 위한 학교공동체 구축. 교육행정학연구, 14(3), 64-79.

라온청소년문화정보센터(2019a). 2019년 라온중 자유학년제 연계 '우리는 붕어빵 마을에 산다: 마을공동체와 함께하는 자유학년제' 운영 계획(안).

문화체육관광부(2013). 제18대 대통령직인수위원회 백서.

박균열·장정윤·홍지오·김은경·남미자·주영효·강행화·이윤하(2019). 2019년 자유학기 활동 안정화 연구학교 운영 컨설팅 및 방문조사 결과 보고서. 한국교육개발원 기술보고 TR 2019-72.

박균열·홍지오·강구섭·김대영·김보경·박상현·엄준용(2019). 자유학기(학년)제 발전 방향 탐색. 한국교육개발원 수탁연구 CR 2019-22.

박부권·김경근·김영화·이미나·이혜영·심연미·조금주(2002). 교육공동체 변화에 관한 연구: 권력집중형 교육공동체로부터 탈중심형 교육공동체로의 이해. 교육인적자원부, 교육정책연구 2002-특-09.

박선형(2004). 학습공동체 구축을 위한 이론적 모델 탐색. 교육행정학연구, 22(1), 157-177.

박영숙·김순남·이동엽·허은정·허주·서경혜·전제상·박효원(2016). 학교교육 역량 강화를 위한 교사학습공동체 운영 지원 방안 연구. 한국교육개발원 연구보고서 RR 2016-03.

백수연·신인선(2014). 자유학기제 수업을 위한 학생 참여 중심의 수학 교수·학습 자료 개발·미래 사회 핵심역량의 증진을 중심으로. 한국수학교육학회, 2014 국제수학교육학술대회 프로시딩, 2014. 10. 17-18, 369-374.

백영민(2017). R를 이용한 텍스트마이닝. 한울아카데미.

변기용(2018). 한국 교육행정학의 학문적 정체성과 연구 방법론에 대한 비판적 성찰: 이분법적 배타성 극복을 통한 대안적 지점의 모색을 중심으로. 한국교육행정학회, 36(4), 1-40.

서경혜(2008). 학교 밖 교사학습공동체에 대한 사례 연구. 한국교원교육연구, 25(2), 53-80.

서경혜(2010). 교사공동체의 실천적 지식. 한국교원교육연구, 27(1), 121-148.

서용선·김용련·임경수·홍섭근·최갑규·최탁·홍지오·강진이(2015). 마을교육공동체 개념 정립과 정책 방향 수립 연구. 경기: 경기도교육연구원 수시 2015-06.

송경오(2015). 학교혁신을 위한 교사 전문적 정체성의 의미와 중요성: 자유학기제와 혁신학교 사례를 중심으로. 교육행정학연구, 33(4), 147-174.

신철균·김은영·정윤하·황은희·송경오·박민정·정윤하(2014). 중학교 자유학기제 정착 방안 연구. 한국교육개발원 연구보고서 RR 2014-17.

신철균·김은영·황은희·송경오·박민정(2015). 자유학기제 운영 개선 방안 연구: 일반학기와의 연계를 중심으로. 한국교육개발원 연구보고서 RR 2015-024.

신현석(2004). 교육공동체의 형성과 발전: 동·서양 공동체론으로부터의 시사. 교육행정학연구, 22(1), 135-156.

신현석(2006). 공교육 내실화를 위한 교육공동체 운영모형 개발. 한국교육학연구, 12(1), 38-61.

신현석·홍지오·윤혜원(2019). 복잡계 이론과 교육행정학: 함의 고찰과 적용 가능성 탐색. 교육행정학연구, 37(4), 201-238.

심성보(2003). 한국 초중등학교의 민주적 공동체 건설 방안. 한국교육, 30(3), 349-375.

심성보·김용련·강영택·김영철·이영란·박성희·정해진·하태욱·유성상·양병찬(2019). 마을교육공동체운동: 세계적 동향과 전망. 살림터.

안병영·하연섭(2015). 5·31 교육개혁 그리고 20년. 다산출판사.

안선회(2015). 5.31 교육개혁이 학교교육 혁신에 미친 영향. 한국교육교육학회, 2015년 제3차 교원정책포럼 자료집, 3-56.

양병찬(2008). 농촌 학교와 지역의 협력을 통한 지역교육공동체 형성: 충남 홍동 지역 "풀무교육공동체" 사례를 중심으로. 한국평생교육학연구, 14(3), 129-151.

원지영(2015). 교사들의 스마트교육 교사 연수 및 교사학습공동체 경험 유무에 따른 스마트교육 실천 수준 비교. 한국교원교육연구, 32(4), 381-401.

위은주(2013). 학교공동체문화가 교사의 직무만족 및 조직몰입에 미치는 영향. 교육행정학연구, 31(2), 1-27.

우선영·임종헌·홍지오·황은희(2021). 고교학점제 선도지구의 추진 현황과 향후 과제. 한국교육개발원 교육현안 보고서 CP 2021-08.

유경훈(2012). 국내 혁신학교 연구 동향 분석. 교육행정학연구, 30(4), 349-378.

유성완·김도기(2019). 중등학교장의 교육지도성이 교사학습공동체에 미치는 영향. 한국교원교육연구, 36(2), 157-178.

윤정·조민지·유경훈·김병찬(2017). 하늘초등학교 교사학습공동체 운영에 관한 질적 사례 연구. 한국교원교육연구, 34(2), 27-56.

이경호(2011). 전문가학습공동체 구축을 위한 교장의 역할 탐색. 교육행정학연구, 29(3), 195-221.

이경호(2019). 교사학습공동체에서의 교사 리더십 개발 방안 탐색. 교육정치학연구, 26(1), 111-132.

이동배·고장완·김용련(2014). 교장지도성이 교사공동체와 교사효능감을 매개로 교사 수업활동에 미치는 영향. 교육행정학연구, 32(1), 245-270.

이수민·김경식(2019). 교사의 전문적 학습공동체 실천에 관한 질적 메타분석. 한국교육사회학회, 한국교육사회학회 학술대회 발표 자료.

이승훈·공릉청소년문화정보센터(2017). 우리가 사는 마을. (주)학교도서관저널.

이인회(2020). 마을로 돌아온 학교: 마을교육학의 기초. 교육과학사.

이지헌·김선구(1997). 개인 공동체 교육 Ⅲ. 교육과학사.

이향란(2016). 평생교육개론. 공동체.

인천광역시교육청(2019). 2019 인천 마을교육공동체포럼: 마을교육공동체와 공간자치. 인천광역시교육청 인천교육 2019-0046.

임재일·김미진·이재창·홍후조(2015). 자유학기제 연구학교의 학생평가 특징 분석. 교육과정평가연구, 18(3), 233-255.

임종헌(2016). 자유학기제 운영과정에 대한 질적 사례 연구: 양가성 현상의 발견과 의미. 경희대학교 대학원 교육학과 박사학위논문.

임종헌(2018). 자유학기제 "주제선택 활동" 운영 사례 분석: 주제선택 활동의 교육적 의미 고찰. 교육과정평가연구, 21(1), 31-60.

임종헌·박균열·김아미·김은경·유제순·김진숙·박수경·양현주(2018). 자유학기 활동 질 제고 방안: 자유학기 활동의 교육과정 안정화 방안 탐색. 한국교육개발원 수탁연구 CR 2018-39.

임종헌·최원석(2018). '과정 중심 평가'의 특징과 의미에 관한 연구: 자유학기제 '과정 중심 평가'를 중심으로. 한국교육, 45(3), 31-59.

이희현·김효정·유경훈·황준성·성열관·오상철·홍지오(2021). 교육 뉴노멀 시대의 학습복지 실현 방안. 한국교육개발원 연구보고.

전상훈·이일권·조홍순(2016). 수업지도성, 분산적 지도성, 학교 풍토가 교사전문공동체에 미치는 영향에 관한 연구. 한국교원교육연구, 33(1), 29-50.

정미경·김경애·서혜연·임종헌·조은주·최한나·정광희·한은정·이선영(2019). 중학생의 성장과정 분석: 학교, 가정, 지역사회를 중심으로(Ⅳ). 한국교육개발원 연구보고 RR 2019-01.

정민수(2018). 동료 코칭 기반 교사학습공동체의 수업 재구성 경험에 대한 연구. 한국교원교육연구, 35(2), 23-49.

정바울(2016). 전문적 학습공동체의 지속성에 대한 질적 사례 연구. 교육정치학연구, 23(2), 127-151.

정영근·민용성·변희현·김용명·설현수·임지연·장현진(2015). 중학교의 자유학기 교육과정 실행 방안 연구. 한국교육과정평가원 연구보고 RRC 2015-7-1.

정진화(2014). 교사주도 학교개혁 운동의 등장. 교육사회학연구, 24, 243-276.

조성경·김민제·박근아·서정은·이보미·정동욱(2018). 자유학기제 운영 학교의 특성에 따른 정책의 효과 분석. 교육행정학연구, 36(4), 41-68.

주휘정·김민석(2018). 자유학기제 참여 학생의 발달 궤적과 영향 요인 분석: 진로

체험의 참여 횟수와 만족도를 중심으로. 교육정치학연구, 36(2), 91-113.

지은림·원효헌·민경석·손원숙(2014). 중학교 자유학기제 평가 방안 연구. 한국교육개발원 수탁연구 CR 2014-07.

최상덕·신철균·박균열(2013). 자유학기제 발전 방안. 한국교육개발원 포지션페이퍼. PP 2013-01-1.

최상덕·이상은·김갑성·김민호·김재철·박소영(2015a). 2014년도 2학기 자유학기제 연구학교 사례 연구 종합 보고서. 한국교육개발원 수탁연구 CR 2015-09.

최상덕·신철균·황은희·이상은·김은영(2014a). 자유학기제 운영 종합 매뉴얼. 한국교육개발원 연구자료 CRM 2014-56.

최상덕·이상은·김동일·김재철·박소영·홍창남(2014b). 2014년도 1학기 자유학기제 연구학교 사례 연구 종합 보고서. 한국교육개발원 수탁연구 CR 2014-47.

최상덕·이상은·김병찬·박소영·소경희·홍창남(2014c). 2013 자유학기제 연구학교 사례 연구 종합 보고서. 한국교육개발원 수탁연구 CR 2014-19.

최상덕·이상은·김은영·신철균·황은희·김기헌·김병찬·김재철·성열관·오세희·윤미선·이원석(2015b). 자유학기제 전면 확대 방안 연구. 한국교육개발원 수탁연구 CR 2015-10.

최상덕·이상은·인소영·조선진(2015c). 2015년도 1학기 자유학기제 운영 만족도 조사 결과. 한국교육개발원 연구자료 CRM 2015-155.

최상덕·이상은·인소영·조선진(2016). 2015년도 2학기 자유학기제 운영 만족도 조사 결과. 한국교육개발원 연구자료 CRM 2016-55.

최원석·장정윤·이호준·길혜지·연규진·전경희(2019). 자유학기제 효과 영향 요인 분석: 학생 역량에 대한 효과를 중심으로. 한국교육개발원 수탁연구 CR 2019-26.

최창의·서용선·김혁동·홍섭근·김용련·홍지오(2016). 혁신교육지구사업 비교분석을 통한 협력적 교육 거버넌스 발전 방안 연구. 경기: 경기도교육연구원 정책 2016-05.

추창훈(2017). 로컬에듀(LOCAL EDUCATION). 에듀니티.

홍지오(2015). 강원도 마을공동체는 안녕하십니까. 강원도민일보. 2015. 7. 3.

홍지오(2017). 마을교육공동체의 효율적 구축을 위한 주민자치 실천 방안 탐색연구. 한국외국어대학교 대학원 석사학위논문.

홍지오(2018). 학교와 지역사회 간 교육공동체 구축에 관한 인과지도 분석. 한국시스템다이내믹스 연구, 19(3), 95-120.

홍지오·김시현·신우용(2019). 학교장의 학교와 지역사회 연계인식의 영향요인에 관한 탐색적 연구. 교육혁신연구, 29(4), 531-552.

홍지오·김용련(2018). 마을교육공동체 구축과정에서 나타나는 교육주민자치 실천에 관한 연구: 서종면 교육주민자치 사례를 중심으로. 교육행정학연구, 36(5), 139-165.

황준성·박균열·이희현·유경훈·주영효·윤선인·김흥주·김순남(2017). 교육정책의 현장 실행과정 및 개선과제. 한국교육개발원 연구보고 RR2017-05.

Beck, L., & Foster, W.(1999). Administration and Community: Considering Challenges, Exploring Possibilities, Educational Administration. Murphy & Louis, Jossey-Bass Publishers: San Francisco.

Bidwell, C. E.(1965). The School as a Formal Organization. In J. G. March (Ed.), Handbook of Organization (pp. 972-1022). Chicago: Rand McNally.

Dave, R. H.(1973). Life-long Education and School Curriculum. Unesco.

Epstein, J. L.(2001). School, family, and community partnerships: Preparing educators and improving schools. Westview Press.

Hargreaves, A. P., & Shirley, D. L.(2009). The fourth way: The inspiring future for educational change. 이찬승·홍완기 옮김(2015). 학교교육 제4의 길 2. 21세기교육연구소.

Hoy, W. K., & Miskel, C. G.(1996). Educational administration: Theory, research, and practice (9th. ed). New York: McGraw-Hill, Inc. 오영재·신현석·양성관·박종필·가신현 공역(2013). 교육행정·이론, 연구, 실제. 아카데미프레스.

James, A., & Richard, B.(2000). School and Community: The Communitarian Agenda in Education. Falmer Press.

Lengrand, P.(1975). An introduction to lifelong education. London: Unesco.

Noddings, N.(2001). The Care Tradition: Beyond Add Women and Stir. Theory into Practice, 40(1), 29-34.

O'Callaghan, J. B.(1993). School-Based Collaboration with Families: Constructing Family-School-Agency Partnerships That Work. San Francisco: Jossey-Bass.

Sergiovanni, T. J.(1994). Building Community in Schools. San Francisco, CA: Jossey-Bass.

Sharrock, A. N.(1970). Home/School Relations: Their Importance in Education. Macmillan.

Sheldon, S. B., & Turner-Vorbeck, T. A.(2019). The Wiley handbook of family, school, and community relationships in education. John Wiley & Sons.

Street, P.(1997). Managing schools in the community. Gower Publishing Company, Limited.

Susan, S. M., & Elizabeth, M. K.(2016). Family-School Partnerships in Context. NY: Springer.

Westheimer, J.(1999). Communities and consequences: An inquiry into ideology and practice in teachers' professional work. Educational Administration Quarterly, 35(1), 71-105.

언론사 보도자료

국제뉴스(2021. 6. 30.). 진천교육청, 초·중학교 학부모 대상 연수 실시.

노컷뉴스(2021. 4. 23.). "앎과 삶이 일치하는 교육"… 공동체 기반 지역 교육생태계 구축.

뉴스1(2021. 8. 13.). "교사도 못 늘리는데"… 교육지원청 '부교육장' 자리 만든다고.

머니투데이(2016. 3. 2.). 자유학기, 시작은 했지만… 교육부·학부모 '동상이몽'.

서울경제(2019. 12. 10.). 초등생 희망 직업은?… 과학자, 제빵사에 밀려 13위.

제민일보(2021. 10. 17.). 제주 고교학점제 대비 '초·중·고 연계 자유학기제 교육과정' 본격화.

충청뉴스(2021. 7. 1.). 세종교육청, 고교학점제 이해도 제고 연수.

인터넷 웹사이트 자료

강민규 센터장 SNS(www.facebook.com/leeseunghoon0912/posts/3690034431038628)

노원구 라온 2동 주민센터(www.nowon.kr/dong/sub/origin.jsp?dong_name=라온)

라온청소년문화정보센터(www.gycenter.or.kr/sub04/(정리)=라온동 꿈마을 선언문)

참된 삶과 교육에 관한 생각 줍기